Michael de Semlyen

Alle Wege führen nach Rom
Evangelikale – wohin?

clv
Christliche
Literatur-Verbreitung e.V.
Postfach 110135 • 33661 Bielefeld

Reformatorischer
Verlag H.C. Beese
Friedensallee 76
2000 Hamburg 50

1. Auflage 1993

Originaltitel: All roads lead to Rome

Übersetzung: Reformatorischer Verlag H.C. Beese
Umschlag: Dieter Otten, Bergneustadt
Druck und Bindung: Druckhaus Gummersbach

ISBN 3-89397-234-X (CLV)
ISBN 3-928936-03-4 (Ref. Verlag Beese)

Inhaltsverzeichnis

Prolog

„Niemand glaubte, daß der Zusammenbruch des Kommunismus so schnell und fahrplanmäßig geschehen würde", sagte ein Kardinal, der zu den engsten Mitarbeitern des Papstes zählt. „Doch bereits auf ihrer ersten Zusammenkunft weihten der Heilige Vater und Präsident Reagan sich selbst sowie die Institutionen ihrer beiden Länder, des Vatikans und Amerikas, diesem Ziel. Und von dem Tag an war der Brennpunkt der Bemühungen darauf gerichtet, daß der Prozeß in Polen seinen Anfang nähme."

Zögernd, doch Schritt für Schritt, beugten sich die Sowjets und die kommunistische Regierung Polens dem moralischen, wirtschaftlichen und politischen Druck, den der Papst und der Präsident anwandten ...

Die Hauptakteure der Washingtoner Administration waren allesamt strenge Katholiken – CIA-Chef William Casey, die beiden aufeinanderfolgenden Nationalen Sicherheitsberater Richard Allen und Judge William Clark, Staatssekretär Alexander Haig, Sonderbotschafter Vernon Walters und William Wilson, Reagans erster Botschafter am Vatikan. Sie alle sahen die Beziehung USA–Vatikan als eine heilige Allianz.

Vorwort

Ein Buch wie das vorliegende scheint auf den ersten Blick nicht in unsere evangelikale Landschaft zu passen. Es fordert zur Information, Prüfung, Wachsamkeit und Auseinandersetzung auf, während sich die meisten von uns lieber so verhalten, wie es Spurgeon einmal treffend beschrieben hat:

„Die Welt ist aus den Fugen geraten; aber wenn wir versuchen, sie zurechtzubringen, werden wir nur einen großen Lärm verursachen und uns dabei in Ungnade bringen. Laßt uns in unsere Kammern gehen, unsere Nachtmützen aufsetzen und die schlechten Zeiten verschlafen, und wenn wir wieder aufwachen, werden sich die Dinge ja vielleicht gebessert haben."

Unter den Evangelikalen im deutschsprachigen Raum kann man zur Zeit drei Verhaltensweisen fragwürdigen Tendenzen und unbiblischen Entwicklungen gegenüber erkennen:

Da ist einmal die Mehrheit derer mit einem so großen Harmoniebedürfnis, daß sie jeder Auseinandersetzung wie einer ansteckenden Krankheit aus dem Weg gehen. Sie demonstrieren lieber auf Kosten der Wahrheit Einheit und Frieden, als daß sie einen kräfteraubenden Konfrontationskurs gegen falsche und verhängnisvolle Ansichten und Lehren steuern. Sie umarmen lieber ihre Taschendiebe, als daß sie ihnen kritisch auf die Finger schauen. Wenn es darauf ankäme, würden sie lieber ihre Überzeugungen als ihre freundschaftlichen Verbindungen opfern.

Eine zweite, allerdings recht kleine Gruppe scheint ihren Auftrag darin zu sehen, alle theologisch Andersdenkenden oder anders geprägten Christen im Land, die nicht ihr „Schiboleth" sprechen, aufzuspüren und zu verdächtigen. Unter dem Motto „Kampf für die Wahrheit" vermeiden sie keine Möglichkeit zum Streit. Ihr Schwarz-weiß-Denken läßt eine Differenzierung nur selten zu. Bei Gegnern auch „etwas Gutes vor dem Herrn" (1. Kön. 14,13) zu sehen – etwas von Gott gewirktes auch dort anzuerkennen, fällt ihnen nicht leicht.

Die dritte Gruppe ist vom Aussterben bedroht, weil sie an zwei Fronten verteidigen muß und entsprechende Prügel von den beiden genannten Lagern bezieht. Sie setzt sich für eine sachlich-faire, von Liebe getriebene, aber inhaltlich deutliche, glasklare Auseinandersetzung ein. Sie ist vorsichtig, die Motive ihrer Gegner in Frage zu stellen und weiß um ihre eigene Begrenztheit und Sündhaftigkeit. Sie versucht nicht mit Kanonen auf Spatzen zu schießen und feuert auch nicht Breitsalven von Schrot in ihre Umgebung, sondern bemüht sich, die wirklichen Krankheitsherde im Volk Gottes zu erkennen und zu beseitigen.

Diese „liebevolle Konfrontation", wie sie Francis Schaeffer einmal genannt hat, kennzeichnet leider nicht die allgemeine Umgangskultur der Evangelikalen.

Das vorliegende Buch von Michael de Semlyen kann uns bei dieser vielschichtigen Problematik eine Hilfe sein. Es ist einerseits ein Fanfarenstoß, der wie ein Fuchs im Hühnerhof für Aufregung sorgen wird. Dennoch wird jeder unvoreingenommene Leser erkennen, daß es dem Verfasser darum geht, aus Liebe zu Gott und zu Seinem Volk auf Dammbrüche aufmerksam zu machen, die unser biblisches, reformatorisches Erbe bedrohen.

Es ist keine Frage – auch in Deutschland hängt der Protestantismus in den Seilen. Die in diesem Buch beschriebenen Vorgänge in England könnten uns zur Warnung dienen und uns die Augen für Tendenzen öffnen, die auch im Land der Reformation immer deutlicher zu erkennen sind.

Nicht nur der englische Charismatiker David Watson, sondern auch immer mehr Evangelikale in Deutschland äußern die Überzeugung, daß sie „die Reformation für eine der größten Tragödien der Kirchengeschichte" halten. Dementsprechend finden immer mehr katholische „Heilige" und sonstige Persönlichkeiten in evangelikalen Blättern und Publikationen Beachtung. So stehen zum Beispiel die

„Exerzitien“ von Ignatius von Loyola, dem Gründer des Jesuitenordens und papstergebenen Motor der Gegenreformation bei manchen evangelikalen Evangelisten und Bruderschaften seit vielen Jahren in hohem Ansehen.

Besonders die „Geistliche Gemeindeerneuerung in der Ev. Kirche“ bemüht sich, die Gemeinsamkeiten mit der katholischen Kirche, ihrem Sakramentsverständnis, der Marienverehrung usw. zu betonen.

Man lese nur die letzten Ausgaben von „Gemeinde-Erneuerung“, der Zeitschrift der GGE.

Aber auch sogenannte „Nichtcharismatiker“ im evangelikalen Lager haben es aufgegeben, Protestanten zu sein. Man wünscht keine offene Konfrontation mit katholischen Lehren oder der römischen Kirche, weil man erweckte, bibellesende Katholiken nicht abstoßen möchte. Nun gibt es Gott sei Dank tatsächlich eine Bibelbewegung unter den Katholiken im deutschsprachigen Raum. Ohne Zweifel sind in den letzten Jahren viele Katholiken zum lebendigen Glauben an Jesus Christus gekommen. Sie lieben den Herrn und Sein Wort. Aber sind wir ihnen nicht eine liebevolle, deutliche Wegweisung schuldig?

Das folgende Zeugnis aus jüngster Zeit macht deutlich, wie tragisch es ist, wenn erweckte oder bekehrte Katholiken auf halbem Weg stehen bleiben und nicht das biblische Ziel erreichen, in allen Lebensbereichen und Gemeindefragen nach neutestamentlichen Prinzipien zu leben.

„Katholisch aufgewachsen, übernahm ich unbewußt alle gängigen Vorurteile gegenüber der Kirche. Dann, vor vielen Jahren, lernte ich Jesus durch evangelische Christen persönlich kennen. Die totale Wende – ich habe mein Leben sofort Ihm zur Verfügung gestellt. Danach die Frage für mich, die Denomination zu wechseln. Da begegne ich der Gemeinschaft („Gemeinschaft der Seligpreisungen“), spüre das frische Wehen des Heiligen Geistes in ihr und erkenne plötzlich im Inneren Gebet, welche verborgenen Schätze uns die katholische Kirche in Maria, den Heiligen, den Sakramenten zur Verfügung stellt. Jesus selbst schenkt mir nun mehr und mehr seinen liebenden Blick für seine Braut, die Kirche, so daß ich jetzt mit der Kleinen Therese von Lisieux ersehnen darf: ‚Im Herzen der Kirche, meiner Mutter, will ich Liebe sein‘“ (Sabine in „C-Magazin“ 4/92).

Woher kommt es, daß man in den bekannten evangelikalen Verlagen vergeblich nach einem Buch sucht, daß sich kritisch mit der röm.-kath. Kirche auseinandersetzt? Geht es nur darum, Marktanteile unter katholischen Lesern zu vergrößern? Oder sind wir alle mehr oder weniger unbewußt von einem Virus befallen, der uns die Zeitepochen der Kirchengeschichte vergessen läßt, in welcher unsere Vorväter lieber auf dem Scheiterhaufen gestorben sind, oder sich in den Folterkammern der Inquisition zu Tode quälen ließen, als daß sie die erkannten Wahrheiten und Grundsätze der Schrift aufgegeben oder ihren Protest gegen die Dogmen und Praktiken der röm.-kath. Kirche zurückgehalten hätten.

Haben wir den Römerbrief vergessen? Sind wir so naiv – harmlos, daß wir glauben, die röm.-kath. Kirche habe ihre Dogmen geändert?

Anders kann man wohl nicht die Tatsache erklären, daß z.B. neben den Adventisten auch Katholiken zur Mitarbeit bei der Großevangelisation „Pro Christ 93“ eingeladen wurden.

Wenn selbst auf der Delegiertenkonferenz der Deutschen Evangelischen Allianz im Herbst 92 empfohlen wurde, „katholische Christen auch institutionell bei der Allianz einzubinden“ (Idea 41/92), ist es nur noch eine Frage der Zeit, bis katholische Christen auch als „evangelikal“ bezeichnet werden.

Einen wesentlichen Beitrag zu dieser Entwicklung hat Billy Graham, der Redner von „Pro Christ 93“, beigetragen. Seine intensiven und freundschaftlichen Kontakte zu Papst Johannes Paul II. sind bekannt und seine positive Haltung zum Vatikan und zur Ökumene sind mit zahlreichen Auszeichnungen anerkannt worden.

Es gibt schon zu denken, wenn man folgende Entwicklung vor Augen hat:

Die Reformatoren und Puritaner in den vergangenen Jahrhunderten hatten aufgrund ihres Verständnisses der Offenbarung für den Papst nur eine Bezeichnung: „Antichrist!“ Der bekannte Baptist und Erweckungsprediger C.H. Spurgeon scheute sich nicht, den Papst öffentlich als „Liebling des Teufels“ zu bezeichnen, während heute der bekannteste Repräsentant der Evangelikalen, der Baptist Billy Graham, den Papst als den „größten moralischen Führer der Welt und den weltweit größten Evangelisten“ wertet. Kein Wunder, daß die Evangelikalen ihre protestantische Position mehr und mehr aufgeben und nach „Pro Christ 93“ möglicherweise die letzten Dämme brechen.

Dr. Lloyd-Jones hat richtig erkannt: „Ein Christentum, das lediglich predigt: ‚Komm zu Christus‘ oder ‚Komm zu Jesus‘, kann vor

Rom nicht bestehen. Ein solches Christentum wird wahrscheinlich am Ende die Zahl derer, die zu Rom gehören, noch vergrößern. Leute, die evangelistische Feldzüge durchführen und sagen: ‚Ihr seid römisch-katholisch? Dann geht zurück in eure Kirche!‘ verleugnen die Lehre des Neuen Testaments. Wir müssen die Menschen warnen“ (Bible Leaque Quarterly 4/81).

Auch die „Jesus-Märsche“, bei denen in Deutschland Evangelikale, Charismatiker, Pfingstler und Katholiken gemeinsam „Geistliche Kampfführung“ praktizieren und „dämonenbindend“ die Herrschaft Jesu über Deutschland proklamieren wollen, werden dazu beitragen, biblische Grenzen zu verwischen.

Schließlich ist da noch das vatikanische Evangelisationsprogramm „Evangelisation 2000“ und „A.D. 2000“, die evangelikale Parallelorganisation des früheren Leiters der Lausanner Bewegung, Thomas Wang, wo Evangelikale, Charismatiker und Katholiken mit dem Papst für eine „gemeinsame Evangelisierung Europas“ einstehen. Ziel von „Evangelisation 2000“ ist, Jesus zum Jahr 2000 eine „weithin evangelisierte Welt und eine geeinte Christenheit“ als Geburtstagsgeschenk zu überreichen.

Steht uns also eine weltweite Erweckung bevor, oder ein weltweiter Abfall – in ein katholisch-evangelikales Gewand gehüllt?

Noch ist es nicht zu spät, sich an die eindringlichen Worte Spurgeons zu erinnern:

„Ihr Protestanten, die ihr heute eure Freiheiten wie Billigware verschleudert, werdet einmal den Tag verfluchen, an dem ihr euch die alten Ketten wieder an die Knöchel passen ließet. Das Papsttum fesselte und tötete unsere Väter, und wir machen es zu unserer Nationalreligion!“

Das vor uns liegende Buch ist mit einem blutenden Herzen geschrieben worden. Auch wenn ich persönlich in der Auslegung der Prophetie den Standpunkt der Reformatoren und des Autoren (Kap. 19) nicht teilen kann und eine dispensationalistische Sicht der Prophetie für biblisch halte, so kann uns doch de Semlyen in eindrücklicher Weise auf das biblische, reformatorische Erbe aufmerksam machen: „Die Schrift allein, die Gnade allein, der Glaube allein.“ Er möchte uns wachrütteln, dieses Erbe nicht gleichgültig zu verschleudern, sondern mit dem Einsatz unseres Lebens zu verteidigen und zu proklamieren.

Die in diesem Buch aufgezeigten Entwicklungen in England

zeichnen sich auch bei uns ab und so stehen wir als Evangelikale an einem Scheideweg.

„Gehen wir nach rechts, werden uns vielleicht unsere Kinder und Kindeskinder dorthin folgen. Gehen wir aber nach links, dann werden Generationen noch Ungeborener unsere Namen einst verfluchen, weil wir Gott und Seinem Wort untreu gewesen sind“ (C.H. Spurgeon).

Gott schenke uns „Liebe zur Wahrheit“ (2. Thess. 2,10) und ein aufrichtiges Ringen, die „Wahrheit in Liebe festzuhalten“ (Eph. 4,15).

Frühjahr 1993 Wolfgang Bühne

Vorrede

Ich bin mir bewußt, daß einiges, was ich zu sagen habe, beunruhigend und umstritten ist und daß mancher Leser es als engherzig empfinden wird. Dennoch bitte ich nachdrücklich, mir zunächst einmal bis zum Ende des Buches zu folgen, bevor man sich ein Urteil bildet und den Geist einschätzt, in dem es geschrieben ist .

Es liegt mir am Herzen, „die Einigkeit des Geistes in dem Band des Friedens zu wahren“, um Gläubige in Christus zusammenzuführen, die durch die Liebe zur Wahrheit und kompromißlosen Gehorsam gegenüber dem Wort Gottes verbunden sind.

Mein Gebetswunsch ist, daß dieses Buch dazu diene, den Glauben auf den Prüfstand zu stellen und viele zurückzuführen „auf die vorigen Wege, die guten Wege, daß sie darin wandeln“. Und besonders, daß Katholiken und Mitglieder anderer Denominationen, die in Traditionen, Ritualen und menschengemachter Religion verstrickt sind, ebenso wie der Apostel Paulus und Martin Luther die Augen geöffnet bekommen für die wunderbare Schlichtheit des Evangeliums: Glaube, und Glaube allein; Christus, nur Christus, nur er allein.

Der Gründer von *Worldwide Evangelisation for Christ (WEC),* C.T. Studd, der sein Vermögen verschenkte und ‚das gute Leben‘ in England aufgab, um das Evangelium nach China und Afrika zu bringen, faßte seine Entschiedenheit in die denkwürdigen Worte: „Wenn Jesus Christus Gott ist und für mich starb, dann kann kein Opfer, das ich ihm bringen könnte, zu groß sein.“ Die Märtyrer der Reformation wählten diesen schmalen Weg. Sie opferten ihr Leben, starben auf furchtbare Weise, um Sein Wort ohne Zugeständnisse aufrecht zu halten und der Nachwelt die Schlichtheit des Evangeliums zu bekunden.

Es ist dringend notwendig, die Wahrheit der Heiligen Schrift wieder aufzurichten, auf daß „wir alle eins seien in Ihm". Ohne Liebe sind wir „ein tönend Erz und eine klingende Schelle"; doch Liebe ohne Wahrheit ist launisch, unberechenbar und ohne christliche Tugend.

* * *

Die Geschichtsstunde begann an einem besonders schönen Sommernachmittag des Jahres 1953, und da ist es unwahrscheinlich, daß viele Jungen der 5. Klasse etwas anderes im Sinn hatten als das Schwimmbad, das Cricketfeld oder andere Freiluftsportarten. Das Thema des Tages, die englische Reformation, klang nicht sehr aufregend, und ich, als ein Schüler dieser Klasse, hätte wohl kaum unwilliger sein können, in dieser Stunde Dinge zu lernen, die später mein Leben vollkommen verändern sollten. Und doch fesselte das, was ich an jenem Tag hörte, meine Phantasie und berührte mein Herz. Und es tat noch mehr: Es half mir – so meinte ich damals – einen kleinen Lichtschimmer zu sehen. Durch diese eine Schulstunde hatte ich das sehr reale Empfinden, zu verstehen, was Christsein heißt und was es beinhaltet: Opfer, Selbsthingabe und eine kompromißlose Liebe zur Wahrheit. Ich selbst war damals noch nicht bereit, mein Leben Gott auszuliefern, weit entfernt davon; doch an diesem Tage wurde eine Saat gepflanzt, die Wurzeln trieb und dreißig Jahre später zu meiner Bekehrung zu Christus führte.

Der Geschichtslehrer sprach an jenem Sommernachmittag sehr eindringlich von den Märtyrern des protestantischen Glaubens und von ihrem Einstehen für die Wahrheit; ebenso von ihrem Beharren auf der Tatsache, daß die Bibel, das Wort Gottes, nicht aber die Kirche, die letzte Autorität für den christlichen Glauben darstellt. Er beschrieb das Leben William Tyndales, dessen Übersetzung der Bibel die Grundlage für die englische Reformation legte und zu seinem Feuertod im Jahre 1536 führte. Die Morgendämmerung war angebrochen für die Wahrheit, von Luther in der Heiligen Schrift wiederentdeckt, daß Menschen aus Gnade durch den Glauben gerettet werden, und nicht aus Werken. Und wie der Apostel Paulus an die Römer schrieb: *„Der Glaube kommt aus der Predigt, das Predigen aber durch das Wort Gottes"*

(Röm. 10,17). Die Bibel, die Heinrich VIII. dem Volk 1538 freigab, war die Krönung des Wirkens Tyndales und anderer und eine wunderbare Antwort auf Tyndales letztes Gebet am Scheiterhaufen von Vilvorde: „Herr, öffne dem König von England die Augen!"

Als die Reformatoren das kostbare Wort Gottes erst einmal hatten, waren sie nicht bereit, es aufs Spiel zu setzen. Viele, die in England den Feuertod starben, taten es wegen nur drei Worten in der Bibel. Wären sie bereit gewesen, diese Worte beiseite zu lassen oder wenigstens ‚liberal' auszulegen, hätten sie sich selbst retten, ja sogar zu Ehren kommen können. Sie weigerten sich. Für sie war das Wort Gottes Wahrheit und Leben, und deswegen würde der Tod keinen Stachel und das Grab nicht den Sieg haben. Die drei Worte des Apostels aus dem 1. Korintherbrief, wo es um das Abendmahl des Herrn geht, lauten: „Zu meinem Gedächtnis". Indem sie diese Worte bestätigten, leugneten sie damit die römisch-katholische Lehre von der ‚realen Gegenwart', d. h. daß Christus wahrhaftig im Sakrament gegenwärtig sei, Leib und Blut in der geweihten Form von Brot und Wein. Sie leugneten die Substanzverwandlung dieser Elemente (Transsubstantiation), die im Zentrum der römisch-katholischen Lehre liegt, weil sie überzeugt waren, daß sie das vollendete Werk Christi untergräbt, das Opfer, das er ein für allemal auf Golgatha vollbracht hat.

John Rogers, Tyndales Mitarbeiter bei der Übersetzung der Bibel während der Regentschaft Heinrichs VIII. und Vater von zehn Kindern, war der erste der Märtyrer, die unter Maria I. hingerichtet wurden. Der französische Botschafter beschrieb ihn, wie er im Februar 1555 zum Scheiterhaufen geführt wurde, „als ginge er zu seiner Hochzeit". Der Märtyrologe John Foxe sah ihn „mit leuchtendem Angesicht, den 51. Psalm auf dem Wege hersagend, während alle Leute angesichts seiner Festigkeit frohlockten. Voll Lob und Dank für Gott ... wurde er zu Asche verbrannt und wusch seine Hände in den Flammen, während er brannte".

Rogers wurde jede Chance gegeben, seine Meinung zu ändern. Selbst kurz bevor die Reisigbündel angezündet wurden, bot man ihm noch die Begnadigung an, wenn er nur widerriefe. Er wurde gefragt, ob er „seine böse Meinung über das Sakrament des Altars zurücknehmen" würde. Wie so manche andere, denen wir so viel verdanken, blieb er fest. „Was ich gepredigt habe, werde ich mit meinem Blut besiegeln", sagte er zu dem Beamten.

Der neunzehnjährige William Hunter widersetzte sich der öffentlichen Anordnung, an der Messe teilzunehmen und das Abendmahl zu empfangen, weil „es Sünde gegen Gott wäre, solchen Götzendienst zu unterstützen". Sein Bekenntnis war, daß er „von ganzem Herzen Protestant sei und sein Gewissen es ihm nicht gestatte, an der Messe teilzunehmen". Seine Eltern ermutigten ihn, auf seinem Standpunkt zu beharren; „Ich bin froh, mein Sohn", sagte seine Mutter, „daß Gott uns solch ein Kind gegeben hat, das sich bereitfindet, sein Leben um Christi willen zu lassen." Hunter starb in den Flammen bei Brentwood in Essex im März 1555.

Vielen Menschen ist noch heute die Geschichte der Bischöfe Hugh Latimer und Nicholas Ridley geläufig, die 1555 vor dem Balliol College Rücken an Rücken auf dem Scheiterhaufen verbrannt wurden; ebenso die aufrüttelnden Worte Latimers, die durch die Jahrhunderte so viele Christen angespornt haben: „Seid guten Mutes, Meister Ridley, und seid tapfer wie ein Mann! Wir werden heute eine Kerze in England anzünden, die gewiß niemals mehr gelöscht werden wird."

„Wir werden ihrer gedenken", sagen wir an dem Tag, an dem wir uns derjenigen erinnern, die in den zwei Weltkriegen ihr Leben für ihr Land gegeben haben. Jahrhundertelang haben Kirche und Nation derer gedacht, die zur Zeit der Reformation für Glauben und Freiheit lebten und starben. Heute tun wir das nicht mehr. Ein Krankenhausaufenthalt meiner Tochter im Bartholomäus-Hospital, das nahe dem Smithfield in London liegt, dem Schauplatz der Leiden so vieler Märtyrer des 16. Jahrhunderts, führte mich an den Ort ihrer Qual. An der mittelalterlichen Mauer, die noch immer das Krankenhaus vom Smithfield Square trennt, ist eine Inschrift zum Gedenken der Smithfield-Märtyrer angebracht. Der Text dieser Inschrift lautet schlicht:

„Zur Erinnerung an John Rogers, John Bradford, John Philpot und andere Knechte Gottes, die wenige Fuß von hier den Feuertod für ihren Glauben an Christus erlitten. Das edle Heer der Märtyrer preist Dich."

Es ist schmerzlich zu entdecken, daß die beiden anglikanischen Kirchen, die heute genau an diesem Platz stehen, die Große und die Kleine Bartholomäus-Kirche, sich offensichtlich lieber nicht erinnern. Literatur, die in den beiden Kirchen zum Verkauf ausliegt, berichtet von den Dominikanermönchen, die zur Zeit der Feuer, in den 1550er Jahren, in den Klöstern lebten; doch nirgendwo findet sich eine Erwähnung John Rogers oder anderer Smithfield-Märtyrer. Ein für Besucher zuständiger Sprecher beider Kirchen erzählte mir, es bestände keine Verbindung zwischen ihrer Kirche und den Märtyrern, die Verbrennung habe außerhalb stattgefunden, ein paar Iren kämen jedes Jahr und hielten dort eine Feier ab. Diese Sichtweise spiegelt sich auch in der religiösen Praxis der beiden Kirchen wider, in denen das Meßopfer erneut eingeführt wurde. Es gibt dort einen Gottesdienst am Morgen mit Abendmahl „zu meinem Gedächtnis", und am Nachmittag ein Ritual um die ‚reale Gegenwart'. Die Männer, die ironischerweise an einer Stelle genau zwischen den Altären dieser beiden Church-of-England Kirchen den Feuertod starben, sind heute vergessen.

In meiner Jugendzeit war der Unterricht über die protestantische Reformation an allen Schulen eine Selbstverständlichkeit. Heute ist das nicht mehr der Fall. Solch ein Unterricht wird in einem ökumenischen Klima als Anlaß für unnötige Auseinandersetzungen empfunden und zunehmend abgeschafft. Es kam sogar so weit, daß ein nationaler Arbeitskreis des Bildungsministeriums kürzlich empfahl, die Reformation im Geschichtslehrplan des neuen Jahresprogramms zu streichen. Das konnte der zuständige Minister jedoch verhindern.

Ein Hauptziel dieses Buches ist zu zeigen, wie wichtig es für uns alle ist, der Märtyrer des christlichen Evangeliums zu gedenken und uns ins Gedächtnis zu rufen, warum sie ihr Leben opferten. Bei seiner Einsetzung in Canterbury im April 1991 sprach George Carey davon, wie frühere Erzbischöfe, die als Märtyrer starben, uns ein Vorbild waren. Er nannte den Benediktinermönch Alphege und Thomas Becket, beides treue Anhänger des Papstes von Rom. Er erwähnte jedoch nicht das Martyrium des ersten protestantischen Erzbischofs, Thomas Cranmer, des wichtigsten Verfassers des Allgemeinen Gebetbuches und der Neununddreißig Artikel der Religion, denen der neue Erzbischof bei seiner Einsetzung die Treue zu halten gelobte. Die römisch-katholische Kirche hat Alphege und Thomas Becket heiliggesprochen.

Keiner von denen, die während der Verfolgung durch Maria I. Einspruch gegen falsche Lehren erhoben, werden heilig- oder seliggesprochen werden. Sie sind keine ‚Heiligen', besonders hervorgehoben durch ihre geistlichen Verdienste und von der Nachwelt als ‚Heilige' angesehen, an die man sich im Gebet wenden soll. Die Märtyrer des

Evangeliums waren entschieden gegen solch eine Erhöhung sündiger Menschen. Sie wußten, daß Gott allein heilig ist. Sie waren lediglich geheiligte Nachfolger Jesu Christi, gehorsame Knechte Gottes, die die Seiten unserer Geschichte aufgehellt haben. Ihr Mut und ihr Gehorsam gegen Christus und sein Wort bestritten und zerbrachen den Griff, den Religion und Kirche auf das Volk ausübten. Sie führten die schlichte neutestamentliche Botschaft von Buße und Vergebung wieder ein; die Botschaft, daß persönlicher Glaube an Jesus und Sein ein für allemal vollbrachtes Sündenopfer am Kreuz das einzige ist, das zu unserer Errettung benötigt wird. Sie wußten aus der Schrift, daß alles als freie Gabe und völlig unverdient von Gott kommt. *„Und da er vollendet war, ist er geworden allen, die ihm gehorsam sind, der Urheber ihres ewigen Heils“* (Hebr. 5,9). Sie gehorchten Ihm, indem sie die ganze Bibel glaubten und durch und für diesen Glauben starben.

Solcher Glaube ist heute, in einem Zeitalter der Kompromisse, selten zu finden. Das Evangelium, das Licht, das die westliche Zivilisation erhellte, hat sich ins Verborgene zurückgezogen, während Gottes Wahrheit immer mehr entwertet wird. Die Führung der Staatskirche hat von anderen Religionen als von „vielen Wegen zu Gott“ und „vielen Wohnungen des Heiligen Geistes“ gesprochen. Der unter Teilnahme der Königin gefeierte Gottesdienst am Commonwealth-Tag ist nicht mehr als spezifisch christlich erkennbar, und die Armee-Geistlichen der Alliierten Streitkräften, die zur Verteidigung Saudi Arabiens in den Golfkrieg entsandt waren, verkleideten sich als ‚Truppenbetreuungsoffiziere‘, um die einheimischen Moslems nicht zu erzürnen.

In Großbritannien gibt es heute ein ‚Liebesevangelium‘, das sich ausschließlich auf das sogenannte ‚Positive‘ beschränkt. Es wird behauptet, daß, solange Jesus Christus als Retter und Herr verkündet werde, wir alle eins seien in Ihm. Meinungsverschiedenheiten über Lehrfragen dürften sich dem nicht in den Weg stellen. Wir dürfen Wahrheit bestätigen, aber nicht Irrtümer bloßstellen. Die protestantischen Märtyrer, gottesfürchtige, von Liebe durchdrungene Männer, hätten die gleiche Haltung innerhalb der Kirche ihrer Zeit einnehmen können. Sie hätten sich darauf beschränken können, allen Streit zu vermeiden und mit ihren Verfolgern in vielem ‚Positiven‘ übereinzustimmen. Doch die Heilige Schrift befahl ihnen, *„zu ermahnen und zu überführen auf Grund der gesunden Lehre“* und *„den Götzendienst zu fliehen“*. Sie gehorchten. Sie sahen den Irrtum und den Götzendienst, und als verantwortliche Führer, als Hirten mit dem Auftrag, ihre Herden auf grüne Weiden zu führen, entlarvten und verwarfen sie alles Schriftwidrige. So leicht hätten sie in die andere Richtung schauen und sich auf diejenigen Wahrheiten des christlichen Glaubens konzentrieren können, die als gemeinsamer Boden gelten konnten. Sie hätten wählen können, lieber den Menschen als Gott zu gefallen.

Hätten sie das getan, wäre die Kirche und unser Land im Griff einer religiösen Führung geblieben, deren Macht auf Aberglauben und Götzendienst beruht. Vielleicht nie zuvor im Bereich geistlicher Auseinandersetzung hatten, um Winston Churchills berühmten Worte zu gebrauchen, „so viele so wenigen so viel zu verdanken“. Die Gefahr besteht heute, daß wir bei dem Wunsch nach selbstgeschaffener Einheit auf Grund von Kompromissen und durch die Preisgabe der protestantischen Reformation und der Wahrheiten der Schrift, die durch das Blut der Märtyrer besiegelt wurden, wieder dorthin zurückkehren, woher wir kommen.

* * *

Der 1. September 1990 war ein Datum von großer historischer Bedeutung. An jenem Tag gab der Britische Rat der Kirchen grünes Licht für ‚Kirchen Gemeinsam‘ (*Churches Together*) und rief damit den inter-kirchlichen (*Inter-Church*) Prozeß offiziell ins Leben. Erstmalig nimmt auch die römisch-katholische Kirche daran teil. Ja, wir dürfen sicher sein, daß ihr in diesem Prozeß eine größere Rolle zufallen wird. *Churches Together in England* (CTE) wurde in der St. George Kathedrale eröffnet, um, wenn man der Zeitschrift *The Tablet* glauben darf, die Senior-Partnerschaft der römisch-katholischen Kirche in dem neuen Unternehmen zu versinnbildlichen. In einem ganz realen Sinne war in dem Jahr der besonderen Gedenktage an J. H. Newman und Ignatius von Loyolas Jesuitenorden (d. h. die Gegenreformation) das Comeback des römischen Katholizismus perfekt. Die protestantische Reformation ist nunmehr praktisch von der offiziellen Kirche in Großbritannien preisgegeben und wird weithin als tragischer Fehler hingestellt.

Verglichen mit seiner gewaltigen Bedeutung erhielt das September-Ereignis einen sehr geringen Bekanntheitsgrad. Wenige Menschen scheinen sich der weiteren Folgen dieses historischen Geschehens für die Zukunft sowohl der Kirche als auch der Nation bewußt zu sein. Wenige sehen beispielsweise, daß die Stellung Ihrer Majestät der Königin als Verteidigerin des protestantischen Glaubens und Oberhaupt der offiziellen Kirche praktisch in Frage gestellt und ihr Krönungseid deutlich gefährdet ist. Das Parlament wird gleichfalls in eine unmögliche Stellung manövriert, hat es doch hier die beste Gelegenheit verpaßt, seine verfassungsgemäße Verantwortung klarzustellen. Das Abrücken von den altbewährten Wurzeln unseres protestantischen Erbes, inzwischen anscheinend eine vollendete Tatsache, ist sehr gefährlich.

Am 2. September 1990 standen Tausende von Kirchengemeinden gemeinsam im Gebet und gegenseitiger Verpflichtung für den entstehenden inter-kirchlichen (*Inter-Church*) Prozeß. Alle Kirchengemeinden in allen Haupt-Denominationen Großbritanniens waren in das Geschehen einbezogen, selbst wenn sie nicht direkt teilnahmen, es sei denn, sie wären als einzelne Gemeinde ausgetreten. Was all das, außer einem Füreinander-Eintreten, für den einzelnen bedeuten sollte, wurde an jenem Tag nicht ersichtlich. Es gab keine Glaubenserklärung, keine lehrmäßige Standortbestimmung. Grundsätzliche Unterschiede wurden schlicht beiseite geschoben.

Alle kirchlichen Gruppen, die in Mitgliedschaft mit dem Britischen Evangelischen Rat (*British Evangelical Council*) BEC stehen, einschließlich der Freien Kirche Schottlands (*Free Church of Scotland*), des Bundes Unabhängiger Evangelischer Kirchen (*Federation of Independent Evangelical Churches*) FIEC und der Evangelischen Bewegung von Wales (*Evangelical Movement of Wales*) verweigerten den Beitritt, desgleichen viele evangelikale Kongregationalisten- und Grace-Baptisten-Gemeinden. Zu den kleineren Denominationen, die nicht beitraten, gehören die Gräfin-Huntington-Verbindung (*Countess of Huntington's Connection*), die Baptisten-Union von Schottland, die Baptisten-Union von Wales, die Wesleyanische Reform Union und die Presbyterianische Kirche von Irland.

‚Einheit in der Unterschiedlichkeit' (*We agree to differ*), was die wesentlichsten Dingen betrifft, ist eine zerbrechliche Form von Einheit, selbst wenn allerseits so viel guter Wille vorhanden ist. Besorgte Evangelikale haben hierfür den Ausdruck ‚Händehalten im Dunkeln' geprägt. Für jene, die die Wahrheit lieben und suchen, können die leutseligen Verlautbarungen ökumenischer Führer und die mühsam ausgearbeiteten Kompromisse der ‚Anglikanisch-Römisch-Katholischen Internationalen Kommission' *(ARCIC)* die Wirklichkeit nicht verschleiern: die Einheit ist nach den Richtlinien der römisch-katholischen Kirche zugeschnitten. Kardinal Hume, einer der Vorsitzenden des neuen Rates der Kirchen für Großbritannien und Irland, hat aus dieser Tatsache keinen Hehl gemacht. In seinem Buch ‚Unterwegs zu einer Zivilisation der Liebe' (*Towards a Civilization of Love*) hat er die Aussage des Zweiten Vatikanischen Konzils bekräftigt, daß „die katholische Kirche den Reichtum der gesamten offenbarten Wahrheit und aller Gnadenmittel besitze" und daß es „unmöglich sei, einen ähnlichen Status anderen zuzugestehen". In einem Fernsehinterview im Februar 1991, zum Thema des ‚Jahrzehnts der Mission' (*Decade of Evangelism*) befragt, wiederholte er, daß dies bedeute, Menschen in „die eine wahre Kirche zu bringen, die auf Petrus, den Felsen gegründet ist".

„Wenn Katholiken für die Wiederherstellung der vollen Gemeinschaft mit anderen Christen beten, dann beten sie für jene Einheit, von der die Kirche glaubt, daß Christus sie gewollt hat, und die in all ihren wesentlichen Eigenschaften in der katholischen Kirche zu finden ist" (aus *‚Faith Alive'*, 3-37 über Ökumene, 1988, zitiert in *The Univers*, April 1989).

Am 6. Januar 1991, dem Epiphanias-Sonntag, wurde das ‚Jahrzehnt der Mission' (*The Decade of Evangelism*) im Rahmen von mehr als 30.000 Gemeindegottesdiensten im ganzen Land eröffnet. Eine Gebets-Novene zur Einweihung des ‚Jahrzehnts' hatte am 29. Dezember 1990 mit einer Pilgerschaft zum Schrein ‚Unserer Lieben Frau von Walsingham' begonnen.

Neben dem ‚Jahrzehnt der Mission' als Teil des *Inter-Church*-Prozesses gibt es das römisch-katholische ‚Jahrzehnt der Evangelisation' (*Decade of Evangelization*) oder *Evangelisation 2000*, das gleichfalls an Epiphanias, dem Gedenktag der Offenbarwerdung Christi unter den Heiden, ins Leben gerufen wurde. Die ursprüngliche Idee und Initiative zu dem ‚Jahrzehnt der Evangelisation' stammt von dem Franziskaner Fr. Tom Forrest, der jetzt *Evangelisation 2000* vom Vatikan aus leitet, und von dem Iren Fr. Jim Birmingham. Das Konzept fußt auf der Vision, daß Christus zu Seinem 2000. Geburtstag mehr als die Hälfte der Weltbevölkerung als Christen dargebracht werden sollen. Diese Vision war 1983 in Nairobi (Kenia) von Larry Christenson, Michael Harper und Tom Forrest gemeinsam empfangen und bestätigt worden.

Das ‚Jahrzehnt der Mission' bekam grünes Licht für Europa anläßlich *Acts 86*, als der anglikanische Charismatiker-Führer Michael Harper über Tom Forrest eine Botschaft an Papst Johannes Paul II. sandte: „Wir stehen mit Ihnen für eine gemeinsame Evangelisierung Europas." Fünf Jahre später traten Fr. Forrest und Kanonikus Harper Seite an Seite in *Brighton 91* auf, einer Folgekonferenz von anderen großen ökumenischen Konferenzen wie *Bern 90* und *Indianapolis 90*. Im Mai 1989 hatte sich eine Gruppe von 100 Pfingstler- und Charismatiker-Führern getroffen, um in einem Obergemach des Jerusalemer ökumenischen Notre-Dame-Zentrums für das ‚Jahrzehnt der Mission' zu beten. Die Gebetswache stand unter der Leitung von Forrest, Harper und Christenson, und die Teilnehmer hatten offensichtlich das Empfinden, daß Gott ihnen die Richtung für die Weltkonferenz anwies, die im Juli 1991 in Brighton stattfand.

Kapitel 1

Der Hintergrund der Ökumene

Im Juli 1988 war die weltweite Lambeth-Konferenz anglikanischer Bischöfe in Canterbury zusammengekommen und bestätigte mit überwältigender Mehrheit die *ARCIC*-Beschlüsse. Diese Beschlüsse beinhalten Kompromisse in allen bedeutenden lehrmäßigen Differenzen zwischen Protestanten und römischen Katholiken. Zuvor waren diese Beschlüsse von George Carey in der Church of England-Synode durchgebracht worden. Carey ist der Nachfolger Robert Runcies als Erzbischof von Canterbury und ein begeisterter Ökumeniker, von dem die Meinung stammt, es sei „durchaus möglich, daß die anglikanische Kirche verschwinde, um einer vereinigten Weltkirche Platz zu machen" (Interview in BBC-Radio 3: *Church of England Newspaper*, 3. Mai 1991).

Nachdem Einheitsbestrebungen der '60er Jahre, wie der anglo-methodistische Entwurf, gescheitert waren, empfand man die Notwendigkeit einer neuartigen Annäherung. Anstatt einfach Einheit von der Spitze abwärts zu organisieren, war es notwendig, viel größeres Gewicht auf Basis-Aktivitäten unter den örtlichen Gemeinden zu legen. Demgemäß rief der ‚Britische Rat der Kirchen' 1986 ‚Nicht Fremde, sondern Pilger' (*Not Strangers but Pilgrims*) mit dem ökumenischen Programm ‚Fasten-Zeit' (*Lent Course*) ins Leben. Das war der Beginn des neuen *Inter-Church* Prozesses, der in Swanwick im September 1987 die Kirche Roms miteinbezog, die nun, mit Kardinal Humes Worten, „den

Schritt von bloßer Zusammenarbeit zur verbindlichen Verpflichtung" gemacht hatte. Die Vermischung verschiedener Traditionen auf lokaler Ebene, verbunden mit dem, was Erzbischof Runcie mit der ‚Neuformulierung von Lehre' beschrieb – nach dem Muster, das John Henry Newman bereits im 19. Jahrhundert verordnet hatte – war zweifellos der Weg, den es zu beschreiten galt.

Einheit durch Kompromisse in Lehrfragen war jetzt das Marschziel geworden, und das nahezu einstimmige Votum in Lambeth schien in Richtung Einheit mit Rom um fast jeden Preis zu deuten. Die Antwort des Vatikans vom Januar 1989, die auf Glaubenserklärungen bestand, die den eigenen noch ähnlicher zu sein hatten, und der kühle Empfang, den der Papst dem eifrigen Erzbischof von Canterbury, Robert Runcie, bereitete, deuten darauf hin, daß die Annäherung eigentlich nur aus einer Richtung stattfindet.

Dieser Schwung in Richtung Einheit, ein Enthusiasmus, der auf seiten der ‚protestantischen' Denominationen an Selbstaufgabe grenzt, hat in den letzten Jahrzehnten dramatisch zugenommen. Wie konnte es dazu kommen?

Frühe Schritte in Richtung Einheit

Der reformierte Glaube der Anglikaner und Freikirchler war jahrhundertelang durch die Gegenreformation untergraben worden, besonders im 19. Jahrhundert nach Ausbruch der Oxford-Bewegung in der Anglikanischen Kirche durch John Henry Newman und die anderen ‚Traktarianer' im Jahre 1833. Während der Glaube an die Bibel durch Humanismus, Rationalismus und liberale Theologie abnahm, wurde die römisch-katholische Tradition von der neuen anglo-katholischen Gruppe innerhalb der Church of England festgehalten und gestärkt. Zu Beginn dieses Jahrhunderts saßen Hoch-Anglikaner mit liberalen Traditionalisten gemeinsam in den Schlüsselpositionen der Kirchenleitung. Lehrmäßige Unterschiede wurden heruntergespielt, und der Ökumenismus war kräftig im Aufschwung.

Das Ziel der ökumenischen Bewegung ist es, eine Welt-Gemeinschaft zu schaffen, alle Kirchen, Denominationen und schließlich alle Religionen zusammenzubringen. Dr. Runcie äußerte auf der Lambeth-Konferenz, daß er „keinen Unterschied sah zwischen dem Streben nach Einheit in der Kirche und dem Streben nach der Einheit aller Menschen" (*Church Times*). Ähnliche Gedanken formulierte Kardinal Hume im Oktober 1990: „Wir müssen uns auf das konzentrieren, was uns eint. Es ist so einfach und doch so tief: Wir müssen uns auf unsere gemeinsame Menschlichkeit konzentrieren" (‚Nostra Aetate' 25. Jahrestag der Erklärung; *Universe*, 4. Nov. 1990).

Die ökumenische Bewegung sollte jedoch erst viel später als zu Beginn unseres Jahrhunderts unter diesem Namen in Erscheinung treten, und zwar, als Rom anfing, sich an ihr zu beteiligen. Der Ausdruck ‚oikoumene', im Neuen Testament häufig gebraucht, bedeutet ‚die ganze Welt', obwohl er zuweilen im Hinblick auf ein größeres politisches Gebilde wie das Römische Reich angewandt wird.

Die Welt-Missions-Konferenz in Edinburgh 1910 brachte den Anfang der *Faith and Order*-Bewegung, aus der dann die moderne ökumenische Bewegung hervorging. Diese dritte Missions-Konferenz schloß erstmalig Anglo-Katholiken mit ein und stand unter dem Vorsitz des amerikanischen Methodisten John Mott, dessen Leitsatz während seines lebenslangen missionarischen Einsatzes lautete: ‚Evangelisierung der Welt in unserer Generation'. *Edinburgh 1910* und John Motts prophetische Vision gaben den Anstoß zur ‚Woche der christlichen Einheit' (*Christian Unity Week*), die heutzutage vom Weltkirchenrat und dem Vatikanischen Rat für Christliche Einheit organisiert wird und deren 80. Jahrestag 1990 gefeiert wurde. *Edinburgh 1910* liefert nach den Worten des Organisators Michael Harper auch den Hintergrund für *Brighton 91*, besonders was den Wunsch anbelangt, auf die römischen Katholiken und die Griechisch-Orthodoxen zuzugehen und sie in Zukunft mit einzuschließen. Die ‚Leben und Werk' (*Life and Work*) -Konferenz, die 1925 in Stockholm und 1937 in Oxford zusammenkam und die Losung auf ihre Fahnen schrieb: ‚Lehre trennt, Dienst vereint', wird gewiß ein Echo in den großen ökumenischen Zusammenkünften der 90er Jahre finden.

Den *Life and Work*-Konferenzen der 20er und 30er Jahre entsprach die *World Conference of Faith and Order*, die dazu führte, daß 1948 der Weltkirchenrat (*World Council of Churches*) WCC gebildet wurde, unter Einbeziehung der griechisch-orthodoxen Kirche, jedoch ohne die Teilnahme Roms. Einer der Gründungsväter des WCC und der erste Präsident des Britischen Kirchenrates (*BCC*) im Jahre 1943 war William Temple. Auf der Edinburgh Konferenz 1937 sprach Temple, damals Erzbischof von York und später hochgeachteter Erzbischof von Canterbury, der eine führende Rolle bei der Bildung des WCC spielte, von der „Sünde der Uneinigkeit in der Christenheit". Verurteilte er damals die Reformation selbst? Dr. Temple, der seit langem den Traum von der christlichen Einheit gehegt hatte, beschloß seine Rede mit den Worten: „Was wir brauchen, ist eine gelassenere Weisheit; Christen sollten allen Eifer vermeiden, der dazu führt, daß wir für ergänzende Wahrheiten blind werden." Die ergänzenden Wahrheiten werden nicht definiert, doch wir werden uns später mit einigen der traditionellen römischen Lehren befassen, die er dabei im Sinn gehabt haben mag.

Rom hingegen blieb der *Faith and Order*-Bewegung fern. Annäherungsversuche an den Vatikan, einschließlich derer von Edinburgh 1910, trafen dort auf eine recht kühle Reaktion. Die Zeit war eindeutig noch nicht reif. Der evangelikale Flügel innerhalb des Weltkirchenrates war noch kraftvoll, und lehrmäßige Unterschiede traten noch deutlich hervor. Jenen, die das Tempo angaben, muß klar geworden sein, daß es der WCC und in Großbritannien der BCC sein würden, die die Kluft überbrücken müßten. Die Kirche Roms stand und steht immer felsenfest auf ihrer Position, wenn es um Lehrfragen geht:

> „Es kann keinen Wandel in irgendeinem Dogma oder einer grundlegenden Lehre der katholischen Kirche geben, denn solch ein Wandel würde in Abrede stellen, daß die Kirche die wahre, von Christus gegründete Kirche ist" (Katholisches Register, 1961).

Der Leitsatz der Kirche Roms ist ‚Semper Eadem' (immer dieselbe), und sie sieht sich als ‚die eine wahre Kirche'. Einheit schien unmöglich.

Plötzlich und spürbar änderte sich die Situation. Zu Beginn der 60er Jahre strömten eine neue Wärme und Kooperationsbereitschaft von Rom aus. Durch das Zweite Vatikanische Konzil und das Papsttum Johannes' XXIII. öffneten sich weite Türen.* Im Hintergrund

---

* Richtig muß es heißen: Es sollte so aussehen, als seien die Türen weit geöffnet. Jeder teilnehmende Bischof gab auf dem Konzil folgende Erklärung ab: „. . . alles, was im Widerspruch zu dem Glauben steht, alle falsche Lehre, die von der Kirche verurteilt und verflucht wird, zu verurteilen, abzulehnen und zu verfluchen. Der wahre katholi-

hatten bereits Gespräche stattgefunden. Der Erzbischof von Canterbury, Geoffrey Fisher, hatte sich 1960 mit dem Papst getroffen, und ein paar Monate später wurde die Queen, eidlich verpflichtet, den protestantischen Glauben zu verteidigen, schwarz gekleidet und verschleiert vom Papst empfangen. Es gab jedoch noch einen anderen Faktor, eine neue Dimension in den Kirchen, wodurch sich der Wandel in der Einstellung des päpstlichen Stuhls erklären ließe: die Charismatische Erneuerung.

Erneuerung

Die Charismatische Erneuerung, die in den 1950er Jahren mit so vielen offensichtlichen Tugenden begann, hatte sich rasch über die ganze christliche Welt ausgebreitet. Man traute ihr weithin zu, mit einer großen Ausgießung des Heiligen Geistes die gesamte Kirche umzugestalten. Der Engländer Donald Gee, ein Führer in der Pfingstbewegung und prominenter Ökumeniker, nannte sie „das neue Pfingsten". Schlüsselfigur in dem neuen, ökumenischen ‚Pfingsten' war David Du Plessis, der eine führende Rolle in dem entstehenden römisch-katholisch-pfingstlerischen Dialog spielte. Er war geladener Gast beim II. Vatikanischen Konzil und nahm an allen sechs Zusammenkünften des WCC, von Amsterdam (1948) bis Vancouver (1963), teil. *Time Magazin* beobachtete:

> „Niemand im zwanzigsten Jahrhundert verband so wirkungsvoll drei der großen Bewegungen der Zeit – die Pfingstbewegung, die ökumenische Bewegung und die charismatische Bewegung – miteinander" wie „Mr. Pentecost", David Du Plessis.

Diese über ihre eigenen Grenzen hinausreichende Initiative der Pfingstler fand ihren ersten organisierten Ausdruck in der ‚Gemeinschaft der Geschäftsleute des Vollen Evangeliums' (*Full Gospel*

sche Glaube, außerhalb dessen niemand gerettet werden kann, welchen ich hier offen bekenne und welchem ich mich verbunden fühle, bin ich entschlossen, bis zu meinem letzten Atemzug unermüdlich zu bekennen und in seiner Reinheit unvermischt zu erhalten" (*Reformation Review*, Oktober 1963, S. 35).

Businessmen's Fellowship International) *FGBMFI*, die derzeit in den Vereinigten Staaten bekannt wurde. Von Demos Shakarian, einem kalifornischen Millionär aus der Milchfarmwirtschaft mit armenisch-pfingstlerischem Hintergrund gegründet, war die *FGBMFI* von der ersten Versammlung im Jahre 1951 an eng verbunden mit Amerikas führenden Heilungs-Evangelisten, einschließlich Oral Roberts, William Branham und T. L. Osborn. Sie war als ein Zusammenschluß ‚geisterfüllter' Geschäftsleute konzipiert mit dem Ziel, vor Nicht-Pfingstlern zu bezeugen und zu missionieren, ohne die Neubekehrten in die pfingstlerische Denomination zu bringen. Spezifisch pfingstlerische Segnungen und Phänomene würden auftreten, und, wie es die Pfingstgemeinschaft Nordamerikas beschreibt: „Das volle Evangelium, einschließlich Heiligung des Herzens und des Lebens, Heilung des Leibes und Taufe in dem Heiligen Geist mit dem sichtbaren Zeichen des Sprechens in anderen Zungen, wie der Geist es eingibt."

Wie andere ‚para-kirchliche' Gruppen, die in den 50er und 60er Jahren die Charismatische Bewegung anführten, brachte die *FGBMFI* römische Katholiken und Protestanten zusammen „in der Einheit und Liebe des Geistes", indem sie das Schwergewicht mehr auf das erfahrungsorientierte Zeugnis als auf die Heilige Schrift legte. Es galt, Streitigkeiten zu vermeiden und Probleme, die sich aus Lehrfragen ergaben, zu verhindern.

Auf dieselbe Weise wischten gleichzeitig die Billy-Graham-Feldzüge lehrmäßige Differenzen beiseite, indem der Evangelist keine Mühe scheute, „die Rolle unserer katholischen Geschwister in der christlichen Familie" anzuerkennen.

Führende Verfechter der Einheit, wie der Erzbischof von Canterbury Michael Ramsey, schrieben „die ganze ökumenische Initiative dem Heiligen Geist zu, der in uns wirkt, uns in der Liebe vereint und in der Wahrheit erbaut". Probleme, die sich aus Glaubensartikeln und Bekenntnissen ergaben, mußten hintangestellt werden. Anstatt, wie die Christen aus Beröa im Neuen Testament, täglich in der Schrift zu forschen, ob die Dinge sich so verhielten, bekamen die Neubekehrten in der Charismatischen Bewegung den Rat, sich mehr auf Gefühl und Erfahrung zu verlassen. „Wir müssen vermeiden, den Geist durch unsere Dummheit, Engstirnigkeit und unseren mangelnden Glauben zu binden", beteuerte Erzbischof Ramsey, der 1957 den englischen Evangelikalismus als ketzerisch und sektiererisch bezeichnet hatte.

Die Möglichkeiten der Massenevangelisation und der Reiz der Charismatischen Erneuerung waren von der ökumenischen Bewegung vereinnahmt und für ihre Zwecke nutzbar gemacht worden.

Das Zweite Vatikanische Konzil

Auf dem Zweiten Vatikanischen Konzil gab die römische Kirche, angesichts der begeisterten Atmosphäre und der Hoffnung, daß die alten Differenzen in der Versenkung verschwinden würden, dieser neuen Bewegung des Heiligen Geistes ihren Segen. Kardinal Augustin Bea, jesuitischer Beichtvater von Pius XII., Schlüsselfigur hinter dem alternden Johannes XXIII. und dazu geschaffen, mehr für die ökumenische Bewegung und die *Inter-Faith* Synthese zu tun als vielleicht irgendein anderer, wies den Weg in die Zukunft:

> „Die Kirche muß zunächst um eine Erneuerung ihres eigenen inneren Lebens ringen, bevor dieses Leben von unseren getrennten Brüdern erkannt wird, als immer klarer werdendes Bild dessen, was Christsein nach dem Evangelium bedeutet."

Bezeichnend ist, daß der Begriff ‚getrennte Brüder' im Vokabular der Mutter-Kirche ‚Ketzer' (und andere Begriffe) ersetzt hat. 1965 hatte das Zweite Vatikanische Konzil angeordnet, daß die „getrennten Brüder wieder in der Herde willkommen zu heißen sind". Eine Veranschaulichung dessen war Kardinal Beas Einladung an David Du Plessis, als sein Gast an der dritten Sitzung des II. Vatikanischen Konzils teilzunehmen.

Bemerkenswert ist, daß die römisch-katholische Kirche sich als einzige Denomination zu ihrer eigenen Erneuerungsbewegung stellte. Kardinal Leon Joseph Suenens, Primas von Belgien, Erzbischof von Malines und ein aufgehender Stern in der Kurie, sollte bald die Verantwortung im Vatikan dafür übernehmen, und die neue Bewegung genoß die aktive Unterstützung des neuen Vorsitzenden des ‚Sekretariats zur Förderung der christlichen Einheit', des Kardinals Bea, sowie des Papstes Paul VI. und ihrer Nachfolger. Fred Ladenius, der Direktor des *FGBMFI*-eigenen Magazins *Voice*, erzählte in seinem Buch ‚Erstaunlicher Johannes' (*Amazing John*), wie der sterbende

Papst Johannes XXIII. für ein neues Pfingsten in der Kirche Roms gebetet habe, ein Gebet, dessen Erhörung viele in dem Beginn der katholisch-charismatischen Erneuerung nur fünf Jahre später in der Duquesne Universität, Pittsburgh, im Jahre 1967 erblicken konnten (*Amazing John XXIII.*; Gift Publications, Costa Mesa; C.A. 1980). Der Koordinator der katholisch-charismatischen Erneuerung, Kardinal Suenens, schrieb sein einflußreiches ökumenisches Buch ‚Ein neues Pfingsten' (*A New Pentecost*) im Jahre 1975.

In den Vereinigten Staaten waren die katholischen Charismatiker die ersten, die, im Jahr 1970, ihre eigenen Konferenzen hielten; im selben Jahr gründeten sie ihr *National Service Committee*. Das ‚Internationale Kommunikations-Büro' (*International Communications Office*) *IOC* wurde zunächst 1972 in Ann Arbor, Michigan, eingerichtet, wechselte dann 1976 nach Brüssel, um in engerem Kontakt mit Kardinal Suenens zu stehen, und dann, 1981, nach Rom, wo es seinen Namen änderte in ‚Internationales Büro für Katholisch-Charismatische Erneuerung' (*International Catholic Charismatic Renewal Office*) *ICCRO*. Es steht unter der Leitung von Fr. Tom Forrest und unter direkter Aufsicht des ‚Internationalen Rates der Katholisch-Charismatischen Bewegung', der ebenfalls von Tom Forrest geleitet wird.

Der Geist der Wahrheit.

> *„Wenn aber jener, der Geist der Wahrheit, kommen wird, wird er euch in alle Wahrheit führen."* Johannes 16,13

In seinem 1980 erschienenen Heft ‚Charismatische Krise' (*Charismatic Crisis*) stellt der anglikanische Erneuerungs-Führer Michael Harper fest: „Die Charismatische Erneuerung hat sich nicht gerade besonders durch ihr Eintreten für die Wahrheit hervorgetan. Ich meine hier hauptsächlich die Wahrheit über das Christentum. Auf Grund ihrer Betonung von ‚Zeugnissen' hat sie besonders in ihren Anfangsjahren dazu geneigt, Wahrheit zurückzuschrauben oder gar zu ignorieren, und zwar hauptsächlich aus der Furcht, daß Wahrheit die Christen nicht eint, sondern spaltet. Viele Christen sind in der Vergangenheit in sektiererische Gefechte um Worte und Lehren verstrickt gewesen, und es war erfrischend, viele dieser Feindseligkeiten zu entschärfen und viele dieser großen Themen in den Hintergrund zu stellen, die vormals die Christen voneinander getrennt haben, und eine neue Einheit im Erleben des Heiligen Geistes zu finden. Aber solch eine Einheit kann zwangsläufig nur so lange währen, wie man mit ‚Zeugnis-Theologie' überleben kann – und das ist nicht sehr lange."

Große Hoffnungen sind in die Erneuerungsbewegung gesetzt worden. Viele Protestanten glaubten, daß geisterfüllte Katholiken, der Heiligen Schrift ausgesetzt, einen großen Wandel in der katholischen Kirche bewirken würden; daß biblische Wahrheiten ihre Autorität wieder geltend machen würden, Aberglaube und Götzendienst abnehmen und Traditionen verworfen werden würden und daß der Katholizismus eine dramatische Reform von innen heraus erfahre. Dies sind noch immer die Erwartungen vieler. Ohne jegliche Anzeichen dafür, daß erneuerte Katholiken die Dogmen ihrer Kirche zurückweisen, setzen protestantische Charismatiker voraus, daß es so sein werde. Es stimmt zwar, daß viele ökumenische Katholiken nicht über ihre tiefgehegten Überzeugungen sprechen, doch werden sie auch selten darum gebeten. Die Sichtweise, daß die katholische Reform echt sei, wird von einem jungen Katholiken gut veranschaulicht, der kürzlich in einem Brief an eine christliche Zeitschrift folgenden Satz schrieb: „Obwohl ich die völlig unchristliche Einrichtung der römisch-katholischen Kirche ablehne, bleibt die Tatsache bestehen, daß in ihr eine große inwendige Erneuerungsbewegung stattfindet, die das Evangelium von Jesus predigt, ohne die Lehren von Rom ins Blickfeld zu rücken."

Bei näherem Hinsehen scheint dies jedoch nicht der Fall zu sein. Dr. Kevin Ranaghan, der 1977 den Vorsitz der ersten größeren ökumenischen Konferenz in Kansas City hatte und der bei dem Kongreß für Erneuerung in New Orleans 1987 die Grundsatzerklärung koordinierte, die von allen Sprechern (einschließlich Kenneth Copeland, James Robison und John Wimber) unterzeichnet wurde, betonte auf dem Kongreß, daß „Katholiken nicht katholische Überzeugungen über Bord werfen". „Wichtig ist auch die Feststellung", sagte er, „daß die Ausgießung des Heiligen Geistes in diesen Tagen sich an Katholiken innerhalb der katholischen Kirche ereignet hat." Ein anderer Führer der Erneuerung, der Katholik Bert Ghezzi, Herausgeber von *Charisma*, einer führenden ‚protestantischen' charismatischen Zeitschrift in den USA, sprach voll Begeisterung für seine Frau und sich selbst:

„Traditionen wie beispielsweise die Marienverehrung haben für uns an Bedeutung gewonnen. Das sakramentale Leben der Kirche ist in spezieller Weise bedeutungsvoll geworden, insbesondere das Sakrament der Buße, das wir beide jetzt mit größerem Gewinn als je zuvor in Anspruch nehmen" (*Catholic Pentecostalism* von Kevin Ranaghan, 1969).

Fire, eine katholische Gruppierung mit der Zielsetzung der Mission und Erneuerung der katholischen Kirche, „beabsichtigt, die Hingabe treuer Katholiken an die Sakramente, an Maria, den römischen Papst und die Bischöfe, die uns in Glaubens- und Moralfragen Wegweisung geben, anzuregen und zu stärken". Das war die Botschaft der *Fire* (*F*aith, *I*ntercession, *R*epentence, *E*vangelism)- Broschüre, die auf der ‚Konferenz für Heiligen Geist und Weltevangelisation' in New Orleans 1987 verteilt wurde.

Tom Forrest, die Schlüsselfigur in der Programm-Leitung des römisch-katholischen ‚Jahrzehnts der Evangelisation' und in der Führungsspitze der katholisch-charismatischen Erneuerungsbewegung, rückt die Lehren Roms jedenfalls deutlich ins Blickfeld. Auf einer Rüstzeit für Katholiken in Indianapolis 1990 sprach er mit Begeisterung und tiefer Überzeugung von seinem erneuerten Glauben. Angesichts seiner Bedeutung für die ökumenische Bewegung der 90er Jahre wollen wir ihn hier ausführlicher zitieren:

> Meine Aufgabe, meine Rolle, unsere Rolle in der Evangelisation ist nicht allein, Menschen zu Christen zu machen. Unsere Aufgabe ist es, sie in so reichem und vollem Sinne christlich zu machen, wie wir können, indem wir sie in die katholische Kirche bringen ... Nein, ihr ladet jemanden nicht einfach ein, Christ zu werden; ihr ladet die Menschen ein, mit euch als neues Gemeindeglied in eine katholische Kirche zu kommen. Warum ist das so wichtig? Laßt uns schnell einige Gründe anführen.
>
> Erstens, es gibt sieben Sakramente, und die katholische Kirche hat alle sieben. Wenn Christus so viele eingesetzt hat, dann will ich auch so viele haben. So haben wir als Katholiken nicht nur die Taufe als Einführungssakrament, wir haben auch die Firmung, die uns in die volle christliche Reife einführt, uns als Soldaten Christi in Dienst stellt und bevollmächtigt, so wie es Bischof McKinney in der Messe gesagt hat.

Wir haben nicht nur das Heilige Abendmahl als Symbol des Leibes und Blutes Christi. Auf unseren Altären haben wir den Leib Christi; wir trinken das Blut Christi. Jesus ist auf unseren Altären lebendig, als Opfer und als ein Liebesmahl. Es ist ein Vermählungsakt der Liebe. Wir werden eins mit Christus in der Eucharistie, dem wirklichen Leib Christi.

Ich erinnere mich, wie ich in der Gemeinde in Puerto Rico die Kirchentüren für ein allgemeines öffentliches Sakrament der Krankensalbung öffnete. Die Kirche war voll. So viele Leute wurden geheilt, daß ich Angst hatte, es je zu wiederholen. Noch Monate später kamen Leute in die Beichte und in das Büro und erzählten, wie sie durch das Sakrament geheilt worden waren. Und es heilt nicht nur die Kranken, es öffnet die Türen zum Paradies und wird mit der zeitlichen Strafe unserer Sünden fertig. Welch ein Sakrament! Welch eine Kirche! Welch ein Christus!

Und wir können noch das volle Unterpfand des Glaubens dazuzählen, bewahrt und in seinem Ausdruck vervollkommnet durch 2000jährige Tradition. Als Katholiken haben wir Maria. Und diese unsere Mutter, Königin des Paradieses, betet für uns, bis sie uns in der Herrlichkeit sieht.

Als Katholiken haben wir das Papsttum, eine Geschichte von Päpsten von Petrus bis zu Johannes Paul II. Als Katholiken haben wir den Felsen, auf dem Christus seine Kirche baute ... Uns fehlen noch zehn Jahre bis zum Jahr 2000, und unsere Aufgabe ist es, dieses verbliebene Jahrzehnt zu nutzen, um so viele, wie wir können, zu evangelisieren und in die katholische Kirche, in den Leib Christi und in ein drittes Jahrtausend katholischer Geschichte hineinzubringen" (Niederschrift einer Tonbandaufzeichnung, die in nahezu jeder protestantischen Publikation Großbritanniens zitiert wurde).

In den Anfangszeiten der Erneuerungsbewegung wurden solche direkten und anstößigen Treuebezeugungen an die römisch-katholischen Glaubensinhalte von den *CCR*-Führern nicht öffentlich abgegeben. Charismatische Wortführer waren sehr bemüht, alle widersprüchlichen Themen im Bereich des Glaubens und der Praxis zu meiden. Einflußreiche Protestanten der 60er und 70er Jahre gelangten zu der Überzeugung, daß die Erneuerung der Weg zu Reform und Einheit wäre.

Die evangelikale Trennlinie

Auf dem ‚Nationalen Evangelisch-Anglikanischen Kongreß' (*NEAC*) in Nottingham 1977 sprach David Watson von der Reformation als von „einer der größten Tragödien, die der Kirche je widerfahren ist" und fuhr fort zu erzählen, wie er an einer katholisch/protestantischen charismatischen Konferenz in Dublin teilgenommen habe und auf ihr „zu einem Empfinden der großen Traurigkeit gelangt war, die Gott angesichts der Spaltung seines Leibes fühlen muß" (*Evangelicals Tomorrow*, John Capon, Collins, Glasgow).

Michael Harper beschreibt seine eigene ökumenische Pilgerschaft mit dem Hinweis auf „die drei bedeutenden geistlichen Einflüsse in der zeitgenössischen Kirche". In seinem Buch *This is the Day* spricht Kanonikus Harper von den drei Schwestern Evangeline, Charisma und Roma, die für die evangelikale und die charismatische Bewegung sowie für die römisch-katholische Kirche stehen, deren letztere „für ihn einst verdammenswert war, in der er aber eine Vertiefung seiner aufrichtigen, liebenden Hingabe an Christus und Gott gefunden hat".

Bruder Ramon von der ‚Anglikanischen Gesellschaft des Heiligen Franziskus' kommentiert hierzu in seinem ‚Handbuch zur geistlichen Besinnung':

> „Als Michaels Vorurteile geschmolzen waren ..., begann er, jene, die er vormals abgelehnt hatte, zu lieben, Christus in ihnen zu begegnen und durch sie vom Heiligen Geist zu lernen. Die Schatzkammern des katholischen Lebens taten ihm ihre Reichtümer auf. In entwaffnend biblischer Weise sagt er: ‚Die Jungfrau Maria ist lebendig geworden, und ich habe das Empfinden, sie jetzt zu kennen, in gleicher Weise, wie mir mein protestantisches Erbe half, den heiligen Paulus zu kennen. Gottes Schöpfung, die schöpferischen Gaben, die Natur mit ihrer Kunstfertigkeit, alles wurde lebendig, und die vereinigte Kirche mit ihren vorreformatorischen Schätzen bekam einen neuen Sinn. Die Sakramente waren nicht länger leblose, mechanische Riten, sondern kraftvolle Zeichen, die dort wirksam werden, wo Glaube vorhanden ist. Durch die Begegnung mit Roma wurde ihm die heilige Kommunion zu einer Oase in einer ausgedörrten Wüste'" (Bruder Ramon SSF: *Deeper Into God*, Seiten 81 u. 83, Marschall Pickering, 1987).

Der führende Evangelikale John Stott, Berater des Weltkirchenrates, verkündete auf der *NEAC*-Konferenz in Nottingham: „Die sichtbare Einheit aller bekennenden Christen sollte unser Ziel sein ... und Evangelikale sollten sich anderen in der Church of England anschließen, um mit ihnen auf die volle Gemeinschaft mit der römisch-katholischen Kirche hinzuarbeiten" (John Capon; op.cit.). In demselben Jahr (1977) reiste John Stott nach Venedig, um an dem evangelisch-römisch-katholischen Dialog über Mission teilzunehmen. Der geachtete evangelische Theologe J. I. Packer hat den Argumenten für die ökumenische Erneuerung zusätzliches Gewicht verliehen: „Erkenne ich Erneuerung in der römisch-katholischen Kirche? Als Protestant, für den wesentliche Elemente des offiziellen Katholizismus eine Verfälschung des Christentums darstellen, antworte ich mit Ja. Wenn diese Ströme der Erneuerung beständig weiterfließen, wird die katholische Kirche in höchstem Maße fruchtbar werden für den Rest der Christenheit und für die umnachtete heidnische Welt unserer Zeit" (Aus der Zeitschrift *New Covenent*, Februar 1988).

Der amerikanische Evangelikale David W. Cloud ordnet die Vorgänge entschieden anders ein: „Aus der Sicht Roms könnte es kein wirksameres Werkzeug für die Erfüllung seiner Ziele, d. h. den Aufbau der katholischen Kirche und die Wiederaufrichtung katholischer Weltherrschaft, geben als die leichtgläubig irregeleitete charismatische Bewegung. Diese Bewegung glaubt, Katholiken wie alle anderen müssen nur ‚wiedergeboren' sein, und sieht deshalb keine Veranlassung, vor Roms bösen, blasphemischen Irrtümern zu warnen oder die Erretteten anzuweisen, diese abtrünnige Kirche zu verlassen. Diese Bewegung ist ein Volltreffer für Rom" (Protestant Alliance: *Reformer Magazine*).

Besorgte protestantische Gruppen, wie die ‚Kirchliche Gesellschaft' (*Church Society*) der englischen Staatskirche und die ‚Protestantische Allianz', gegründet von dem 7. Graf Shaftesbury, sagen, der Preis der charismatischen Erneuerung und des ‚Neo-Evangelikalismus' sei viel zu hoch. Dr. David Samuel, Direktor der *Church Society*, warnt in einem Artikel von 1990: „Wir erfahren die Wiederbelebung dieses uralten Regimes mit seinem Brennpunkt im Papsttum; das ist etwas, was man 1870 nicht für möglich gehalten hätte, als die zeitliche Macht des Papstes abnahm und das Vermögen des Vatikans zu schwinden schien. Wir haben eine bemerkenswerte Neubelebung jener Institution miterlebt, deren Ziel es ist, an der Spitze eines durch die ökumenische Bewegung geschaffenen kirchlichen Reiches zu stehen" (*The End of the Ecumenical Movement*; The Harrison Trust, 1990).

Die ökumenische Bewegung hat nach Ansicht protestantischer Führer beachtlich, wenn nicht unwiderstehbar, an Boden gewonnen. Wichtige Unterschiede in den Glaubensinhalten sind verschwunden, und die protestantische Reformation ist nahezu aufgehoben. George Ashdown, Sekretär der ‚Protestantischen Allianz', glaubt, daß die Christen eine klare Rückbesinnung brauchen:

> „Die Reformatoren sahen das ganze katholische System als antichristlich. Luther und Calvin gingen so weit, das Papsttum mit dem Antichristen gleichzusetzen, und sie sahen genau wie Wycliffe, Tyndale, Matthew Henry, Spurgeon, Lloyd-Jones und viele andere die römisch-katholische Institution als das große Babylon, die Mutter der Hurerei, wie sie in der Offenbarung, Kapitel 17 anschaulich beschrieben wird"* (Protestant Alliance; *Reformer Magazine*).

* Es ist eine bedeutsame Tatsache, daß ‚anti' vom Griechischen her in der Bibel oft ‚Ersatz-' oder ‚anstelle von' bedeutet, nicht unbedingt ‚gegen'. ‚Stellvertreter Christi', einer der Titel des Papstes, hat dieselbe Bedeutung wie ‚Anti-Christ', d. h. der, der ersatzweise für Christus steht, der die Stelle Christi einnimmt.

Kapitel 2

Römisch-katholische Lehre und die Messe

Was Erzbischof Temple „ergänzende Wahrheiten“ genannt hatte, wurde von den Reformatoren als Irrtümer bezeichnet – Irrtümer, die, wenn man sich ihnen entgegenstellte, Verfolgung, Inquisition, Martyrium und Abspaltung nach sich zogen.

„Diese Irrtümer, die zu den führenden Lehren der Kirche Roms zählen, werden in den 39 Grundsatz-Artikeln der Church of England in unzweideutiger Sprache neunfach verurteilt“, schrieb Bischof J. C. Ryle im Jahre 1885.

Ein weiteres Problem für heutige Protestanten liegt darin, daß die Irrtümer seit dem 16. Jahrhundert noch verschlimmert worden sind. Die Grundsätze, die von der römisch-katholischen Kirche im Konzil von Trient (1545) zur Bestätigung des Dogmas (bzw. Irrtums) in Worte gefaßt wurden, sind von nachfolgenden Päpsten, einschließlich Johannes Paul II. heutzutage, immer von neuem bestätigt worden. Doch dazu sind inzwischen noch drei neue Dogmen gekommen, die Unfehlbarkeit des Papstes (1870), die Unbefleckte Empfängnis (1854) und die Himmelfahrt Mariens, der ‚Mutter Gottes‘ (1950). Entgegen der Annahme sehr vieler Menschen hat das Zweite Vatikanische Konzil keine Lehre der Kirche abgeschafft, auch keine Empfehlung dahingehend ausgesprochen.

Errettung

Eine grundlegende Rolle in der ganzen lehrmäßigen Unterschiedlichkeit spielt das Thema der Errettung selbst. Rechtfertigung durch Glauben allein ist, nach der Auffassung Roms, nicht ausreichend. Zusätzliche Gnade ist nötig. Diese – so erfahren wir – wird durch die Sakramente erlangt, sowie durch weitere Werke und eingeflößte Gerechtigkeit. Diese Ansicht führte dann zu den Lehren von Buße, Fegefeuer und Ablaß. Taufe, so sagt Rom, ist heilsnotwendig. Die Kirche beharrt darauf, daß Katholiken getauft sein müssen, um gerettet zu werden. Der katholische Katechismus definiert Taufe als das Sakrament, das unseren Seelen das neue Leben heiligender Gnade gibt, durch welches wir Kinder Gottes und Erben des Himmels werden. Sie sei notwendig für die Errettung aller Menschen, denn Christus sagt: *„Es sei denn, daß jemand geboren werde aus Wasser und Geist, so kann er nicht in das Reich Gottes kommen“* (Joh. 3,3). Das Zweite Vatikanische Konzil bestätigte das bereits 1301 von Papst Bonifazius VIII. eingesetzte Dogma (‚Extra Ecclesiam Nulla Salus‘ = ‚kein Heil außerhalb der römischen Kirche‘). „Nur durch die katholische Kirche kann die ganze Fülle der Gnadenmittel zur Errettung erlangt werden. Alle sind verpflichtet, der katholischen Kirche anzugehören, um gerettet zu werden“ (‚Der Neue St. Joseph Baltimore Katechismus‘; Catholic Book Publishing, New York 1968).

Luther hat all das energisch abgelehnt. Er beschrieb die Rechtfertigung durch Glauben ohne Werke als „den Artikel, mit dem die Kirche steht oder fällt“, und glaubte mit den anderen Reformatoren, daß Rom durch die Leugnung des biblischen Weges zum Heil sich selbst entkirchlicht und jegliches Anrecht auf die Loyalität der Menschen verwirkt habe.

Bill Jackson, der in Louisville, Kentucky, eine Mission mit dem kühnen Namen ‚Christen missionieren Katholiken‘ leitet, sagt heute mit derselben Überzeugung Martin Luthers: „Völlige Vergebung der Sünden, die uns auf herrliche Weise abgenommen werden, ‚so weit, wie der Osten vom Westen entfernt ist‘, wenn wir durch das vollendete Werk auf Golgatha freigekauft werden, wird ersetzt durch priesterliche Absolution, wiederholte Beichte, Buße und gute Werke. Auch steht ein beengendes, bindendes Schuldbewußtsein gänzlich im Widerspruch zu der Wahrheit im Wort Gottes von der reinigenden und befreienden Wirkung des Blutes Christi“ (Dr. Bill Jackson; *Scriptural Evangelism;* Christians Evangelizing Catholics; Po Box 99141; Louisville, Kentucky, 40269).

Die große Lehre von der Gnade, das eigentliche Herz des Evangeliums, ist zunichte gemacht.

> *„Denn aus Gnade seid ihr selig geworden durch den Glauben, und das nicht aus euch: Gottes Gabe ist es, nicht aus Werken, damit sich nicht jemand rühme.“* Epheser 2,8-9

Luther, ein bedeutender Theologe, ausgerüstet mit einem kraftvollen Verstand und einem beeindruckenden Wissen, entdeckte nach langer, quälender Suche, daß er all diese Dinge beiseitelegen mußte, um seinem Herrn zu begegnen. Wie so viele Millionen anderer Christen vor und nach ihm erkannte er die Wahrheit von der Schlichtheit der neuen Geburt. Wie Paulus den Römern schrieb: *„Der Gerechte wird aus Glauben leben“, und „wenn du mit deinem Munde bekennst, daß Jesus der Herr ist, und in deinem Herzen glaubst, daß ihn Gott von den Toten auferweckt hat, so wirst du gerettet“* (Römer 1,17 und 10,9).

Die Messe

Das Herzstück des römischen Katholizismus bildet die Messe oder Eucharistie, vom Zweiten Vatikanischen Konzil beschrieben als der „Born und Höhepunkt des gesamten christlichen Lebens“. Kilian McDonnell, ein hochrangiger katholischer Theologe und Präsident des ‚Instituts für Ökumenische und Kulturelle Forschung‘, Minnesota, sprach davon, daß „viele bezeugen werden, daß eine der besten Äußerungen der ‚Erneuerung‘ ihre Eucharistie-Feiern sind. In Frankreich beispielsweise ordnen eine Reihe wichtiger Kommunitäten ihr ganzes Leben um die Eucharistie“.

Mary McCarthy, eine weitere führende Persönlichkeit in der Erneuerung, bezeugte, daß „Teilnahme an der täglichen Messe für mich zum Lebensstil geworden ist. Durch die Messe empfange ich die nötige Kraft, um Christus und seine Lehren zu bezeugen“ (K. Ranaghan, op. cit. S. 32).

Nach römischer Auffassung ist die Messe ein Opfer. Sie wird

gehalten als „ein und dasselbe Opfer wie das des Kreuzes, insofern als Christus, der sich als ein blutiges Opfer am Kreuz seinem himmlischen Vater darbrachte, sich selbst fortwährend in unblutiger Weise auf dem Altar durch den Dienst des Priesters darbringt." (‚Ein Katechismus Christlicher Lehre' 6-278; Catholic Truth Society, London 1985). Christus ist das fortwährende Opfer, daher als noch immer am Kruzifix hängend dargestellt. Seine Worte „Es ist vollbracht" bedeuten nach der Lehre der römischen Kirche nicht, daß sein Opfer endgültig vollbracht ist; sondern daß er sein irdisches Leben abgeschlossen hatte und nun bereit war, sich selbst als fortwährendes Opfer darzubringen. Diese Darbringung ist für die Sünden der Lebenden und der Toten, und Hostie und Wein werden tatsächlich durch den Priester in Leib und Blut, die ‚reale Gegenwart', verwandelt.

Die Katholische Enzyklopädie definiert diese Verwandlung, bekannt als ‚Transsubstantiation', folgendermaßen: „In dem Sakrament der Eucharistie bleibt die Substanz von Brot und Wein nicht bestehen, sondern die gesamte Substanz des Brotes wird in den Leib Christi verwandelt, und die gesamte Substanz des Weines wird in das Blut Christi verwandelt. Lediglich die äußere Gestalt oder Erscheinung von Brot und Wein bleiben bestehen." Das Dogma von der Vollständigkeit der realen Gegenwart bedeutet, „daß in jeder einzelnen Spezies der ganze Christus, Fleisch und Blut, Leib und Seele, Göttlichkeit und Menschlichkeit, real gegenwärtig ist" (*The Catholic Encyclopedia*, Bd. 4, S. 299 u. Bd. 14, S. 586).

Wenn der Priester Brot und Wein weiht, gebraucht er die Worte aus Matthäus 26,26, „hoc est corpus meum", ‚dies ist mein Leib'. Indem er die Hostie, die nun ‚der ganze Christus geworden' ist, darreicht, opfert er nach katholischem Verständnis Christus.

Was hatten die Reformatoren über die Messe zu sagen? Luther, ein ehemaliger Priester der Kirche Roms, beschreibt sie als „unaussprechlichen Greuel, der in völligem Gegensatz zum Prinzip der Rechtfertigung durch Glauben allein steht". Calvin nannte sie „Satans Versuch, das heilige Abendmahl Christi zu verfälschen und gleichsam in dichte Finsternis einzuhüllen".

Cranmer, einer der großen englischen Reformatoren, war nicht weniger direkt: „Denn dies sind nur falsche Lehren, ohne Scham erdacht und erheuchelt von bösen päpstlichen Priestern, Götzendienern und Mönchen, die für schnöden Mammon das höchst heilige Abendmahl des Herrn in offenkundigen Götzendienst verdrehen. Deshalb sollten alle gottesfürchtigen Menschen von ganzem Herzen all solche Blasphemie gegen den Sohn Gottes verweigern und verabscheuen" (*„A Defence of The True and Catholic Doctrine of the Sacrament"*, 1550; 1987 Edition; Focus Christian Ministries – Lewis, Sussex).

Das Konzil von Trient gab den Reformatoren die römisch-katholische Antwort. Diese Antwort hat kompromißlos noch heute Bestand, wurde sie doch vom Zweiten Vatikanischen Konzil (1962-65) in stilistisch, aber nicht inhaltlich geänderter Form erneuert:

> „Wenn irgend jemand sagen sollte, daß in der Messe nicht ein wahres, echtes, versöhnendes Opfer für die Lebenden und die Toten Gott dargebracht werde oder daß das zum Genuß Dargereichte etwas anderes sei als Christus", d. h. Transsubstantiation, „so sei er verdammt ... Wenn irgend jemand das mit den Worten sagen sollte ‚Tut dieses zu meinem Gedächtnis' ... so sei er verdammt" (Council of Trent, Session 22, Conon 1,2 on Sacrifice of the Mass; Edition of Council by Le Plat, 1564).

Es muß betont werden, daß es keine Veränderung im Wesen der Messe seit dem Konzil von Trient gegeben hat. Ein Heft der *Catholic Truth Society*, mit dem Titel ‚Wie die Messe entstand', bestätigt dies: „Dank dem Zweiten Vatikanischen Konzil und Papst Paul VI. haben wir heute eine neue Liturgie. Doch bei all den Änderungen haben wir noch immer die wahre Messe Christi. Was sich geändert hat, ist die Art ihrer Feier, die Liturgie. Denn es kann niemals eine neue Messe geben. Vaticanum II sagt, daß die Sprache, nicht das Wesen der Messe geändert wurde."

Das heilige Sakrament

Ein 1988 ebenfalls von der *Catholic Truth Society* veröffentlichtes Heft erläutert die besondere Bedeutung, die das ‚heilige Sakrament' für Katholiken hat: „Die Krankenkommunion ist noch immer der primäre Grund für die Aufbewahrung des Sakraments in unseren Kirchen; doch es ist nur natürlich, daß die sakramentale Gegenwart des Herrn, wenn schon zu diesem Zweck aufbewahrt, dann auch verehrt und angebetet werde. Wenn unsere Anbetung Christi sich auf das ausgestellte Sakrament konzentriert, sollte sie uns zu einer stetig sich vertiefenden Liebe für die tatsächliche Zelebration der Eucharistie führen und zu einer fruchtbareren Annahme des Leibes und Blutes unseres Herrn in der Kommunion. In ihrem Kern ist die Eucharistie dieselbe gestern, heute und in Ewigkeit."

Das römisch-katholische Konzept der Eucharistie wird in der Beschreibung veranschaulicht, die Mutter Theresa von Kalkutta in einer ihrer Meditationen liefert: „Es ist wunderbar, die Demut Christi zu schauen ... in seinem immerwährenden Stand der Demut im Tabernakel, wo er sich zu solch einem kleinen Stück Brot erniedrigt, daß der Priester ihn mit zwei Fingern halten kann" (‚In der Stille des Herzens' von Mutter Theresa, 1983).

Kardinal John Henry Newman, ein Theologe des 19. Jahrhunderts, von den Päpsten Paul VI. und Johannes Paul II. als der Mann beschrieben, der das Zweite Vatikanische Konzil inspirierte, setzte sein äußerstes Vertrauen in das heilige Sakrament: „Wenn du denkst, daß du alles verloren hast", sagte er 1875 nach dem Tode seines Freundes Fr. Ambrose St. John, „du aber unseren Herrn im Heiligen Sakrament bei dir hast, dann hast du noch alles."

Kurz bevor Jesus das letzte Abendmahl mit seinen Jüngern einnahm, sagte er Betrug und falsche Christusse voraus. In seiner sogenannten Ölberg-Rede gibt er eine unmißverständliche Warnung:

> *„Wenn dann jemand zu euch sagen wird: Siehe, hier ist der Christus! oder da! so sollt ihr's nicht glauben."* Markus 13,21

Jesus nahm das Brot in dem Obergemach, um seinen gebrochenen Leib sinnbildlich darzustellen. Er nahm nicht eine runde Oblate. Alexander Hislop, Autor des Buches ‚Die Zwei Babylons' (*The Two Babylons*), das 1858 erstmals ganz veröffentlicht wurde, aber noch immer nicht veraltet ist, legt dar, daß „die runde Oblate, deren ‚Rundheit' ein so wichtiges Element in der römischen Mystik ist, nur ein anderes Symbol für Baal oder die Sonne ist". Hislop schreibt, es sei „verblüffend festzustellen, daß das Bild der Sonne hoch oben über den Altären der Baalsverehrung angebracht war, wie sie in den Tagen des Abfalls von dem götzendienerischen Israel praktiziert wurde" (2. Chron. 34,4).

In seinem Buch *Babylon Mystery Religion* beschreibt der kalifornische Autor Ralph Woodrow den riesigen Altar der St. Peterskirche in Rom und die vier dreißig Meter hohen Säulen, die ihn stützen. Am oberen Ende jeder Säule befindet sich ein Abbild der Sonne, wie es im heidnischen Götzendienst verwendet wurde. Hoch oben an der Wand ist ebenfalls ein sehr großes, detailliert ausgeführtes, goldenes Sonnenrad abgebildet, genau so wie es in dem großen Tempel von Babylon vorlag. Die Sonnenradbilder gleichen auch den Sonnenabbildungen in der Monstranz, in der inmitten einer ‚Sonne' die Hostie steht, vor der die Katholiken niederknien und sich verneigen.

Ähnliche Sonnenbilder sind über den Altären ausgegrabener Tempel des pharaonischen Ägyptens entdeckt worden. Inschriften an den Tempelwänden haben gezeigt, daß die flachen, runden Kuchen der antiken Mysterien auf jedem Altar zu finden waren. Hislop identifiziert die Kuchen als jene, die der Himmelskönigin dargereicht wurden, das ‚unblutige Opfer', das von der Muttergöttin verlangt wurde und das ihr von den Israeliten dargebracht wurde (Jeremia 7,18).

„Die runde Scheibe, die in den heiligen Zeichen Ägyptens so häufig vorkommt, versinnbildlicht die Sonne", schrieb Hislop. „Nun, wenn Osiris, der Sonnengott, geboren wurde, dann geschah es nicht allein, um sein Leben als ein Opfer für die Menschen zu geben, sondern auch, um Leben und Nahrung für die Menschenseele zu sein ... Dieser Sohn nun, der als ‚Korn' dargestellt wurde, war die fleischgewordene Sonnengottheit gemäß dem heiligen Orakel der großen Göttin Ägyptens: ‚Kein Sterblicher hat meinen Schleier gelüftet. Die Frucht, die ich hervorgebracht habe, ist die *Sonne*.' Was ist dann natürlicher, wenn dieser fleischgewordene Gott als das *Brot Gottes* versinnbildlicht wird, als daß er als eine runde Waffel dargestellt werde, um ihn mit der Sonne zu identifizieren?" (*The Two Babylons* von Revd. Alexander Hislop, Abschnitt III, Das Opfer der Messe; Loizeaux Brothers, Neptune, New Jersey; *Babylon Mystery Religion* von Ralph Woodrow, Kap. 17; Ralph Woodrow Evangelistic Association, Riverside, California 92502).

Die brennende Frage

Protestanten (oder jene, die die Irrtumslosigkeit und volle Autorität der Schrift bekennen) sehen die Messe im Widerspruch zur Schrift, insbesondere zum Hebräerbrief:

„Dieser aber hat ***ein*** *Opfer für die Sünden dargebracht, und sitzt nun für immer zur Rechten Gottes."* Hebräer 10,12

„Und wie den Menschen bestimmt ist, ***einmal*** *zu sterben, danach aber das Gericht: so ist auch Christus* ***einmal*** *geopfert worden, die Sünden vieler wegzunehmen; zum zweitenmal wird er nicht der Sünde wegen erscheinen, sondern denen, die auf ihn warten, zum Heil."* Hebräer 9,27-28

Diese beiden Verse fassen das ganze, ein für allemal geschehene Werk des Sühnopfers zusammen. Der 28. der ‚39 Artikel' der Church of England (1571) erklärt: „Transsubstantiation ist den deutlichen Worten der Heiligen Schrift zuwider, macht das Wesen des Sakraments zunichte und hat Anlaß zu vielerlei Aberglauben gegeben. Das Sakrament des Abendmahls wurde nicht auf Anordnung Christi aufbewahrt, umhergetragen, angebetet und erhoben."

Man vergleiche diese Aussage mit einem Bericht des Papstes Johannes XXIII. von einer Messe, die er vor dem Zweiten Vatikanischen Konzil zelebrierte: „Unsere Stimmen zitterten vor innerer Erregung ... der zentrale, richtungsweisende, leuchtende Höhepunkt der Versammlung. Unsere geweihten und heiligen Hände hoben das Eucharistische Opfer empor, Jesus, unseren Retter und Erlöser" (‚Tagebuch einer Seele', Papst Johannes XXIII., Briefe und Schriften).

Die englischen Reformatoren lehnten die Lehre von der realen Gegenwart Christi in der Messe rundweg ab und beharrten auf den Schlüsselworten aus 1. Kor. 11,24, „zu meinem Gedächtnis". Aus diesem Grunde wurden viele von ihnen auf dem Scheiterhaufen verbrannt. Die englische Reformation drehte sich um eben diese Frage. Einer nach dem anderen, Rogers, Bradford, die Bischöfe Hooper, Latimer und Ridley, Erzbischof Cranmer: sie alle gingen in den Tod, weil sie eine Lehre ablehnten, die ihrer Überzeugung nach das ganze System christlicher Wahrheit verfinsterte, gar zerstörte. Sie wußten um die Bedeutung ihrer Standfestigkeit für die Nachwelt.

Als der schottische Verlag *The Banner of Truth Trust* im Jahre 1960 unter dem Titel ‚Fünf englische Reformatoren' eine gekürzte Version des Klassikers von J. C. Ryle ‚Licht aus früheren Zeiten' (*Light From Old Times*) herausbrachte, fühlten sich die Herausgeber des *Banner* veranlaßt, eine Einleitung zu schreiben, die wir auszugsweise wiedergeben möchten. Sie enthält eine dringende Warnung aus dem Munde des großen evangelischen Bischofs vor der Wiedereinführung der Messe sowie eine Voraussage, die sich bereits erfüllt hat.

> Während wir schlafen, wird ein Angriff gegen uns durchgeführt, ein Angriff, dem standzuhalten die protestantischen Kirchen unseres Landes niemals weniger in der Lage waren als heute. Anglikaner- und Nonkonformisten-Führer haben gleichermaßen die einzige Waffe fortgeworfen, die uns verteidigen könnte – ‚das Schwert des Geistes', das unfehlbare Wort Gottes. *Das Wort Gottes allein, die Gnade Gottes allein, die Kraft des Heiligen Geistes allein*, das waren die Wächterrufe, die vor vierhundert Jahren den Sieg davontrugen. Es sind nicht die Rufe, die wir heute von unseren protestantischen Kanzeln hören. J. C. Ryle, der erste Bischof von Liverpool, erlebte als junger Student in Oxford in den 1830er Jahren die romwärts gerichtete Bewegung der *Church of England* mit, und er lebte lange genug, um den Strom zur Flut anschwellen zu sehen – zu einer Flut, die, wie er im Alter prophezeite, im nächsten Jahrhundert alles mit sich fortreißen würde. Ryles Überzeugungen zu dem Thema waren über lange Zeit gewachsen. Er war kein leichtfertiger Panikmacher, doch er sah Roms Macht zunehmen. Er las wieder und wieder unsere Kirchengeschichte. Er kannte die menschliche Natur, und er redete dementsprechend: ‚Eine auszehrende, untergrabende Entwicklung bewegt sich seit langem unter unseren Füßen vorwärts, von der wir jetzt allmählich die ersten Auswirkungen sehen können. *Nach und nach werden wir sehr viel mehr davon sehen.* So wie die Dinge vorangehen, würde es mich nicht überraschen, wenn in fünfzig Jahren die Krone Englands nicht länger in protestantischer Hand ist und das Hochamt wieder in der Westminster Abtei und der St. Pauls-Kathedrale zelebriert wird.' Es ist sehr traurig, sagen zu müssen, daß am 2. Februar 1960 eine Requiem-Messe für den verstorbenen Grafen von Halifax in der Westminster Abtei gehalten wurde" (*Five English Reformers*; Banner of Truth, Febr. 1960).

Ryle führt aus, daß „die römische Lehre von der ‚realen Gegenwart', wenn man daraus die berechtigten Folgerungen zieht, jede der Hauptlehren des Evangeliums verfinstert und das ganze System der Wahrheit Christi durcheinanderwirft und zerstört. Sie bringt einen Götzendienst hervor, der von treuen Christen zu verabscheuen ist" (‚Warum wurden unsere Reformatoren verbrannt?'; *Five English Reformers* von J. C. Ryle, Banner of Truth).

Hat das, was der Apostel Paulus hierzu in seinem zweiten Brief an die Korinther schrieb, für uns heute Gültigkeit?: *„Was hat der Tempel Gottes gemein mit den Götzen? Wir aber sind der Tempel des lebendigen Gottes ... Darum ‚geht aus von ihnen und sondert euch ab', spricht der Herr, ‚und rührt nichts Unreines an, so will ich euch annehmen"* (2. Kor. 6,16-17).

Der Schreiber des Hebräerbriefes erinnert die Leser daran, daß Jesus Christus ein *„unvergängliches Priestertum"* hat. *„Er hat nicht nötig, wie jene Hohenpriester, täglich zuerst für die eigenen Sünden Opfer darzubringen und dann für die des Volkes; denn das hat er* ***ein für allemal*** *getan, als er sich selbst opferte"* (Hebr. 7,24-27).

Schriftstellen wie die genannten und auch Offenbarung 18,4 *„Geh hinaus aus ihr, mein Volk, daß ihr nicht teilhabt an ihren Sünden und nichts empfangt von ihren Plagen"*, waren es, die die protestantische Reformation begründeten.

Was hat es denn nun auf sich mit dem ‚Ausdruck der Erneuerung in der Eucharistiefeier' – dem neuen Enthusiasmus für die Messe unter charismatischen Katholiken? Bedeutet er Hoffnung auf Einheit in der Kirche, oder ist er nicht vielmehr ein Flackern in Hugh Latimers Kerze, die, von den Reformatoren entzündet, jetzt zu erlöschen droht?

Die Wiedereinführung der Messe

Im Oktober 1988 wurde der Lordkanzler, Lord Mackay, aus dem Ältestenrat seiner Kirche, der Freien Presbyterianischen Kirche Schottlands, entlassen, weil er zweimal an Requiem-Messen für seinen Freund teilgenommen hatte. Die Haltung der Kirche, in der Presse als ‚fast unglaubliche Bigotterie' (*Sunday Express,* 16. Okt. 1988) dargestellt, ist in Wahrheit die verfassungsmäßige Position der Königin und der königlichen Familie. Die BBC erwähnte in ihrer Berichterstattung wiederholt den ‚Grundsatz', der die Kirche zu diesem Schritt veranlaßt hatte; doch in den meisten Medien kam dieser Grundsatz nicht zur Sprache. Wenn es überhaupt geschah, dann wurde er nicht erläutert.

Als Prinz Charles im September 1986 in Kirkby Stephen, Cumbria, mit seinen Freunden Hugh und Emely van Cutsem einer Messe beiwohnte, verursachte er damit allerlei Unruhe. Vorher war er als Thronerbe durch das Verbot der Königin daran gehindert worden, der Privatmesse des Papstes im Vatikan beizuwohnen. Der Prinz von Wales nahm auch an einer Messe während seines Besuches in der Normandie zum Gedenken an die Landung der Alliierten im Jahre 1944 teil.

Bis in dieses Jahrhundert hinein war die Teilnahme an der Messe für den Souverän gesetzwidrig aufgrund des Krönungseides, der König und Land unter die Autorität der Heiligen Schrift stellen sollte. Es war im Jahre 1910, gut ein Jahrzehnt vor der Unabhängigkeitserklärung Irlands, daß eine Asquith-Regierung, an ihrem Amt klebend und bedrängt sowohl von den irischen Nationalisten als auch von den Sakerdotalisten in der anglikanischen Kirche, die anstößige Formulierung aus dem Jahre 1689 abschaffte, die dem Monarchen und den Thronerben jegliche Berührung mit der Messe untersagte. Bei seiner Krönung enthielt der Eid König Georges V. die Worte: „ ... Ich, George, bekenne, bezeuge und erkläre feierlich und ernsthaft, in der Gegenwart Gottes, daß ich glaube, daß es im Sakrament des Abendmahls keine Transsubstantiation der Elemente Brot und Wein in Leib und Blut Christi gibt während oder nach der Weihe derselben durch welche Person auch immer. Und daß die Anrufung und Anbetung der Jungfrau Maria oder jedes anderen Heiligen, und das Opfer der Messe, wie sie jetzt in der Kirche Roms üblich sind, abergläubisch und götzendienerisch sind."

Diese Schutzbestimmung, die es ja gewiß sein sollte, steht im Einklang mit Erzbischof Cranmers ernsthafter Warnung an die Kirchen vor der Messe:

> „Was nützt es, Rosenkränze, Ablässe, Pilgerschaften und andere Papisterei dieser Sorte fortzunehmen, solange die beiden Hauptwurzeln unausgerissen bleiben? Solange sie bleiben, werden die genannten Hindernisse in des Herrn Ernte und Verderbnisse seiner Herde wieder emporkeimen. Der Rest ist nur Zweige und Blätter; das Abschneiden derselben gleicht dem Abästen und Stutzen des Baumes oder dem Abschneiden des Unkrauts, während der Stamm unverletzt und die Wurzel im Boden bleibt. Aber der eigentliche

Stamm des Baumes, oder besser: die Wurzel des Unkrauts ist die papistische Lehre von der Transsubstantiation oder der realen Gegenwart des Fleisches und Blutes Christi in dem Opfer des Altars (wie sie es nennen) oder von der Opferung Christi durch den Priester für die Errettung der Lebenden und der Toten. Duldet man, daß diese Wurzeln im Weinberg des Herrn wachsen, dann werden sie wiederum den ganzen Boden mit den alten Irrtümern und dem alten Aberglauben bedecken" (‚Vom wahrhaft katholischen Gebrauch des Abendmahls' von Thomas Cranmer).

Teilnahme an der Messe damals und heute

Der ‚Grundsatz' der Freien Presbyterianer, von dem die *BBC* sprach und der in ihrem 1989 erschienenen Heft ‚Freie Presbyterianer und die Requiem-Messe' dargelegt wird, hat eine lange Tradition. Zur Zeit der Reformation billigten protestantische Führer nicht, daß Christen an der Messe teilnahmen, ohne ihren Protest dagegen zum Ausdruck zu bringen.

Calvin hatte sehr entschiedene Ansichten zur Teilnahme an der Messe. Reformierte Christen seiner Zeit begaben sich in Lebensgefahr, wenn sie nicht teilnahmen, und viele von ihnen wollten die Tatsache geheimhalten, daß sie Protestanten waren. Doch Calvin trat der Ansicht streng entgegen, daß Protestanten an der Messe teilnehmen konnten, während sie diese gleichzeitig heimlich in ihren Herzen ablehnten. Solch ein Verhalten war keine Verehrung, sondern eine Entehrung Gottes. Die Scheiterhaufen waren in jenen Zeiten sehr viel höher, und Calvin wußte, daß er durch seinen Standpunkt Menschen in Lebensgefahr brachte. Obwohl es ihn zutiefst unbeliebt machte, beharrte er „aus den ersichtlichsten Gründen darauf, daß Christenmenschen bei einer Messe nicht einmal anwesend sein sollten". Calvin sah die Worte des Paulus an die Korinther „*Flieht den Götzendienst*" als Befehl des Herrn an (1. Kor. 10,14).

Das steht in deutlichem Kontrast zu dem Ansatz der charismatischen Erneuerung und des in der heutigen Kirche so beliebten ‚neuen Evangelikalismus'. Im Jahre 1978 wurde Dr. Donald Coggan zum ersten Erzbischof von Canterbury seit der Regentschaft von Maria I., der an einer päpstlichen Messe teilnahm. Auch Robert Runcie war

1989 bei einer päpstlichen Messe in Rom zugegen, obwohl ihm von Vatikansprechern klargemacht worden war, daß ihm nicht gestattet sei, die Kommunion zu nehmen.

Während der letzten zwei Jahrzehnte sind sakramentale Gottesdienste erneut in den Vordergrund getreten, indem beispielsweise die Messe regelmäßig in den TV- und Rundfunk- Sonntagsgottesdiensten gefeiert wird; Erwähnungen derselben in Hörspielen und Dokumentationen als repräsentativ für christlichen Gottesdienst sind zum auffälligen Bestandteil unseres Lebens geworden. Zu Weihnachten 1990 bekamen die Zuschauer vier Fernsehgottesdienste angeboten, von denen drei Messen waren. Requiem-Messen, einschließlich einem ‚Gebet für die Toten', haben des öfteren zu Zeiten nationaler Tragödien und Katastrophen den Schauplatz eingenommen. So wird die Wiedereinsetzung der Messe im öffentlichen Bewußtsein und im Leben der Nation in unseren Tagen zur Realität.

Kapitel 3

Die Jungfrau Maria

In seinem Buch ‚Ein neues Pfingsten' schrieb Kardinal Suenens: „Ökumenismus hat dazu geneigt, die Rolle der Maria herunterzuspielen, aber die Erneuerung ehrt sie als ‚die erste Charismatikerin'."

In Wirklichkeit haben erneuerte ‚evangelische' Kirchen die Rolle der Maria nicht heruntergespielt. Im Gegenteil, viele von ihnen nennen sie ebenfalls ‚die erste Charismatikerin', betonen ihre Menschlichkeit, würdigen die besondere Rolle, die sie zu Pfingsten spielte, und unterstreichen ihre ‚Zugänglichkeit'. Diese ‚Wiederherstellung des Gleichgewichts' oder ‚Wiederaufrichtung der Bedeutung Marias in der Bibel' im heute vorherrschenden, stark ökumenischen Klima verwirrt und beunruhigt normale Kirchenmitglieder, die an den klaren und kräftigen protestantischen Wurzeln festhalten möchten.

Vorerst sind nur wenige ‚evangelische' Kirchen so überzeugt wie Kardinal Suenens, der sich, ebenfalls in ‚Ein neues Pfingsten', daran erinnert, wie „eine kurze Erwähnung der Rolle Marias auf einer internationalen charismatischen Konferenz im Jahre 1973 den begeisterten Applaus von etwa 20.000 Menschen erntete. Ich fühlte mich, als wären wir eine große Familie, die sich zuhause um die Mutter versammelt hat".

Und als Papst Johannes Paul II. England als ‚Marias Mitgift' bezeichnete, bekam er für diese Formulierung im Wembley Stadion während seines Besuches 1982 ähnlich stürmischen Beifall. Die Bemerkung des Papstes spiegelt die unveränderte vatikanische Haltung zu dem Anspruch der päpstlichen Oberlehnsherrlichkeit über England wider, der bis auf die Zeit König Johanns zurückgeht. Als Johannes Paul II. bei seiner Ankunft den Boden küßte, brachte er damit den historischen Anspruch zum Ausdruck, daß dieses Land Eigentum Mariens und der Mutter-kirche sei. Professor Malachi Martin, ein ehemaliger Jesuit, der eng mit dem jetzigen Papst im Vatikan zusammenarbeitete, bestätigt, daß durch die Praxis des Bodenküssens in jeder Nation, die der Papst besucht, das Land Maria, in deren Dienst er steht, geweiht werden soll.

Die Himmelskönigin

Pius XII., ein Papst, an den sich viele noch heute erinnern, bezeichnete Maria als die ‚Himmelskönigin'. Er war es, der am 1. November 1950 ex cathedra (kraft seines Lehramtes) ‚unfehlbar' verkündete, daß Marias Leib kurz nach ihrem Tode aus dem Grab auferweckt, emporgehoben und sie als Himmelskönigin gekrönt worden sei. Auf dem St. Petersplatz am Ostertag 1988 enthielt eine Botschaft Papst Johannes Pauls II. ein Gebet ‚an die Himmelskönigin um Schutz und Frieden für die Welt'. Die einzige Erwähnung der Himmelskönigin in der Heiligen Schrift bezieht sich auf die kanaanitische heidnische Göttin, der die Israeliten räucherten, Kuchen buken und Trankopfer opferten und die abscheulich und böse in den Augen Gottes war (Jeremia 44,17-25 u. 7,18).

In *The Two Babylons* setzt Alexander Hislop die Anbetung der Himmelskönigin in der Bibel mit derjenigen der Semiramis gleich, der Ehefrau des Nimrod, die von den Babyloniern angebetet wurde, und auch mit der Verehrung der assyrischen Göttin Astarte, der Diana von Ephesus, der Jungfrau Venus im heidnischen Rom und vieler anderer jungfräulicher Mutter-Göttinnen auf der ganzen Welt. Semiramis' Sohn, in der Bibel unter dem Namen Thammus (Hes. 8,14) erwähnt, der eines gewaltsamen Todes starb und um den die Frauen weinten, wird mit Osiris in Ägypten und Bacchus in Rom gleichgesetzt. *Mutter und Kind* wurden in der volkstümlichen Religion Babylons angebetet, in der Form eines Säuglings oder Kindes in den Armen seiner Mutter. Gleichermaßen, nach dem Turmbau zu Babel, von vielen Nationen und Völkern in der ganzen Welt: in Ägypten als Isis und Osiris; in Indien, bis zum heutigen Tag, als Isi und Iswara; im heidnischen Rom als Venus oder Fortuna und Jupiter. Selbst in Tibet, China und Japan fanden die jesuitischen Missionare mit Erstaunen, daß das entsprechende Gegenstück zu der Madonna mit ihrem Kindes ebenso innig verehrt wurde wie im päpstlichen Rom selbst. Und daß Shing Moo, die Heilige Mutter in China, mit einem Kind in den Armen und dem Heiligenschein genauso dargestellt wurde, als wäre ein römischer Künstler damit beauftragt worden (Revd. Alexander Hislop: *The Two Babylons*, Loizeaux Bros, Neptune, New Jersey).

Pius IX., dessen Beitrag zur Kirche von dem heutigen Papst als besonders verehrungswürdig hervorgehoben wurde, beschrieb Maria als „Mutter Gottes, die alle Ketzereien in der ganzen Welt zerstört hat, sich von allen anflehen läßt, sich gegen alle als äußerst gütig erweist und mit höchst reichhaltiger Zuneigung all unsere Nöte unter ihre erbarmende Fürsorge nimmt, die als Königin zur Rechten ihres einzigen Sohnes, unseres Herrn Jesus Christus sitzt, angetan mit einem ringsum reichverzierten, goldenen Gewand" (Enzyklische Briefe, Dezember 1864).

Der Beigeschmack solcher Beschreibungen paßt besser zu Jeremias Prophezeiung als zum Neuen Testament.

In der Presse erscheinen viele Fotos von dem gegenwärtigen Papst, wie er vor Bildern und Statuen der Jungfrau Maria betet. Ein solches Bild, im *Daily Telegraph*, zeigt ‚den Papst, wie er von dem Berg Chetif in Nordwest-Italien herabsteigt, nachdem er auf dem Gipfel vor einem Standbild der Jungfrau Maria gebetet hatte' (*Daily Telegraph*, 8. Sept. 1986).

Der ehemalige Parlamentarier Geoffrey Cooper verwies auf die Schriftstelle im Johannesevangelium, wo Jesus zu der Samariterin sagt: *„Es kommt die Zeit, in der ihr weder auf diesem Berge noch in Jerusalem den Vater anbeten werdet ... die wahren Anbeter werden den Vater im Geist und in der Wahrheit anbeten; denn der Vater will Menschen haben, die ihn so anbeten"* (Joh. 4,21+23). Nicht auf einem Berg, nicht in Jerusalem, nicht in Lourdes oder Walsingham. Es gibt keine heiligen Orte, keine besonderen Schreine, kein heiliges Wasser und keine heiligen Reliquien, auch keine ‚reale Gegenwart'. Gott ist allgegenwärtig und mit jedem Gläubigen, durch Seinen Geist.

Mr. Coopers völlig biblische Entgegnung und Sorge wegen der wachsenden Beliebtheit von Pilgerschaften und Marienverehrung haben bislang noch kein Echo in der Presse dieser freien Nation gefunden.

Jesus Christus ist nicht Marias einziger Sohn, Er ist der einzige Sohn Gottes. Maria ist auch nicht die Mutter Gottes. Und, wahrlich, sie ist nicht ‚die Mutter des Schöpfers', ‚Königin der Jungfrauen', ‚Vollendung der Heiligkeit', ‚Thron der Erkenntnis', ‚Quelle unserer Freude', ‚Rose des Himmels', ‚das strahlende Heiligtum', ‚Fels Davids', ‚goldener Tempel', ‚Morgenstern', ‚Schutzhafen für Sünder', ‚Trost der Angefochtenen', ‚Königin der Engel', ‚Königin der Apostel', ‚Königin der Märtyrer', ‚Königin des Paradieses', ‚Himmelskönigin' (*Recordi Religiosi*, Turin 1968).

Maria hat den ehrbaren und besonderen Platz, den die Schrift ihr gewährt. „Alle Geschlechter werden sie seligpreisen." Doch in keiner Hinsicht darf sie den Platz Christi einnehmen. Sie war demütig und gehorsam, und sie brauchte, wie der Rest der Menschheit, einen Heiland (Lukas 1,47). Dieser stellte eindeutig klar: *„Wer den Willen tut meines Vaters im Himmel, der ist mein Bruder, Schwester, Mutter"* (Matthäus 12,50). Maria tat Seinen Willen.

Johannes Paul II. und Maria

Johannes Paul II. hat als sein persönliches Leitwort: ‚totus tuus' (‚ganz dein'); doch er wendet es auf Maria an, nicht auf Jesus. Bei seiner Einsetzung verkündete er: „ ... alles, was ich habe, ist dein, meine Königin und meine Mutter." Nach dem Anschlag auf sein Leben im Jahre 1981 berichtete *Time magazine* unter der Überschrift „Wie Schüsse auf Gott", daß er auf dem Weg ins Krankenhaus „leise ‚Madonna, Madonna' auf polnisch murmelte" (*Time*, 25. Mai 1981). Ein Jahr nach dem Attentatsversuch ging er zum Marienschrein von Fatima in Portugal, um Maria für die Rettung seines Lebens zu danken. Weitere Einzelheiten über die Rolle, die ‚Unsere Liebe Frau von Fatima' nach dem Glauben des Papstes, bei der Rettung seines Lebens spielte und in seiner Zukunft noch spielen wird, folgen, wenn wir uns weiter unten in diesem Kapitel mit Fatima befassen.

Im April 1987 eröffnete der Papst vor möglicherweise 1,5 Milliarden Fernsehzuschauern das ‚Marianische Jahr'. Zwei Monate später betete er in einer Messe vor mehreren hundert Leuten im polnischen Lodz zur Jungfrau Maria für religiöse Freiheit in der Welt. Im Mai 1988, in der Kathedrale von Lima, weihte er Peru, schon im Hinblick auf das ‚Jahrzehnt der Evangelisation', ‚Unserer Lieben Frau der Evangelisation'. In Rom, im August 1988, verkündete er in einer Zeremonie zum Abschluß des Marianischen Jahres: „Dies ist die Gelegenheit, auf einen Marianischen Weg zum Jahr 2000 aufzubrechen. Wir müssen mit Maria gemeinsam gehen" (*Famiglia Cristiana Magazine*, Piedmont, Italien).

Das internationale Magazin *New Evangelisation 2000*, herausgegeben im Vatikan von Tom Forrest zur Förderung des ‚Jahrzehnts der Evangelisation', zeigt die Madonna mit Kind auf der Vorderseite ihrer Sonderausgabe vom Januar 1991 mit dem Titel ‚Das Jahrzehnt der Evangelisation beginnt'. Eine frühere Ausgabe druckte das Angelusgebet des Papstes zum ‚Missions-Sonntag', dem 23. Oktober 1988, ab: „Möge Maria das Vorbild sein, zu dem Gottes Volk aufschaut, um seine missionarische Aufgabe auszuleben. Laßt uns sie voll Vertrauen bitten, mit ihrem Sohn dafür einzutreten, daß die Kirche ein neues Pfingsten erlange, einen neuen Missionarischen Advent für das Jubeljahr 2000 und den Beginn eines neues Jahrtausends des christlichen Glaubens."

In den USA haben der Papstbesuch und die enorme Medienwirksamkeit dieses Ereignisses dem Anspruch, der für Marias ‚besondere Stellung', ihre Rolle als Mittlerin und ihre Teilhaftigkeit der göttlichen Natur ihres Sohnes erhoben wird, sehr zur Geltung verholfen. Hier in Europa sehen wir ein ähnliches Bild sich abzeichnen. Pilgerschaften zu den Marien-Schreinen von Lourdes, Fatima, Knock, Medjugorje und Walsingham, in der Presse groß angekündigt und im Fernsehen dargestellt, ziehen Millionen von Anbetern aus der ganzen Welt an.

Der Schrein ‚Unser Lieben Frau von Tschenstochau' mit seinem berühmten Bild der schwarzen Madonna hat seinen offenkundigen Platz während all der großen Ereignisse gehabt, die während der letzten Jahre von der internationalen Presse aus Polen berichtet wurden. Das Foto von Lech Walesa mit diesem Bild wurde sehr weit verbreitet, und der Papst besuchte zweimal den Schrein, der ungefähr 200 Kilometer von seiner Heimatstadt Krakau entfernt liegt.

Walsingham und Maria

‚Unsere Liebe Frau von Walsingham', Mutterschrein für weitere 180 Schreine in Church of England-Kirchen, war im September 1988 Schauplatz des *BBC*-Programms *‚Songs of Praise'*, das von bis zu 8 Millionen Zuschauern gesehen wurde. 1988 unternahmen etwa 60 Bischöfe eine

Sonder-Pilgerschaft von der Lambeth-Konferenz aus, und vom Parlament nahm bereits die dritte Pilgerschaft nacheinander ihren Ausgang. Angeregt durch das Beispiel des ehemaligen Erzbischofs von Canterbury, Robert Runcie, kommen die Senior-Bischöfe Jahr für Jahr, um diese Pilgerschaft durchzuführen. Erzbischof Runcie, der ehemalige Vorsitzender der *Ökumenischen Gesellschaft der Heiligen Maria*, der nach Ansicht von *Time Magazin* „für die Einheit wahrscheinlich mehr zu riskieren bereit war als irgendeiner seiner Vorgänger", war ein begeisterter Befürworter Walsinghams und seiner Rolle in der Rückführung der anglikanischen Kirche in den Katholizismus ‚von der römischen Art' (*Time Magazine*, 7. Juni 1982).

Walsingham-Gottesdienste umfassen die Prozession einer Statue der Jungfrau Maria, das feierliche Umhertragen und Verehren der Hostie oder des ‚Heiligen Sakraments', das Segnen ‚heiligen Wassers' sowie die Verehrung und das Küssen einer ‚Reliquie des wahren Kreuzes'.

Die Kritiker der Katholischen Erneuerung verweisen auch auf den erneuerten Enthusiasmus unter vielen Charismatikern für den Rosenkranz mit seinen wiederholten Ave Marias, d. h. zehnmal so vielen Gebeten zu Maria wie zum Vater und keinem einzigen zu Christus. Ganz gewiß gibt es keine ersichtlichen Anzeichen dafür, daß die Marienanbetung durch die Erneuerung wirksam gebremst wurde. Im Gegenteil, neue Dogmen sind im Gespräch, und es gibt Hinweise darauf, daß bald eine neue Verkündigung über Maria verlautbart werden könnte. Maria Mediatrix (Mittlerin) und Maria Co-redemptrix (Miterlöserin) zählen bereits zu den neuen Traditionen dieses Jahrhunderts. „Wie niemand zum Vater geht außer durch den Sohn, so geht niemand zum Sohn außer durch seine Mutter" (Päpstliche Enzyklika 1897). Das Zweite Vatikanische Konzil erklärte Maria zur ‚Mutter der Kirche'. In seiner Enzyklika ‚Redemptoris Mater' vom März 1987 erläuterte der Papst: „Während Maria in keinem Sinne Mittler zwischen Gott und den Menschen ist – das ist allein die Rolle Christi –, ... geht sie doch beständig der Kirche voran und wirkt am Rettungswerk Christi mit" (*The Universe*; 27. März 1987).

Der Marienkult

Das Dogma der Himmelfahrt und das der Unbefleckten Empfängnis, beides relativ junge Zusätze zur Tradition, haben sich sehr schnell in der römischen Kirche eingebürgert. So groß ist das Gewicht päpstlicher Verfügungen und die Disziplin der gesamten Organisation.

Der Marienkult ist kein Bestandteil der *ARCIC* oder anderer ökumenischer Gespräche. Katholische Marientreue ist unveräußerlich. Die Heftigkeit der Reaktion auf Neil Kinnocks Rede vom 9. April 1989 mit ihrem beabsichtigten Humor bezüglich des ‚unbefleckten Irrtums' (engl.: *immaculate misconception*, Wortspiel zu: *Immaculate Conception*, d. Übers.) und der ‚Himmelfahrt der heiligen Margaret', unterstreicht deutlich, wie wichtig Maria den Katholiken in Großbritannien ist. Bischof Alan Clark von East-Anglia schrieb dem Oppositionsführer Kinnock von dem „Anstoß", den er „durch den vollkommen unsensiblen Gebrauch einer der zentralen Aussagen des katholischen Glaubens" gegeben hätte. Auch Kardinal Hume schrieb einen ‚energisch formulierten Brief', der die Bedeutung der Lehren von der Himmelfahrt und der Unbefleckten Empfängnis für den katholischen Glauben hervorhebt (*Catholic Herold*; 14. April 1989).

Es fiel auf, daß die Entrüstung und ‚Welle des Protestes seitens katholischer Kirchenführer im ganzen Land' wegen dieser Beleidigung Marias so ganz anders war als die zurückhaltende, würdevolle, staatsmännische Reaktion der katholischen Führung auf die Vorführung des höchst umstrittenen, gotteslästerlichen Filmes ‚Die letzte Versuchung Christi'.

Einheit und Maria

Der Papst verkündete in seinem Rundschreiben ‚Redemptoris Mater', daß „Maria helfen werde, Christen zur Einheit zu führen", doch scheint sich am Horizont das Bild abzuzeichnen, daß Maria es möglich machen wird, *alle* Religionen unter einem Schirm zu vereinen.

Ökumenische Gespräche zwischen dem römischen Katholizismus und dem Islam finden in vielen nicht-protestantischen Ländern statt. Der Schrein von Fatima in Portugal, für die Katholiken von großer prophetischer Bedeutung, ist auch für die Moslems wichtig geworden. Er wird häufig mit Fatimah, der Tochter Mohammeds, gleichgesetzt und verwechselt, von welcher der Prophet schrieb: „Sie ist neben Maria die heiligste aller Frauen im Paradies" (*The Woman Shall Conquer* von Don Sharkey; Franciscan Marytown Press, Wyoming USA).

Muriel Spark erzählt, daß in Medjugorje, Jugoslawien, zwei Monate nach Beginn der Erscheinungen im September 1981, Moslems sich den Orthodoxen und Katholiken auf den Pilgerschaften anschlossen. Fromme Katholiken waren zutiefst schockiert. Die Madonna soll daraufhin gesagt haben: „Gott ist unteilbar; nicht Gott, sondern die Gläubigen haben die furchtbaren Teilungen in der Welt verursacht" (Muriel Spark: *Spark from Heaven).* Sie soll, ganz im ökumenischen Geist unserer Tage, getadelt haben, daß fromme Katholiken äußerst darauf bedacht zu sein scheinen, die Berührung mit Orthodoxen und Moslems zu vermeiden; doch niemand, der es ablehnt, Andersgläubige ernstzunehmen, sei würdig, sich als Christ zu bezeichnen.

Um diese unbequeme Botschaft zu unterstreichen, hob ‚Unsere Liebe Frau' eine Moslemin namens Pasha besonders lobend hervor. „Sie ist eine wahrhaft gläubige, heilige Frau. An ihr sollt ihr euch ein Beispiel nehmen!" Ein Priester, der sich skeptisch zu einer der angeblichen Heilungen geäußert hatte, wurde von der ‚Lieben Frau' zurechtgewiesen: „Sagt diesem Priester und seinesgleichen, daß sie es sind, die die Spaltungen in der Welt aufrechterhalten! Moslems, Orthodoxe, Katholiken – für meinen Sohn und für mich sind alle eins. Ihr seid alle meine Kinder." Für die ‚getrennten Brüder' hat die Madonna eindeutig nichts übrig; doch ist leicht ersichtlich, warum es innerhalb der römischen Kirche soviel Streit um die Echtheit der Madonnenerscheinung gibt (Muriel Spark: *Spark from Heaven*, S. 85).

„Maria, die Mutter, findet ohne Frage weltweiten Anklang. Sie ist nicht nur für Katholiken verführerisch, sondern stellt eine synkretistische Gottheit dar, die in der Lage ist, alle Religionen zu vereinen; denn ihre Mutterschaft rührt die tiefsten Sehnsüchte des menschlichen Geistes an ... Ja, als eine ‚Pilger-Jungfrau', eine Statue ‚Unserer Lieben Frau von Fatima', eine Tournee durch Afrika und Asien machte, strömten Millionen herbei, um das Standbild zu verehren und den ‚Friedensplan vom Himmel' von ‚Unserer Lieben Frau' zu erfahren. Moslems, Buddhisten, Hindus und Sikhs waren besonders enthusiastisch. Die Moslems, die ohnehin einen gewissen Grad von Verehrung für ‚Unsere Liebe Frau' hegen und ihre Jungfrauengeburt und unbefleckte Empfängnis anerkennen, waren von der Tatsache gefesselt, daß Maria in Fatima erschienen war, welches der Name von Mohammeds Lieblingstochter war, die von dem Propheten als die höchste Frau im Himmel nach Unserer Lieben Frau angesehen wurde ... Der moslemische Häuptling des Ismaeli-Stammes in Mozambique legte eine goldene Kette um den Hals der Statue mit den Worten: „Dank dir, Unsere Liebe Frau von Fatima, für das Werk der Liebe, das du in Afrika vollbringst. Wir preisen dich gemeinsam mit dem allmächtigen Allah'" (*National Research Institute – Trumpet*, November/Dezember 1990; 3140K S. Aurora, Colorado 80014).

Nach Angaben des Mariologen John Haffert bezeugten mehr als 100.000 Menschen das ‚Wunder' von Fatima am 13. Oktober 1917, obwohl andere Autoren nur von etwa 70.000 sprechen. Diese war die sechste berichtete Erscheinung ‚Unser Lieben Frau von Fatima', die seit dem 13. Mai jenen ganzen Sommer hindurch am 13. Tag jeden Monats drei portugiesischen Kindern widerfahren war: Lucia, 8 Jahre, Jacinta, 6 Jahre, und Francisco, ebenfalls 8 Jahre alt. Maria hatte versprochen, im Oktober ein Wunder zu vollbringen, „auf daß alle Menschen glauben mögen".

Zeugen dessen, was an jenem Tag geschah, waren entsetzt über das, was sie sahen. Sie zögerten angsterfüllt, ihre Vision hinterher zu schildern. Angeblich erschien die Sonne zunächst als ‚silberne Scheibe', und dann plötzlich schoß ein Spektrum vielfarbigen Lichts in alle Richtungen hervor; daraufhin schien die Sonne sich wie verrückt, ‚einem gigantischen Feuerrad gleich', um ihre eigene Achse zu drehen und ihre Farben Rot, Gelb, Blau und Grün auf die Felsen und Bäume sowie auf die aufwärts gerichteten Gesichter der erstaunten Pilger zu schleudern. Dreimal hielt sie an und nahm dann ihren ‚verrückten Tanz' wieder auf. Als die Menge sich ‚in erbärmlichem Schrecken' wand, war es plötzlich, als würde die Sonne vom Firmament losgerissen. Sie fiel abwärts, abwärts, abwärts, in wirrem Zickzack-Kurs durch den Himmel. Wehklagen wie „Das ist das Ende der Welt!" und „Liebe Frau, hilf uns!" stiegen aus der entsetzten Menge empor. Dann, so plötzlich, wie sie begonnen hatte, beendete die Sonne ihre Drehungen und kehrte an ihren Platz am Himmel zurück. Während die zitternde Menge sich von ihrem Schrecken erholte, erhoben sich Rufe des Erstaunens: Ihre Kleidung, die triefend naß und schlammbedeckt gewesen war von dem Regenguß, den sie vor dem Wunder abbekommen hatten, war auf wundersame Weise trocken!

Während des Schauspiels soll Maria erschienen sein, einen Rosenkranz haltend und angetan mit einem Schultertuch. Sie gab sich als ‚Unsere Liebe Frau vom Rosenkranz' zu erkennen und forderte dazu auf, jeden Tag den Rosenkranz zu beten. Im Juli hatte sie der Kirche die Weisung erteilt, „die Welt und insbesondere Rußland ihrem unbefleckten Herzen zu weihen". Sie wird auch mit den Worten zitiert: „Viele, viele Seelen gehen zur Hölle, *weil es niemanden gibt, der für sie Opfer darbringt*" (C. Borden Lindstedt; *NRI Trumpet*, November/ Dezember 1990).

Eine bemerkenswerte Enthüllung aus dem Buch *The Keys of this Blood*, geschrieben im Jahre 1990 von Prof. Malachi Martin, einem ehemaligen Jesuiten, sagt aus, daß Papst Johannes Paul II. aufgrund einer Weisung ‚Unserer Lieben Frau von Fatima' an seine eigene, ganz besondere Bestimmung glaube. Er sei überzeugt, daß er in den '90er Jahren berufen werde, der moralische und geistliche Führer einer Weltregierung zu sein. Er sei sich auch gewiß, daß es ‚Unsere Liebe Frau von Fatima' war, die sein Leben bei dem Attentatsversuch am 13. Mai 1981 verschonte; denn er hatte sich gerade vorgebeugt, um eine Medaille ‚Unserer Lieben Frau von Fatima' anzuschauen, die ein kleines Mädchen trug, als die beiden Schüsse, die auf seinen Kopf gezielt waren, über ihn hinweggingen. Während seiner Genesung von dem Anschlag, der sich am offiziellen Festtag ‚Unserer Lieben Frau von Fatima' ereignet hatte, erhielt er eine Vision von dem, was geschehen sollte. In ihr, die offenbar aus Gebet und völligem Vertrauen in die ‚Liebe Frau von Fatima' erwuchs und eine exakte Wiederholung dessen war, was sich am 13. Oktober 1917 ereignet hatte, erzählte die Jungfrau-Mutter ihm, daß es noch eine Wiederholung des Fatima-Wunders geben werde. In den '90er Jahren werde sie durch Zeichen und Wunder eingreifen, die wieder mit der Sonne zu tun haben würden, um die Herrschaft Papst Johannes' Pauls II. über die Welt zu beglaubigen ... zur Aufrichtung einer kurzen Zeit des Friedens und des Wohlergehens vor der Wiederkunft Christi (Malachi Martin; *The Keys of This Blood*, 1990, Simon and Schuster, New York).

Im Gehorsam gegen die Fatima-Weisung und in ‚kollegialer Übereinstimmung mit den Bischöfen der Welt' weihte Papst Johannes Paul II. im Jahre 1982 Rußland und die ganze Welt ‚dem unbefleckten Herzen Mariens'.

Im Mai 1991 stattete Johannes Paul II. Fatima seinen dritten Papstbesuch ab, um der Jungfrau Maria nochmals für die Rettung seines Lebens zu danken und um der Welt zu sagen, wie sehr ‚die Mutter Gottes' gebraucht werde und daß jegliche ‚Erneuerung' der Welt nur in Verbindung mit ihr stattfinden könne (*The Universe*, Sonntag, 19. Mai 1991).

Kapitel 4

Tradition

Wenn wir jetzt das Thema der ‚heiligen Traditionen' untersuchen, gilt es zunächst zu erkennen, in welchem Ausmaß der einzelne Katholik durch ‚Glaubensbekenntnisse' gebunden ist, alle Zusätze der Kirche zur Heiligen Schrift anzuerkennen. Ein solches Bekenntnis enthält folgenden Absatz:

> „Die apostolischen und kirchlichen Traditionen und alle anderen Anordnungen und Vorschriften der Kirche erkenne ich als wahr an und nehme sie mit aller Entschiedenheit an. Darüberhinaus achte und bekenne ich ohne Zögern alles, was durch die heiligen Rechtsbestimmungen und die allgemeinen Konzilien, insbesondere durch das heilige Konzil von Trient und durch das Vatikanische Allgemeine Konzil, überliefert, bestimmt und erklärt worden ist, in besonderer Weise hinsichtlich des Primats und der Unfehlbarkeit des römischen Papstes ... Diesen katholischen Glauben, außerhalb dessen niemand gerettet werden kann, welchen ich jetzt offen bekenne und welchem ich wahrhaftig anhange, denselben verspreche und schwöre ich zu halten und zu bekennen ... bis zum letzten Atemzug" (*Roman Catholic Catechism*; Geiermann, S. 101-103).

Das Bekenntnis des Katechismus macht Zusätze zur Heiligen Schrift, die ein solches Vorgehen doch ausdrücklich verbietet. Auf den Katechismus zu schwören, untersagt die Schrift ebenfalls:

„Ihr sollt nichts dazutun zu dem, was ich euch gebiete, und sollt auch nichts davontun.“ 5. Mose 4,2

„Vor allen Dingen aber, meine Brüder, schwört nicht, weder beim Himmel, noch bei der Erde, noch mit einem anderen Eid. Euer Ja sei ein Ja und euer Nein ein Nein, damit ihr nicht dem Gericht verfallt.“ Jakobus 5,12

Das Konzil von Trient gab der Tradition gleiche Autorität wie der Bibel selbst, und ohne Zweifel ist dem Wort Gottes viel hinzugefügt worden. Das Zweite Vatikanische Konzil rief den Katholiken ins Gedächtnis, daß „die Kirche ihre Gewißheit aller offenbarten Wahrheit nicht aus der Heiligen Schrift allein bezieht“ (Vaticanum II, Verfassung der göttlichen Offenbarung, § 9). Das führende amerikanische ökumenische Magazin *New Covenent* gibt seinen Lesern im Januar 1987 zu bedenken: „Die Urkunden des Zweiten Vatikanischen Konzils lehren, daß Schrift und Tradition mit gleichen Empfindungen der Hingabe und Achtung angenommen und verehrt werden müssen.“

Was sagt die Bibel über menschliche Tradition? Paulus warnt die Kolosser: *„Seht zu, daß euch niemand einfängt durch Philosophie und leeren Trug, die sich auf menschliche Überlieferungen gründen, auf die Mächte dieser Welt und nicht auf Christus“* (Kol. 2,8).

Besorgte Evangelikale, einschließlich vieler in der ökumenischen Bewegung, haben erwartungsvoll auf die gegenwärtige Erneuerungsbewegung geschaut, ob sie die Tradition der Konzilien und päpstlichen Lehren, die die Heilige Schrift ergänzen oder ersetzen, infrage stellen werde; doch bislang haben sie vergeblich Ausschau gehalten. Zumindest sichtbar befindet sich der Katholizismus nicht im Gärungsprozeß; seine Einrichtungen und Dogmen sind in keinerlei Bedrängnis. Ihrem Katechismus zufolge ist allein die Römische Kirche die *eine* wahre Kirche, die Christus gründete und die folgende Hauptmerkmale aufweist: Autorität, Unfehlbarkeit, Unvergänglichkeit (*Baltimore Catechism*; 1969 Catholic Book Publishing Co., N.Y).

‚Semper Eadem‘, ‚immer dieselbe‘; die römische Kirche ändert ihre Dogmen nicht. Gewiß, sie ändert ihren Stil, doch nicht ihr Wesen. Ihr Gesicht ändert sich; es sieht in verschiedenen Ländern verschieden aus. In England schlägt die Kirche einen hohen moralischen Ton an, der in den Medien fester klingt als derjenige irgendeines anderen Teiles der sichtbaren Kirche: Kardinal Hume ist in den Mittelpunkt unseres nationalen Lebens getreten und spricht mit Vollmacht und Klarheit zu allen großen ethischen Fragen unserer Zeit. Unschmackhafte päpstliche Lehren wie das Verbot künstlicher Empfängnisverhütung aus dem Rundschreiben *Humanae Vitae* werden von der Kirche heruntergespielt, während entschiedene Katholiken die Christen im Kampf gegen die Legalisierung der Abtreibung anführen. Dieselben katholischen Führer haben die neue ‚Bewegung für Christliche Demokratie' gegründet, eine überparteiliche und überkonfessionelle Organisation mit der Zielsetzung, christliche Werte in das politische Leben Großbritanniens erneut einzubringen.

In Ländern, wo der römisch-katholische Griff fester ist, wird kein solch hoher Standard erreicht. In Uganda, Haiti und den Philippinen – um nur drei in verschiedenen Teilen der Welt zu nennen – ist der Katholizismus völlig in das lokale Heidentum eingebunden und das Evangelium somit restlos verdunkelt. Auf den Philippinen haben Missionare regelmäßig Einblick in das andere Gesicht des Katholizismus, das man in England nicht zu sehen bekommt. Zur Osterzeit tun junge Filipinos Buße für ‚schwere' Sünden, indem sie an Kreuze genagelt und mehrere Stunden hängengelassen werden. Ein Artikel in *The Times* von 1987 beschreibt diese furchtbare Tradition und fügt erläuternd hinzu, daß die Büßer auf diese Weise glauben, von ihrem Gott durch den Priester Vergebung zu erlangen (*The Times*; 18. April 1987).

In einer Reihe von afrikanischen Ländern und auf Haiti ist die örtliche Macht des Priesters gleichgesetzt mit derjenigen des Medizinmannes oder des Voodoo-‚Gottes'. In primitiven Kulturen übt die Kirche einen Würgegriff auf alle Bereiche des Lebens aus, nicht unähnlich dem des Feudalsystems im Mittelalter. Der amerikanische Autor Dave Hunt berichtet, daß man von Haiti sagt, es sei „zu 85% katholisch und zu 110% heidnisch. Jede Voodoo-Zeremonie beginnt mit katholischen Gebeten. Ebenso ist der tödlich-spiritistische Kult von Santera eine Mischung aus afrikanischer Zauberei und Katholizismus, ausgeführt im Namen von ‚Heiligen', die für afrikanische Götter stehen" (Dave Hunt; *CIB Bulletin*, PO Box 7349, Bend OR 97708).

Die heidnischen Wurzeln römisch-katholischer Praktiken, wie sie in Alexander Hislops Buch *The Two Babylons* beschrieben werden, sind weitgehend anerkannt, und selbst führende Katholiken sind bereit, sie einzugestehen. John Henry Newman, Roms berühmtester englischer Konvertit, tat das auf der ganzen Linie:

> „Der Gebrauch von Tempeln, die besonderen Heiligen geweiht sind und zu besonderen Anlässen mit Zweigen von Bäumen, Räucherwerk, Lampen und Kerzen geschmückt werden, Votivopfer nach Genesung von einer Krankheit, heiliges Wasser, Zufluchtstätten, heilige Tage und Zeiten, der Gebrauch von Kalendern, Prozessionen, Segnung der Felder, Priestergewänder, Tonsuren und der Ring in der Ehe, der Blick nach Osten*, Bildnisse, vielleicht der kirchliche Gesang und das Kyrie Eleison sind allesamt heidnischen Ursprungs und geheiligt durch die Übernahme in die Kirche" (Kardinal John Henry Newman; *An Essay on the Development of Christian Doctrine*, S. 373).

Der rituelle Blick nach Osten gehört sowohl zum Katholizismus als auch zur Freimaurerei. Ein Meister-Maurer des dritten Grades muß zum Beispiel seinen geheimen Eid auf *Das Buch des Heiligen Gesetzes* mit dem Blick nach Osten schwören. Die Beziehung zwischen Katholizismus und Freimaurerei in den höheren Ebenen wird in dem Abschnitt ‚Über das Papsttum und politische Macht' erörtert.

Einige Protestanten benutzen die Sprache unserer Zeit bei der Beschreibung des römisch-katholischen Systems; sie nennen es einen ‚Kult'. Dabei ist ihnen viel daran gelegen, deutlich zu machen, daß sie die Institution meinen, und nicht den geistlichen Stand einzelner Personen in ihr. Außer den Bräuchen, die Kardinal Newman aufzählt, weist die wissenschaftliche Forschungsarbeit Hislops, Woodrows und anderer die heidnischen Ursprünge vieler anderer Bestandteile des Katholizismus nach: opferbringende Priester, Bußen, Absolution, Beichtstuhl, päpstliche Unfehlbarkeit, die Titel ‚Heiliger Vater' und ‚Pontifex maximus' (oberster Priester), die Anbetung und Verehrung

* *„Und er sprach zu mir: Menschenkind, siehst du das? Aber du sollst noch größere Greuel sehen als diese. Und er führte mich in den inneren Vorhof im Hause des HERRN; und siehe, vor dem Eingang zum Tempel des HERRN, zwischen der Vorhalle und dem Altar, standen etwa fünfundzwanzig Männer, die ihren Rücken gegen den Tempel des HERRN und* ***ihr Gesicht gegen Osten*** *gewendet hatten und beteten gegen Osten die Sonne an.* (Hesekiel 8,15-16)

von Heiligen und Reliquien (wie das Turiner Grabtuch) und von Bildern, Standbildern und Sinnbildern, Steinaltäre, der Rosenkranz, Monstranz und Hostie, Gebete für die Toten, Letzte Ölung, Fegefeuer und Vorhölle, Ablaß*, Mönchstum, Mystizismus; dazu dann noch Pilgerschaften, Kreuze und Kruzifixe, Zölibat, die Mutter-Kind-Verehrung, Marias immerwährende Jungfräulichkeit, das Skapulier, Kanonisierung von Heiligen, Kardinäle, Nonnen, die Mitra (von Dagon, dem Fischgott), Fisch und Freitag, Fastenzeit (vierzig Tage ‚Weinen für Tammus' wie in Hesekiel 8,14), das Kreuzeszeichen, das ‚Heilige Herz', Ostern (von Astarte, der Frühlingsgöttin und der im Osten aufgehenden Sonne), Taufwiedergeburt und Rechtfertigung durch Werke, ‚der Felsen' Petrus, anstatt sein Glaube an Christus – alle diese Dinge und noch viele mehr gehören zum Herzen des modernen Katholizismus. Nicht alle werden in westlichen protestantischen Ländern weiträumig praktiziert, doch sie sind nichtsdestoweniger tief eingebettet in der Kirchentradition. Alle sind von der Heiligen Schrift ungedeckt, und viele sind von ihr ausdrücklich verboten.

* In einem Artikel des Daily Telegraph vom 16. Juli 1986 heißt es: „Ablaß kann man jetzt über Fernsehen und Rundfunk bekommen. Wiederholungen derselben Sendung sind dabei allerdings nicht gültig." Es gibt 70 offiziell verzeichnete Wege zur Erlangung des Ablasses. Solche Segnungen unterliegen der Verantwortung der vatikanischen Behörde, die sich *Heiliges Apostolisches Bußgericht* nennt und von Monsignor de Magistris geleitet wird. Die Kirche lehrt, daß die Lebenden Ablaß für die Verstorbenen erlangen können, wenn sie ein Werk tun wie den Rosenkranz vor dem Heiligen Sakrament zu beten oder die Stufen des Kreuzes zu gehen. Katholiken, die durch die Heilige Schrift zu einem persönlichen Glauben an Christus gelangt sind, oder auch andere mögen schockiert sein, wenn sie entdecken, daß die Quellen der katholischen Tradition, insbesondere des Katechismus, oft auf Kriegsfuß mit der Bibel stehen. Ein Beispiel von herausragender Bedeutung ist die Weglassung des zweiten Gebots: *„Du sollst dir kein Bildnis noch irgendein Gleichnis machen, weder von dem, was oben im Himmel, noch von dem, was unten auf Erden ... ist. Bete sie nicht an und diene ihnen nicht."*

(2. Mose 20,4-5)

Kapitel 5

Ökumenische Gefahren

Die Gefahr, daß evangelische Christen sich genötigt sehen, lehrmäßige Kompromisse einzugehen, wird durch die Tatsache gesteigert, daß die griechisch-orthodoxe Kirche, ein Gründungsmitglied des Weltkirchenrates, weitgehend an den gleichen Traditionen hängt wie Rom. Abgesehen von dem Hauptstreitpunkt der Vergangenheit, der päpstlichen Oberherrschaft, gibt es wenig wirkliche Unterschiede im Dogma zwischen der römisch-katholischen, der griechisch- oder anderer orthodoxen Kirchen.

Seit Einführung der äußerst erfolgreichen Alternativen Liturgie (*Alternative Service Book*) ASB, in der die Worte des Kommunions-Gottesdienstes mit den in der römisch-katholischen Messe gebrauchten nahezu übereinstimmen, trifft katholische Lehre innerhalb der anglikanischen Kirche auf immer weniger Widerstand seitens der evangelischen Christen. Anglo-Katholiken sind auf nationaler Ebene gut organisiert und haben durch Verbände wie ‚Kirche in Gefahr' (*Church in Danger*) den ökumenischen Prozeß vorangetrieben. John Selwyn Gummer, ein ehemaliger Minister des Kabinetts und einflußreiches Mitglied der anglikanischen Synode, sprach für die große Mehrheit der heutigen Anglo-Katholiken: „Unsere Geschichte, unsere Religion, unsere Zivilisation stammen alle aus derselben gemeinsamen Quelle des westlichen Christentums. Unsere römisch-katholischen Brüder arbeiten mit uns gemeinsam, unter der inspirierten Führung des Papstes, an der Aufrichtung des Reiches Christi."

Ecclesia, die Gesellschaft für Anglo-Katholiken in Großbritannien, äußerte in ihrem Rundbrief im Zusammenhang mit der Diskussion um die Möglichkeit weiblicher Priester in der Church of England, daß „es viele gibt, die zu der Einsicht kommen werden, daß für eine abtrünnige Church of England der Weg nach Rom der richtige ist". Die herrschende Macht der Liberalen in der anglikanischen Führung und deren Sympathie für die multi-religiöse (*multi-faith*) Bewegung haben die Aufmerksamkeit der Nachfolger Christi von dem abgelenkt, was sich als die größere Gefahr herausstellen könnte, nämlich von der Verführung durch Irrglauben, vor der wir von Jesus zweimal gewarnt werden: *„Wenn dann jemand zu euch sagen wird: Siehe, hier ist der Christus! oder: da!, so sollt ihr's nicht glauben. Denn mancher falsche Christus und falsche Prophet wird auftreten und große Zeichen und Wunder tun, so daß sie auch die Auserwählten in die Irre führen würden, wenn es möglich wäre"* (Mt. 24,4+23-24).

Die Ökumeniker der *ARCIC* haben es fertiggebracht, alle Unterschiede zu überwinden, mit Ausnahme der Unfehlbarkeit des Papstes. Das Primat, die päpstliche Vorrangstellung, wird als möglicher Kompromiß gesehen, der von der anglikanischen Führung bereits angenommen ist. Das nahezu völlige Abrücken des ‚*Inter-Church*'-Prozesses von der reformierten Position ist folgenschwer und trägt sehr zur Schwächung einer Kirche bei, die ohnehin schon in offensichtlichen Schwierigkeiten steckt. Werden heidnische Traditionen erneuert oder abgelehnt? Das fragen sich jene, die das Andenken Cranmers, Latimers und Ridleys, dieser Mitverfasser der ‚Neununddreißig Artikel' der Church of England und Märtyrer für den protestantischen Glauben, in Ehren halten; denn sie sehen die Gefahr, daß sich die Geschichte wiederholt. Die prophetischen Schriftstellen über die Endzeit machen deutlich, daß Männer und Frauen noch einmal berufen sein werden, für ihren Glauben zu sterben.

Viele Kritiker der Ökumene sagen voraus, daß Kircheneinheit unter der Oberherrschaft Roms schnell zu einem erneuten Ausbruch von Scheinheiligkeit einerseits und Verfolgung andererseits führen werde. Sie glauben, daß die politische Macht, die der Katholizismus hinter den Kulissen ausübt, bereits jetzt weit unterschätzt wird und daß, wenn Kirche und Staat wieder vereint sind, eine solche Machtvereinigung unwiderstehbar sein wird.

Wo Protestanten heute verfolgt werden

In protestantischen Ländern wie Großbritannien und den USA erscheint die römische Kirche gemäßigt und tolerant, aber in katholischen Ländern wie Peru, Chile, Argentinien, Kolumbien, Mexiko und afrikanischen Ländern wie Uganda und Sambia, denen es auch an Erfahrung mit der Demokratie mangelt, wo aber die katholische Kirche stark ist, hat sich die andere Seite Roms in Intoleranz und Grausamkeiten gegen Protestanten gezeigt.

Tatsache ist, daß in solchen Ländern protestantische Missionare ihres Glaubens wegen verfolgt, manchmal gefoltert und getötet werden. Ob nun solche Geschehnisse als die Ausfälle marxistischen Aufruhrs oder der *Befreiungs-Theologie* hingestellt werden – wenn sie überhaupt an die Öffentlichkeit gelangen –, es wird ihnen gewiß keine angemessene Berichterstattung in der westlichen Presse zuteil.

Um ein Beispiel zu nennen: Das Blutbad, das Fanatiker in den '50er Jahren unter evangelischen Christen in vielen Teilen Mexikos anrichteten, ist dem nicht unähnlich, was uns von dem Bartholomäus-Massaker an französischen Hugenotten im 16. Jahrhundert überliefert ist. Die Greueltaten wurden damals von der mexikanischen Zeitschrift *Tiempo* berichtet, einem vielgelesenen, nicht-religiösen Nachrichtenmagazin in Mexiko-Stadt. Auch die katholischen Zeitungen *Excelsior* und *Zocalo* schrieben über diese Ausschreitungen. *Excelsior* berichtete auch, daß ein 35-jähriger Prediger und sein junger Begleiter, die christliche Traktate verteilten, am 15. Januar 1989 von mehr als 100 wütenden Katholiken zu Tode gesteinigt wurden. Keiner der Angreifer wurde verhaftet, obwohl die Staatsregierung behauptete, die meisten von ihnen identifiziert zu haben (*Christianity Today*, 3. März 1989).

Am Mittag des 24. Februar 1991 zerstörte eine mit Knüppeln, Äxten und Macheten bewaffnete Meute die Häuser von 17 presbyterianischen Familien des indianischen Tzeltal-Stammes in Süd-Mexiko. So berichtet der Presbyterianer-Pastor Petro Arias. Informationen aus Amatenango del Valle, wo sich der Vorfall ereignete, offenbarten, daß die für das Geschehen verantwortliche römisch-katholische Gruppe die Presbyterianer aus der Stadt vertreiben wollte und angab, sie wollten mit Protestanten nichts zu tun haben. Hunderte evangelischer Christen, so berichtet *Evangelical Times*, sind in den letzten Jahren nach Streitigkeiten um die Ausübung ihres Glaubens aus ihrem Besitz verjagt worden (*Evangelical Times*, Mai 1991).

In Kolumbien kam 1948 mit Hilfe der römisch-katholischen Kirche eine reaktionäre Regierung an die Macht. Ein Konkordat mit dem Vatikan wurde unterzeichnet, das den Protestanten strenge Einschränkungen auferlegte. Von 1948 bis 1959 wurden 116 Protestanten getötet, 66 protestantische Kirchen und Kapellen niedergebrannt oder zerbombt und über 200 Schulen geschlossen (Bericht des Evangelischen Bundes in Kolumbien, Bulletin Nr. 50, 26. Juni 1959). Der Vatikan schien diese Vorgänge gutzuheißen, denn der Erzbischof von Bogota wurde 1960 von Papst Johannes XXIII. zum Kardinal ernannt (Loraine Boettner, *Roman Catholicism*, Banner of Truth Trust, 1962).

Afrika

Die ‚Gemeinschaft der Jünger Christi' (*Fellowship of Christ's Disciples*) berichtete im August 1990 von den Schwierigkeiten, denen Evangelikale in Kampala, der Haupstadt Ugandas, eines Landes, das sie als ‚eine Hochburg des Katholizismus' beschrieben, ausgesetzt waren:

> „Wir sind eine Gruppe von Jüngern aus verschiedenen Pfingstkirchen, die sich täglich zur Jüngerschaftsschulung treffen ... Wir sind sehr beunruhigt, weil dieses Land mit seiner Bevölkerung von 17 Millionen zu 50% aus Katholiken besteht ... Unsere Tage hier sind gezählt. Dies ist unsere einzige Möglichkeit, den Leib Jesu Christi zu alarmieren und zu warnen. Schon haben die römisch-katholischen Bischöfe den wahren Christen die Benutzung der Medien untersagt. So groß ist ihr Einfluß, daß sie sogar dahingehend auf die Regierung einwirken können" (*World-wide Gospel Outreach*, 2442 Corrilos Road, Santa Fe, New Mexico).

Ein Evangelist in Sambia, dessen Name ungenannt blieb, schrieb an *World-wide Gospel Outreach* in Santa Fe, New Mexico, in ähnlicher Weise:

> „Mein Land ist ins Elend gestürzt. Der Leib Christi erlebt ständig Anschläge. Es stimmt: der Katholizismus beherrscht das Land.

Die Politik (in ihren sozialen und geistlichen Bereichen) ist an den Vatikan verkauft. Jeder Versuch zu evangelisieren wird vereitelt. Ich weiß nicht, ob Ihnen bekannt ist, daß die Katholiken durch ihre Agenten im Parlament ein Gesetz durchgebracht haben, daß die Gründung jedes anderen christlichen Werkes verbietet ... Die religiöse Freiheit geht langsam unter, und das Ansehen des Papstes wächst."

All das scheint sich für die römische Kirche gut bezahlt zu machen. Während der Rundreise des Papstes durch afrikanische Länder im Jahre 1990 gab die Presseagentur Reuter bekannt, daß die Zahl der Katholiken in Afrika von 55 Millionen im Jahre 1980 auf 79 Millionen im Jahre 1990 angewachsen sei und voraussichtlich gegen Ende des Jahrhunderts die 100 Millionen-Grenze überschreiten werde.

Spanien

Es ist erst ein Vierteljahrhundert her, daß 1964 in Spanien ein Lagerhaus mit Bibeln der *British and Foreign Bible Society* durch Regierungsbeamte angezündet wurde und niederbrannte. Zu der Zeit waren Protestanten von allen öffentlichen Ämtern ausgeschlossen; Berufsbereiche wie Medizin, Pflegedienste, Justiz, Schul- sowie Bankwesen waren für sie meistenteils verschlossen. Protestantische Schulen waren verboten, ebenso in vielen Städten protestantische Hochzeits- und Begräbnisgottesdienste. Protestantische Literatur durfte nur mit Genehmigung veröffentlicht oder verteilt werden.

Über die damalige Situation in Spanien schrieb der amerikanische Soziologe Paul Blanshard: „Derselbe Papst (Johannes XXIII.), der amerikanische Bischöfe in Amerika verkünden läßt, daß sie die Trennung von Kirche und Staat in diesem nicht-katholischen Land befürworten, hält seine spanischen Bischöfe dazu an, im katholischen Spanien eine genau entgegengesetzte Politik zu verfolgen. Der Vatikan und die Franco-Regierung versagten gemeinsam allen protestantischen Kirchen und jüdischen Synagogen jene Freiheiten, an die amerikanische katholische Kirchenführer zu glauben vorgaben" (Paul Blanshard, *Ecclesiastical Justice in Spain*).

Die Situation hat sich seit der Ablösung des faschistischen Franco-

Regimes durch die neue Demokratie gebessert. Dennoch ist religiöse Diskriminierung in vielen Teilen Spaniens an der Tagesordnung. Es ist erst wenige Jahre her, daß Protestanten Zugang zu dem ‚heiligen Boden' öffentlicher Friedhöfe gewährt wurde, die gewöhnlich von der römisch-katholischen Kirche betrieben oder verwaltet werden. Bis dahin waren sie gezwungen gewesen, ihre Toten auf öffentlichen Grundstücken für Atheisten, Verbrecher und Arme zu begraben.

In anderen vornehmlich katholischen Ländern mit demokratischer Tradition wie Italien, Frankreich (wo der Katholizismus meist nur dem Namen nach besteht) und Süddeutschland nehmen protestantische Minderheiten einen klaren Stand gegen die ökumenische Bewegung ein, wenn sie auch gegen einen sehr kräftigen Strom schwimmen. Schwer erkämpfte Freiheiten verhindern heute Verfolgungen; doch, wie uns die Geschichte lehrt, kann die Aufrichtung faschistischer und totalitärer Regime sehr schnell religiöse Verfolgung entfesseln.

Ein Brief des Pastors einer evangelischen Kirche in Mittel-Italien an die Zeitschrift der *Church Society, Cross and Way magazine*, veröffentlicht gegen Ende des Jahres 1990, schildert sehr gut die protestantischen Aussichten in einem überwiegend römisch-katholischen Land:

> „... Wir glauben, daß viele von denen, die diesen Schritt (in Richtung Einheit mit dem Vatikan) befürworten, sich der wahren Natur des Katholizismus nicht bewußt sind. Wahrscheinlich ist ihre Erfahrung begrenzt auf Begegnungen mit offiziellen Vertretern der römisch-katholischen Welt, während sie in völliger Unkenntnis dessen bleiben, was es heißt, in einem Land zu leben, wo der Katholizismus die vorherrschende Religion ist.
>
> ... Was den unglaublichen Einfluß des Vatikans auf die Gesellschaft in Italien betrifft, ist folgendes nur die Spitze des Eisbergs: Die römisch-katholische Kirche unterstützt offen die Partei, die in der Koalitionsregierung die relative Mehrheit hält, und diktiert viele ihrer Entscheidungen. Während der Wahlen werden Katholiken offen von den Kanzeln aus angeleitet, für die besagte Partei (Christdemokraten) zu stimmen, und durch die Partei kontrolliert die Kirche die meisten großen TV- und Rundfunk-Kanäle auf nationaler Ebene. So wurden Millionen von Italienern durch vor-

eingenommene Berichterstattung beeinflußt. Die tragische Situation in Nordirland ist ein weiteres offensichtliches Beispiel hierfür.

... Während in protestantischen Ländern die Reformation bis heute ihr Gepräge in der Gesellschaft hinterlassen hat, haben jene Länder, die wie Italien unter päpstlicher Herrschaft geblieben sind, gewöhnlich eines gemeinsam: einen absoluten Mangel an Rücksicht gegenüber solchen, die nicht ihre religiösen Ansichten teilen. Evangelische Christen in Italien haben wenig oder keinen Zugang zu den Medien und erleben oft, daß ihnen das Recht, ihren Glauben frei zu bezeugen, von den Behörden versagt wird, während die römisch-katholische Kirche völlige Freiheit und weitreichende finanzielle Vorteile von seiten des Staates genießt."

Die fortgesetzte Verfolgung winziger Minderheiten Evangelikaler durch den Staats-Katholizismus hebt sich kraß von der wohlwollenden Toleranz ab, die Katholiken in westlichen protestantischen Ländern genießen. Spanien war das Land, wo die Inquisition am schlimmsten wütete, doch auch in vielen anderen Teilen der Welt war diese Einrichtung äußerst erfolgreich in der Unterdrückung von Völkern und Nationen. Ihr Tribunal wurde nie aufgehoben, noch hat die römische Kirche je der körperlichen Gewalt zur Durchsetzung geistlicher Ziele abgesagt. Niemals hat es Reue oder Abbitte für die Inquisition gegeben. Wo ‚Unfehlbarkeit' herrscht, ist wirkliche Reue unmöglich.

Die wahre Kirche ist stets unter Verfolgung gediehen und hat unter benachteiligten Minderheiten ihre meisten Früchte getragen. Die größte Bedrohung für den Griff des römischen Katholizismus und für den Ehrgeiz des Papsttums erwächst wahrscheinlich aus dem sensationellen Wachstum des Evangeliums in Latein-Amerika und Afrika, und unter den Hispanischen und anderen weniger privilegierten Bevölkerungsgruppen in den Vereinigten Staaten.

Kapitel 6

Papsttum und politische Macht

Zweifellos gewinnt das Papsttum zur Zeit rasch an Profil. Sein Public-Relation-Erfolg in den letzten Jahren war bemerkenswert. In der Nachkriegszeit lag der gute Ruf des Vatikans in Trümmern als Folge der Konkordate Pius' XI. mit Hitler, Mussolini und Franco, der offenen Sympathie Pius' XII. mit den Faschisten und seiner Gleichgültigkeit gegenüber der Not der Juden. In einem Artikel des Londoner *Evening Standard* vom 18. April 1989 behauptet der katholische irische Politiker Connor Cruise O'Brien, daß Papst Pius' XI. Versuch, den Juden zu helfen, durch seinen plötzlichen Tod vereitelt wurde, wie auch durch den anschließenden Widerstand gegen die vorgesehenen Maßnahmen sowohl seitens seines Nachfolgers, Pius' XII., als auch des Jesuiten-Generals Ledochowski.*

Doch heute ist die Aura des Beifalls um die Person des Papstes recht beachtlich und könnte sogar diejenige eines anderen römisch-katholischen Helden übertref-

* Dieser Artikel im *Evening Standard* war eine Ausnahme. In den letzten drei Jahren erschienen viele Leitartikel in den großen Zeitungen und Beilagen, die den Ruf Papst Pius' XII. rehabilitieren sollten. Die Rehabilitation dieses Papstes ist für den Katholizismus besonders wichtig, weil der Fatima-Kult durch seine „einzigartige persönliche Vision" im Jahre 1950, die von Millionen getreuer Katholiken als ein besonderes Wunder für ein ausnehmend heiliges Wesen gewertet wird, sehr gefördert wurde. Pius XII. war es auch, der, bestätigt durch seine mystische Erfahrung, im Jahre 1950 die Lehre von der Himmelfahrt Mariens verkündete und festlegte.

fen, nämlich des ersten katholischen Präsidenten der Vereinigten Staaten John F. Kennedy, der nahezu ohne echtes politisches Programm an die Macht kam und für die meiste Zeit seiner Präsidentschaft eine Art verlängerter Flitterwochen mit der Presse genoß.

Wie Johannes XXIII. hat auch Johannes Paul II. das Papsttum entmythologisiert und humanisiert, und seine Medienauftritte haben viel dazu beigetragen, Argwohn, Furcht und auch unschöne Erinnerungen zu nehmen. Seine Vergangenheit als Schauspieler hat sich in einer von Bildern bestimmten Welt als hilfreich erwiesen, wobei sein Publikum nicht immer in der Lage war, das echte Leben von der Seifenoper zu unterscheiden.

In der Tat, Ansehen und Ruf des jetzigen Papstes erscheinen über jeden Angriff erhaben. Vatikanische Skandale um einen großangelegten Betrug, Korruption sowie Mitschuld an dem Versuch, alles zu vertuschen, wurden einfach mit einem Achselzucken abgetan. Erzbischof Casimirus Marcinkus, der im Mittelpunkt der ganzen Affäre stand, wurde vom Papst mehr als sieben Jahre lang gedeckt; somit waren die italienischen Behörden gewissermaßen hilflos. Nach Berichten der *Times* (18. Juli 1987) „hob der Oberste Gerichtshof Italiens in einem überraschenden und nahezu beispiellosen Schritt die Haftbefehle gegen Marcinkus und zwei andere leitende Bankiers des Vatikan auf".

Der römisch-katholische Oxford-Professor für Logik Michael Dummet klagte den Papst an, sich der Vertuschung mitschuldig gemacht zu haben, um Marcinkus zu decken. The *Sunday Telegraph* (15. März 1987) stützte sich auf Berichte der katholischen Wochenzeitschrift *The Tablet*, als sie Prof. Dummet mit den Worten zitierte: „Die Vatikan-Bank ist in verfilzte Praktiken verstrickt, von denen der äußerst beißende Gestank der Korruption aufsteigt. In diese Praktiken sind andere Banken, die Mafia sowie die übelste Sorte von Freimaurerei verwickelt, und sie gipfelten in dem möglicherweise bizarren Selbstmord, wahrscheinlicher jedoch dem grotesken Mord an einem italienischen Bankier in London."

The Catholic Herald berichtete, es sei erwiesen, daß Roberto Calvi in London war, um Hilfe bei Opus Dei zu suchen. Es ist interessant, daß es eines italienischen Gerichtsbescheides bedurfte, um Calvis Tod als Mord einzustufen. Zwei Untersuchungen in London hatten zuvor ein unentschiedenes Urteil ergeben. Die italienische Einschätzung ist eine Bestätigung des Standpunktes von Professor Dummet und auch von Stephen Knight, der in seinem Buch *The Brotherhood* behauptete, daß der Todesfall „unentwirrbar mit der geheimnisvollen P2-Loge und der freimaurerischen Unterwanderung nicht nur der römisch-katholischen Kirche, sondern des Vatikan selbst verflochten war“. Der Mailänder Entscheid zog eine offene Anklage wegen Komplizenschaft im Mordfall Calvi nach sich, vorgebracht gegen Marcinkus von Calvis Witwe, die angab, daß ihr Mann kurz vor seinem Tode gesagt habe: „Die Priester wollen meinen Tod.“ Marcinkus trat als Direktor der Vatikan-Bank zurück, blieb aber unter dem Schutz des Papstes und genoß vatikanische Immunität. Versuche der italienischen Behörden, ihn mit den anderen wegen Betruges Angeklagten vor Gericht zu bringen, wurden vom Vatikan vom Tisch gewischt; der Papst weigerte sich kurzerhand, ihn auszuliefern.

Der Banco-Ambrosiano-Betrugsprozeß, der vor sieben Jahren begann und voraussichtlich ein bis zwei weitere Jahre andauern wird, findet statt, während dies Buch geschrieben wird. Nach Angaben des *Sunday Observer* hofft man, daß der Prozeß Licht in das Dunkel von verschwundenen 800 Millionen £ bringen wird, die zum größten Bankzusammenbruch im Nachkriegs-Europa führten: „Wie tief waren der Heilige Stuhl und der polnische Papst darin verwickelt, und warum? Die Staatsanwälte sind heute davon überzeugt, daß fast 100 Millionen nach Warschau geschmuggelt wurden, um die Solidarnosc in ihrem Kampf zu unterstützen; dieser Punkt wird gewiß in dem Prozeß zur Sprache kommen.“ In dem Artikel von William Scorbie heißt es weiter, vatikanische Quellen hätten angedeutet, daß sie um eine Antwort nicht verlegen sein werden. Wenn der Papst Walesa in dieser Weise unterstützt haben sollte, „dann, um einen Auslöser für die Freiheit in ganz Osteuropa zu schaffen“ (*The Observer*, Sonntag, 3. Juni 1990). Das Ziel wird die Mittel gerechtfertigt haben.

Es ist wahrscheinlich, daß außer der Kapitalübertragung für die Solidarnosc und andere vatikanische Unternehmungen wie diejenigen in El Salvador und Nicaragua, auch die engen Geschäftsbeziehungen der Vatikan-Bank mit der Mafia (die alle über die schillernde Person des ehemaligen Drogenschiebers Michele Sindona, eines engen Freundes von Papst Paul VI., laufen) und mit dem Großmeister der Freimaurerloge P2, Lucio Gelli, ans Licht kommen werden. Die Verbindung zu dieser Loge ist für die römische Kirche höchst peinlich. Die einflußreiche P2, von der großen Mehrheit in der Freimaurerei als eine Art Überläufer angesehen, wurde drei Jahre vor Ausbruch des Skandals aus der italienischen Freimaurerei ausgestoßen. Wie kam es dann, daß der Vatikan so tief darin verwickelt war? Enthüllungen könnte es aufgrund der vatikanischen Verstrickung mit der P2 und der Banco Ambrosiano, auch darüber geben, daß Kapital durch eine vatikaneigene Gesellschaft namens Bellatrix transferiert wurde, um die Mittel zur Beschaffung von Exocet-Raketen für Argentinien zur Verfügung zu stellen. Um solche Enthüllungen zu vermeiden, so folgerte der irische Vatikan-Beobachter Philip Power, hat der Papst möglicherweise die Notwendigkeit gesehen, sich mit der Freimaurerei auszusöhnen und zu arrangieren (*Irish Christian Assemblies*, Limerick, Ireland).

Kurz vor den Presseenthüllungen im Zusammenhang mit der P2-Loge der italienischen Freimaurerei und dem Skandal um die Vatikanbank Banco Ambrosiano wurde der päpstliche Bann der Freimaurerei im Januar 1983 plötzlich aufgehoben. Der Autor David Yellop hat weithin anerkannte Beweise dafür gesammelt, daß die italienische Nachrichtenagentur *L'Osservatore Politico* Papst Johannes Paul I. kurz vor seinem überraschenden und mysteriösen Tod im September 1978, über die Verwicklung führender Mitglieder der römischen Kurie in Geheimgesellschaften, einschließlich der P2 und anderer Freimaurerlogen, in Kenntnis gesetzt hatte. „Luciano (Johannes Paul I.) vertrat die Ansicht, daß es für einen Priester undenkbar sei, Mitglied einer Freimaurerloge zu werden. Die Liste der ‚Großen Vatikan Loge', die dem Papst überreicht wurde, enthielt die Namen von 121 bestätigten Mitgliedern der Freimaurerei, der die katholische Kirche lange Zeit unversöhnlich feindlich gegenübergestanden hatte" (*In God's Name*, S. 255-6, D. Yellop, 1984; Corgi Books).

Der römisch-katholische Autor Piers Compton schildert in seinem Buch *The Broken Cross* ausführlich die Einführung des Angelo Roncalli, des späteren Papstes Johannes XXIII., in die Gesellschaft der Rosenkreuzer (*Rose-Croix*) im Jahre 1935. Des weiteren führt er elf Kardinäle auf, einschließlich Casaroli, Suenens und Villot, sowie 75 weitere führende Prälaten der Kirche, Erzbischöfe, Bischöfe, Monsignori und päpstliche Nuntien, mit ihren Decknamen und den Daten ihrer Aufnahme in die Geheimgesellschaften.

Die Freimaurerei befürwortet alle Religionen. „Der Große Architekt des Universums", so wird gesagt, ist durch viele Mittler zugänglich, beispielsweise durch Buddha, Mohammed, Krishna oder durch Jesus Christus. Kirchen, die die Freimauerei anerkennen, leisten der ökumenischen Einheit wenig oder keinen Widerstand, und so können Freimaurerei und Katholizismus, befreit von den Schwierigkeiten der Vergangenheit, gemeinsam das Ziel verfolgen, Anführer einer Welt-Religion zu werden.

Einfluß und Autorität des Papsttums

Doch die moralische Autorität des Papstes wächst weiter, und er wird als ein großer Führer anerkannt. Der Einfluß, den er heute in der Welt ausübt, knüpft an vorreformatorische Zeiten an. Ein typisches Beispiel hierfür stammt aus einem Artikel in *Time* über den Zuluhäuptling Buthelezi: „Sein Ansehen ist so groß, daß er sich mit Papst Johannes Paul II., Präsident Reagan, Premierministerin Thatcher und anderen Führern der Weltpolitik beraten hat." Während der Geiselkrise im Libanon im August 1989 berichtete *The Times*, daß Präsident Bush sich nach der Hinrichtung des amerikanischen Oberst Higgins mit dem Papst und anderen Führern der Weltpolitik telephonisch beraten habe. Im November 1990, „als Präsident Gorbatschow den Weg nach Rom ging", wie der *Daily Telegraph* es formulierte, „war kein Spott mehr über die Größe der päpstlichen Divisionen zu hören; auch vom Opium für das Volk war keine Rede mehr ... stattdessen die Hoffnung, daß ein Besuch des Papstes in der Sowjetunion dem bedrängten Präsidenten großes Ansehen verschaffen werde" (*Daily Telegraph*, 19. Nov. 1990). Gorbatschow wurde bei diesem Besuch von 24 Beamten begleitet, einer stärkeren Delegation als derjenigen, die er zu seinem offiziellen Besuch in Italien mitbrachte.

Der Vatikan hat eine enorme diplomatische Schlagkraft. Er unterhält Vertretungen in fast jedem Land. Diplomatische Beziehungen mit Großbritannien und den Vereinigten Staaten sind gerade erst in jüngster Zeit hergestellt worden, und zwar 1982 bzw. 1984. (Die ersten beiden US-Botschafter am Vatikan, William Wilson und Frank Shakespeare, waren Mitglieder der geheimen Ritter von Malta, einer Organisation, die selbst diplomatische Beziehungen zu nicht weniger als 42 Nationen unterhält) – (*Concerned Christians*; Catholics and Charismatics; Denver, Colorado).

Keine andere ‚Kirche' hat je die Notwendigkeit verspürt, derlei zeitlichen Aktivitäten nachzugehen. Diese unbequeme Mischung aus Beichtstuhl und Diplomatenkoffer stellt eine ständige Bedrohung für die nationale Sicherheit aller Länder dar. Sie hat zweifellos zu den Problemen in Nicaragua, El Salvador und besonders in Irland beigetragen. Und doch suchen die Staatsmänner und Regierungsoberhäupter der Welt weiterhin Audienzen, um den Rat des Papstes zu weltstrategischen Fragen einzuholen. George Schutz, Amerikas Staatssekretär und wie viele der wichtigsten Mitglieder der Reagan-Administration Katholik, konsultierte den Papst vor größeren Entscheidungen und machte beispielsweise auf dem Wege zu den Nahost-Friedenskonferenzen Zwischenstop im Vatikan. Yasser Arafat hielt nach der amerikanischen Annahme der PLO-Friedensinitiative bei den Vereinten Nationen am 24. Dezember 1988 ebenfalls Einkehr im Vatikan; vermutlich ging es um mehr als nur den Weihnachtssegen. Arafat hat sich wiederholt mit dem Papst getroffen: zwei Männer mit scheinbar sehr wenigen Gemeinsamkeiten.

Es war bezeichnend, daß der 70 Jahre währende Bruch zwischen dem Kreml und dem Vatikan im Dezember 1989 mit Präsident Gorbatschows Besuch beim Papst endete. Es war Gorbatschows erste Station auf dem Weg zu seinem Gipfeltreffen mit Präsident Bush. Die Zeitschrift *Reformer* der Protestantischen Allianz sprach ein Wort der Warnung aus:

> „Es ist nicht ohne Bedeutung, daß Michail Gorbatschow in dieser Krisensituation hinging, um den Papst zu besuchen. In vielen Herzen löst dieser Schritt Ängste aus. Die Wiedervereinigung Deutschlands unter einer vom Vatikan beherrschten Partei gibt Anlaß zur Besorgnis. Wird sich die Geschichte wiederholen? Wird es wieder einen pro-vatikanischen Block in Europa geben, diesmal im Bündnis mit einem freundlich gesonnenen Rußland, mit Polen, Ungarn, Rumänien und der Tschechoslowakei im Schlepptau? Wird dies eine Wiederholung, in größerem Maßstab, der vatikanischen Unterstützung der Mittelmächte, die zum Ersten Weltkrieg führte, und der faschistischen Mächte im Zweiten Weltkrieg? Diese Fragen sind berechtigt, denn der Vatikan hat sein Ziel der Weltherrschaft nie aus den Augen verloren."

Polen und das Papsttum

Die Hauptschlagzeile des *Sunday Express* vom 6. November 1988 „Maggie sucht den Segen des Papstes" deckte auf, daß Mrs. Thatcher den außergewöhnlichen Schritt getan hatte, am Vortag ihres spektakulären Polenbesuches den Papst zu konsultieren.

Im polnischen Lodz veranschaulichte der Papst 1987 die neue Schlagkraft des Vatikans in der kommunistischen Welt, als er bei einer Open-air-Messe vor einer großen Menschenmenge den Arbeitern das Recht zusprach, sich von freien Gewerkschaften vertreten zu lassen.

Lech Walesa, neugewählter Präsident Polens und Nobelpreisträger, von der Presse als ‚eifriger Katholik' beschrieben, scheint während all der hitzigen Tage der Gründung und des Kampfes der Solidarnosc ein angenehmes Leben geführt zu haben. Er gedieh, während in der kommunistischen Zeit die Gewerkschaft wuchs, reiste frei in der Welt umher, bis seine meteorgleiche Karriere schließlich im Dezember 1990 in der Wahl zum Staatsoberhaupt gipfelte. Seine Nähe zum Katholizismus ist für jedermann ersichtlich.

Der *Evening Standard* beschrieb Walesa in einem Leitartikel zum 29. November 1989 als „einen Mann mit enormer Macht in Polen ... Er ist kein Politiker, kein Soldat, eigentlich auch kein Gewerkschaftler. Er ist in erster Linie Katholik, in zweiter Linie polnischer Nationalist. Und wenn er überhaupt Sozialist ist, dann nur in dem Sinne, daß er kein ausgesprochener Kapitalist ist".

Auf Fotos ist er häufig zusammen mit Kruzifixen und mit Bildern von der Jungfrau Maria zu sehen, oder, im Fernsehen, wie er sich bekreuzigt, oder auch in der Gesellschaft von Kardinälen und Priestern, die einstmals als Mittler zur kommunistischen Regierung fungierten. *The Associated Press* berichtete am 11. Dezember 1990, daß Walesa öffentlich der Schwarzen Madonna von Jasna Gora, auch bekannt als ‚Unsere Liebe Frau von Tschenstochau', seine Treue schwor.*

---

* Malachi Martin betont in seinem Buch *The Keys of This Blood* die Verehrung des Papstes für die Schwarze Jungfrau von Jasna Gora. Martin behauptet, daß Johannes Paul II. glaube, die Jungfrau von Jasna Gora sei der Hauptgrund für seine Wahl zum Papst gewesen. Dr. Martin schildert auch die Begegnung des Papstes mit Michail Gorbatschow am 1. Dezember 1989: „Um 11.30h vormittags führt er Gorbatschow in seine Bibliothek, weist ihm einen Sessel zu, nimmt ihm gegenüber Platz, schlägt seine Noti-

Seine enge Beziehung zur Kirche Roms mag wohl der Grund sein für die Freiheit, die Lech Walesa in den Anfangsjahren von Solidarnosc genoß; auch hierin zeigt sich das Ausmaß des Einflusses, den der Vatikan viele Jahre hindurch auf das kommunistische Regime ausgeübt hat. Diese Freiheit erinnert an diejenige, die Johannes Paul II. als Kardinal Wojtyla genossen hatte, bevor er Papst wurde. Damals war offensichtlich, daß diese Freiheit dem derzeitigen Primas Kardinal Wyszynki nicht gewährt wurde. Das französische Blatt *Didasco* brachte bald nach der Wahl Johannes Paul II. im Jahre 1978 seine Skepsis zum Ausdruck: „Niemand, der des schlüssigen Denkens fähig ist, wird unbedacht glauben, daß ein Kardinal aus einem Land hinter dem Eisernen Vorhang etwas anderes sein kann als eine Pflanze des Kommunismus.“ Wenn *Didasco* recht hat, dann verdient Wojtyla, als erfolgreichster Doppelagent aller Zeiten in die Geschichte einzugehen, war er doch maßgebend daran beteiligt, den Spieß gegen jene umzudrehen, die seine Wahl gesichert hatten. Das Kardinalskollegium der römischen Kirche war schon immer berüchtigt für seine Intrigen. Mit der Wahl des Nachfolgers für Johannes Paul I., dessen frühzeitiger Tod sich am 28. September 1978 ereignete, könnte es sich selbst übertroffen haben.

Der Vatikan hätte wahrscheinlich am liebsten Tadeusz Mazowiecki im Amt des Staatspräsidenten gesehen. Als Polens erster nicht-kommunistischer Ministerpräsident hatte er die neuen Realitäten anschaulich dargestellt, als er nach seiner Amtseinführung nicht nach Moskau, sondern nach Rom reiste. Als führende Kraft in der Solidarnosc half er Walesa und anderen, die nahezu 100 Millionen £ des Vatikans erfolgreich einzusetzen, um, wie vatikanische Sprecher es gegenüber Reportern im Banco-Ambrosiano-Betrugsprozeß ausdrückten, „den Auslöser für die Freiheit in Europa“ zu schaffen. Der weniger schillernde Mazowiecki, auch ein alter Freund von Johannes Paul II. und ehemaliger Herausgeber einer führenden katholischen Zeitschrift, wurde wahrscheinlich von Rom als derjenige angesehen, der sich im Ver-

---

zen auf und eröffnet das Gespräch. Eine Reproduktion des polnischen Nationalschatzes, der Ikone von Tschenstochau (der Schwarzen Jungfrau von Jasna Gora) mit den Hiebspuren des Tartarensäbels auf der Wange war auf einer Staffelei zur Rechten der beiden Führer aufgestellt worden, nur wenige Fuß von dem Tisch entfernt, an dem sie saßen.“

gleich mit Walesa in diesem Führungsamt wohl als verläßlicher erweisen würde. Die neue Wählerschaft war anderer Meinung. Während der Staatspräsidentenwahl, als sich deutlich abzeichnete, daß Mazowiecki aus dem Rennen war, bekundete, Berichten zufolge, die römisch-katholische Kirche verspätet ihre Unterstützung für Walesa, und Kardinal Glemp gab ihm seine einflußreiche Stimme, um durch sein Vorbild einen möglichen Überraschungssieg Tyminskis zu verhindern.

Nichtsdestoweniger weiß Lech Walesa, wieviel er dem Vatikan und dem Papst verdankt. Im Februar 1991 stattete er als neuer polnischer Staatspräsident dem Vatikan seinen dritten Besuch ab. Die römisch-katholische Zeitschrift *Universe* berichtete, daß er, vor Selbstbewußtsein strotzend, hereinrauschte, um dem Papst zu sagen: „Unser neues Polen steht zu Eurer Verfügung" (*Universe*; 10. Febr. 1991).

Die neue Freiheit Polens könnte bald wieder Vergangenheit sein. Schon jetzt gibt es erhebliche, weitverbreitete Befürchtungen hinsichtlich der Vermischung von Kirche und Staat. In einem Artikel mit der Überschrift ‚Angst vor einem Wiederaufleben des polnischen Katholizismus' macht *Newsweek* auf die Gefahr aufmerksam:

> „Die Wiederaufnahme des Religionsunterrichts an Polens öffentlichen Schulen ist nur eines der Anzeichen für die zunehmende Macht der Kirche in einem Land, das zu mehr als neunzig Prozent römisch-katholisch ist. Nach Jahren des Kampfes mit einem feindlichen Regime wurde die Religion jetzt von Polens neuen Machthabern in solcher Weise angenommen, daß die Grenzen zwischen Kirche und Staat verschwimmen. Ministerpräsident Tadeusz Mazowiecki und der Führer der Solidarnosc, Lech Walesa, nehmen regelmäßig an kirchlichen Zeremonien teil; religiöse Programme werden vom staatlichen Fernsehen ausgestrahlt; Soldaten marschieren in einer Pilgerschaft zu dem Schrein der Schwarzen Madonna, und die Anti-Abtreibungs-Gesetzgebung ist ein vorherrschendes Thema im Parlament. All das hat in manchen Polen die Frage geweckt, ob die Kirche es nicht ein wenig übertreibe ... Die Entscheidung zugunsten der religiösen Unterweisung hat schon zu manchem wütenden Meinungsaustausch veranlaßt. Kritiker erheben den Vorwurf, daß Schüler sich zur Teilnahme genötigt fühlen und daß wenige Schulen Ausweichmöglichkeiten für solche anbieten, die sich dagegen entscheiden. ‚Das geht doch von einer Form der Beeinflussung zur

nächsten', sagt Iwona Osuch, deren 14-jähriger Sohn draußen auf dem Korridor sitzt, während seine Klasse religiöse Unterweisung hat. Kardinal Josef Glemp, der polnische Primas hat die vereinzelten Proteste einer ‚sehr lautstarken Minderheit' dem Vermächtnis des kommunistischen Regimes angelastet, das ‚eine Abneigung gegen Gott' förderte" (*Newsweek*; 15. Oktober 1990).

Im Mai 1991, nur sieben Monate nach dem *Newsweek*-Leitartikel, erschien in der Konkurrenzzeitschrift *Time* ein Beitrag mit dem Titel ‚Mehr Macht für die Kanzel', der den rasanten Lauf der Dinge in Richtung Vorherrschaft der Kirche in Polen bestätigte. Wir zitieren auszugsweise:

> „... Als mit dem Antritt einer von Solidarnosc geführten Regierung der Kampf endete, ging die Kirche als Sieger hervor, fest verbündet mit einer Administration, die sie – so kann man beinahe sagen – selbst eingesetzt hat. Ein Jahr später ist die Kirche, der die 38 Millionen Polen zu 97 % angehören, allgegenwärtig und, wie so mancher es sieht, allmächtig. Bischöfe und Priester segnen die Truppen, Schulen und Fabriken. Der neugeschaffene Posten des Senior-Kaplans der Armee kommt dem Rang eines Generals gleich. Die abendlichen Nachrichten des staatseigenen Fernsehens enthalten unweigerlich einen kirchenbezogenen Beitrag der einen oder anderen Form. Am 200. Jahrestag der ersten freien Verfassung Polens verließ Lech Walesa, ein ergebener Katholik, die Feierlichkeiten im Parlament und besuchte stattdessen den nationalen Schrein der Schwarzen Madonna von Jasna Gora ... Eine Umfrage der letzten Woche zeigt, daß die Kirche als die bei weitem mächtigste nationale Einrichtung gesehen wird, stärker als die Regierung, das Präsidentenamt, das Militär, die alte kommunistische Nomenklatura, stärker sogar als die Solidarnosc. Der Aufstieg der Kirche hat bei vielen Polen ein ungutes Gefühl hinterlassen, weil sie das drohende Gespenst eines Kirchenstaates kommen sehen, regiert nach den Weisungen des Papstes Johannes Paul II., der seinem Heimatland Polen im Juni seinen vierten Besuch abstatten wird" (*Time magazine*; 20. Mai 1991).

Die Furcht, daß eine Form der Intoleranz von einer anderen abgelöst worden ist, wurde von dem englischen Evangelisten Roger Carswell in der September 89 – Ausgabe von *Evangelism Today* zum Ausdruck gebracht:

> „Die Gläubigen in Polen haben große Angst vor der Solidarnosc, weil sie voraussehen, daß sie der evangelistischen Arbeit Einschränkungen auferlegen wird. Eines der erklärten Ziele der Solidarnosc ist die Ächtung aller Religion mit Ausnahme des Katholizismus. Wir müssen für Polen beten.“

Tschechoslowakei

Protestantische Führer in der Tschechoslowakei haben ähnliche Befürchtungen zum Ausdruck gebracht; sie glauben, daß die römische Kirche die politische Situation genau wie in Polen im Griff gehabt und beeinflußt hat. Im April 1990 war die Tschechoslowakei das erste Warschauer-Pakt-Land, das der Papst außer seinem Heimatland Polen besuchte. Gerade sechs Monate zuvor hatte Kardinal Tomasek, der römisch-katholische Primas des Landes, an der Spitze von 200.000 Demonstranten gestanden, die das Ende der kommunistischen Herrschaft forderten. Er brandmarkte laut das marxistische Regime und forderte die Bestrafung seiner Machthaber. *The Observer* gab zu bedenken, daß die Ankunft des Papstes politische Bedeutung habe, da „angesichts der Tatsache, daß es nur noch sechs Wochen bis zur Wahl sind und daß die katholischen Parteien zu den bestorganisierten unter den 27 Wettbewerbern zählen, das Charisma des Papstes dem öffentlichen Image der kirchlichen Bewerber – wie manche meinen – unfaire Schützenhilfe gibt“ (*The Observer*; 22. April 1990).

Eugen Milo von der slowakisch-reformierten Kirche, Dr. Jaroslav Ondra von der evangelischen Kirche der Tschechischen Brüder und Eva Mikulecks von der Hussiten-Kirche sprachen bei ihrem Besuch in Großbritannien von ihrer Besorgnis angesichts der ehrgeizigen Pläne des Vatikans: „Die römische Kirche ist auf die neue Situation bestens vorbereitet, mit einem umfassenden Plan zur ‚Re-christianisierung‘ der Tschechoslowakei. Das Ziel ist eine ‚christliche Republik‘, d. h. eine römisch-katholische Republik. Katholikenführer arbeiten mit Hochdruck daran, Katholizismus und Nationalismus gleichzusetzen, und haben ‚alle Christen' gedrängt, die pro-katholische *Christlich-Demokratische Bewegung** zu unterstützen." Die August 1990-Ausgabe der *Christian News World* berichtet: „Nach dem Zusammenbruch der kommunistischen Gewerkschaften ist die römisch-katholische Kirche die größte Organisation in der Tschechoslowakei." Die Slowakei, zu 90% römisch-katholisch, war während des Zweiten Weltkrieges ein selbständiger, nazifreundlicher, kirchlicher Staat und erlebt auch heute wieder „starke nationalistische Empfindungen innerhalb des Bereiches der römisch-katholischen Kirche" (*Christian News World*; August 1990).

Diese nationalistischen Empfindungen haben rasch zur Trennung der Slavischen Republik von der Tschechischen Republik geführt, die am 1. Januar 1993 vollzogen wurde.

* Die erste politische Organisation, die 1990 in Albanien entstand, war die Christlich-Demokratische Partei.

Kapitel 7

Auf dem Weg zur Einheit

Der Papst hat es geschafft, das Thema der Einheit in jedem noch so politischen Gremium zur Sprache zu bringen. Es gab am 11. Oktober 1988 in Straßburg etliche, die wie der nordirische Protestantenführer Pastor Ian Paisley die Frage stellten, warum der Papst, der doch als ein geistlicher Führer gesehen wird, vor dem Europaparlament über *politische* Einheit sprach. Gegenstand seiner Rede war ein vereintes Europa vom Ural bis zum Atlantik. Wenig mehr als ein Jahr später war seine Voraussage auf dem besten Wege, in Erfüllung zu gehen. Viele Katholiken sowie andere, die sich zunehmend zum Papsttum hingezogen fühlen, glauben, der Papst habe prophetisch gesprochen. Vatikanbeobachter sind sicher, daß die römisch-katholische Kirche eine bedeutende Rolle in der Ausgestaltung der Ereignisse gespielt hat.

Gleichzeitig gibt es keinen Zweifel, daß während der Amtszeit des polnischen Papstes die katholische Kirche in Osteuropa sehr gestärkt worden ist, ganz besonders in Polen, der Tschechoslowakei und Ungarn.

Im Dezember 1988 wurde der Bischof von Berlin, Kardinal Meisner, ein in der ehemaligen DDR aufgewachsener gebürtiger Pole, zum Erzbischof von Köln und ‚Primas von Westdeutschland' gewählt. Hierfür hatte sich der Papst nachdrücklich eingesetzt. Im nachhinein kann dieser Vorgang als ein bedeutender Schritt zur Wiedervereinigung Deutschlands gesehen werden.

Der Vatikan und der Kreml

Rom formte das Arbeitsbündnis mit dem Kreml unter den Pontifikaten von Johannes XXIII. und Paul VI. in den '60er und '70er Jahren. Diese neue Beziehung wurde 1979 durch die Ernennung des ersten osteuropäischen Papstes gefestigt. Was von den Päpsten Johannes und Paul begonnen war, sollte unter Johannes Paul weitergeführt werden. Die neue Ära des Glasnost brachte Moskau und den Vatikan sogar noch näher zusammen. Eine hochrangige Abordnung von Kardinälen und Vatikanbeamten nahm an der Tausendjahrfeier der Orthodoxen Kirche in Rußland im Jahre 1988 teil, und die beiden Treffen zwischen Johannes Paul II. und Präsident Gorbatschow folgten im Dezember 1989 und November 1990, jeweils im Vatikan.

Wie bereits in dem Kapitel über die Jungfrau Maria berichtet, hat der Papst eine besondere Last für Rußland, das ‚Unsere Liebe Frau von Fatima' nach neuer römisch-katholischer Tradition ‚ihrem unbefleckten Herzen' geweiht haben möchte, verbunden mit der Verheißung, daß „Rußland bekehrt werden wird, wenn meine Weisungen befolgt werden."* Nach Angaben der Fatima-Zeitschrift fragte Schwester Lucia, welche eine der drei Fatima-Kinder war und heute noch lebt, den Herrn Jesus, warum Er Rußland nicht bekehren würde, ohne daß der Heilige Vater und die Bischöfe diese Weihe vollzögen. Jesus antwortete: „Weil ich will, daß meine ganze Kirche diese Weihe als einen Triumph des Unbefleckten Herzens Mariens erkennt, so daß sie diesen Kult später weiter ausbreiten und die Verehrung des Unbefleckten Herzens neben die Verehrung des Heiligen Herzens setzen kann" (*Fatima Crusader*; Mai 1990).

Diese Hingabe an ihr unbeflecktes Herz ist auch „eine Vorbedingung für den Weltfrieden". Malachi Martin, ehemaliger jesuitischer Professor am Pontifikalen Bibelinstitut des Vatikans und viele Jahre

---

* Einer der Vorgänger des heutigen Papstes, Pius XII. ermahnte in einer Ansprache an das portugiesische Volk im Jahre 1941, während des Vormarsches der deutschen Armee auf Moskau, die Katholiken zum Gebet für eine rasche Erfüllung der Verheißungen ‚Unserer Lieben Frau von Fatima'. Nach einer Rede Hitlers im Jahre 1942, in der dieser behauptete, Rußland sei vernichtend geschlagen, weihte Papst Pius XII. in einer Jubel-Botschaft über den Rundfunk „die ganze Welt dem unbefleckten Herzen Mariens" (*Vatican Imperialism in the Twentieth Century*; Avro Manhattan).

hindurch enger Mitarbeiter Kardinal Beas, berichtet, daß Papst Johannes Paul II. nach „ausgiebiger Prüfung“ der Dokumente, Zeugnisse und Ereignisse von Fatima und nach „nichts geringerem als einer persönlicher Mitteilung vom Himmel“ erkannt habe, daß in Fatima „ein weltpolitisches Programm mit unmittelbar einsetzendem Zeitplan“ enthüllt worden sei. Die „millenäre Endrunde ist vom Himmel her offenbart worden, mit Johannes Paul in der Rolle des Dieners des großen göttlichen Planes“ (Malachi Martin; *The Keys of This Blood*; Simon and Schuster; New York; 1990).

Der Papst ist überzeugt, daß zu seinen Lebzeiten, wie von ‚Unserer Lieben Frau von Fatima‘ vorausgesagt, ein Zeichen am Himmel geschehen werde, daß auf ihn hinweisen und ihn vor aller Welt als ihren geistlichen und moralischen Führer bestätigen werde. In einem Interview des Senders *Denver's KLTT-800 Radio* sprach Dr. Martin von drei Mächten, die um die alleinige Weltherrschaft ringen, während die Welt ihrem Untergang entgegeneilt. Die Konkurrenten seien Johannes Paul II., Michail Gorbatschow und der kapitalistische Westen. Der Sieger, so behauptet Dr. Martin, werde Johannes Paul sein. Er werde als geistlicher Führer an der Spitze einer Weltregierung stehen, mit absoluter Vollmacht in allen Grundfragen menschlichen Überlebens und menschlichen Wohlergehens. Und nicht genug damit: er werde den Sieg durch die Gnade und Kraft Mariens, und nicht durch Jesus Christus erlangen.

Der Islam und Rom

Die von den Mullahs ausgeübte politische Macht in Ländern wie den ehemaligen Sowjetrepubliken und dem Iran, die strategische Bedeutung für den Weltfrieden haben, ist furchtbar und dementsprechend ist die Reaktion des Vatikan. Fatima und Maria mit ihrer Bedeutung sowohl für Moslems als auch für Katholiken und die ‚weitgefaßten Ökumene‘ des Vatikans sind bei der Lösung dieser Probleme behilflich.

Die Umwälzungen in der moslemischen Welt während der letzten Jahre, die viele Moslems zutiefst ernüchtert und viele Tausende von ihnen zu Christus gebracht haben, waren auch der Auslöser für eine zunehmende Offenheit gegenüber der ökumenischen Bewegung. Als beispielsweise Zaki Badawi, der Direktor des moslemischen College von London, im August 1990 über Sun Myung Moon, besser bekannt als Pastor Moon von den ‚Moonies', sprach, sagte er: „Wir achten seine Vision von der Zusammenführung aller Weltreligionen."

Das *Vatikanische Sekretariat für Nicht-Christen* sandte eine Botschaft an die Moslems zum Abschluß der Fastenzeit Ramadan, die am 17. Mai 1988 endete: „Während des Monats Ramadan habt ihr euren Glauben an Gott und eure Fügung in seinen heiligen Willen gezeigt. Dieser Glaube an den einen lebendigen und wahren Gott, ein Glaube, den alle geistlichen Kinder Abrahams von dem Vater aller Gläubigen geerbt haben, vereint uns als Brüder und Schwestern in Gott und ermutigt uns, gemeinsam für Solidarität, Gerechtigkeit und Frieden unter allen Menschen einzutreten" (Kardinal Arinze; *Vatikanisches Sekretariat*; Mai 1988).

Eine Veranschaulichung der praktischen Auswirkung dieses weitgefaßten Ökumenismus der römischen Kirche ergibt sich aus dem Papstbesuch in Malawi im Mai 1989. Von den Geldern ölreicher Golfstaaten finanzierte arabische Missionare waren zu diesem Zeitpunkt in der zentralafrikanischen Nation zunehmend aktiv. Angesichts der Probleme, die daraus für die Mutterkirche erwuchsen, sagte der Papst: „Was wir brauchen, ist gegenseitige Achtung sowie gegenseitige Anerkennung dessen, was wir gemeinsam haben." Dann, in einem Gebetsgottesdienst, an dem 15 Abgeordnete verschiedener Glaubensrichtungen, einschließlich eines Moslem-Führers, teilnahmen, erklärte der Papst, daß die Kirche „einen Dialog des Herzens und des Verstandes" mit allen Religionen wünsche und gemeinsam mit ihnen am Aufbau Malawis arbeiten wolle. Die Kirche Roms meint es sehr ernst mit der inter-religiösen Ökumene.

Ein weiteres Beispiel, das die Ernsthaftigkeit veranschaulicht, mit der Rom die neue Strategie verfolgt, kommt aus Rom selbst. Dort produziert die vatikanische Gesellschaft für Massenmedien, *St. Paul Audiovisuals*, eine 26-teilige Zeichentrickversion des Koran für das arabische Fernsehen. Das Werk, das drei Jahre in Anspruch nehmen und 15 Millionen £ kosten wird, ist eine Gemeinschaftsproduktion mit der *Internationalen Islamischen Gesellschaft*.

„Wir beteiligen uns daran im Interesse der Ökumene", sagte Fr. Ligio Ermeti von *St. Paul*, der allerdings zugab, daß es an Problemen nicht fehle, vermutlich nicht zuletzt deshalb, weil der Koran alle verdammt, die glauben, daß Gott einen Sohn hat (*Catholic Herald*; 7. Juli 1989).

Das Römische Reich erneuert

Neben dem Wiedererwachen des militanten Islam war die Verbindung von Marxismus und Katholizismus eines der auffallenden Phänome der letzten dreißig Jahre. Diese ungleiche Partnerschaft brachte Religion und Revolution zusammen und stärkte die römische Kirche, als der wirtschaftliche Zusammenbruch des Ostblocks den kommunistischen Griff schwächte. Viele evangelische Christen gehen davon aus, daß wir uns dem ‚Ende der Endzeit' nähern und sind trotz der Ereignisse in Osteuropa noch immer davon überzeugt, daß der Zusammenschluß der beiden großen Weltsysteme Sozialismus und Katholizismus das gottlose Bündnis zwischen dem Tier und dem falschen Propheten aus Offenbarung 16,13 und 19,20 ist.

In einem Artikel in *The Economist* vom Dezember 1988 unter der Überschrift ‚Gemeinsamer Markt des Geistes' wird eine These entwickelt, die sich als Schlüssel für die Ereignisse am Ende des vergangenen Jahrzehnts erweisen könnte: „Zwei Ideen betörten Europa im Jahre 1988: der europäische Markt der EG und Michail Gorbatschows nebulöses Gerede von einem ‚gemeinsamen europäischen Haus'. Haltet die Augen auf, sagt unser Sonderkorrespondent im Vatikanstaat, 1989 kommt noch eine dritte Euro-Idee hinzu: diejenige des Papstes."

Die Zeitschrift *Newsweek* beschrieb die ‚Euro-Idee' in einem Artikel vom September 1987: „Der internationale Plan des Papstes ist eine utopische Vision von einem vereinten und christianisierten Europa, das sich vom Atlantischen Ozean bis an den Ural erstreckt." Papst Johannes Paul II. hat für 1991 eine europaweite Bischofskonferenz angekündigt, die eine Strategie zur Verwirklichung seiner Vision von einer Art Goldenen Zeitalters in einem christlichen Europa entwickeln soll. Dies veranlaßte die Zeitung *The European* zu der Feststellung: „Es sieht in zunehmendem Maße so aus, als werde durch das diplomatische Vorrücken des Vatikans auch die Kirche eine führende Rolle in der politischen Umgestaltung Osteuropas einnehmen."

Die Enthüllungen des Watergate-Reporters Carl Bernstein im *Time Magazine* vom Februar 1992, die sich mit der Rolle des Vatikan in Polen und seiner weiteren Rolle in der Niederwerfung des Kommunismus befassen, bestätigen dies. Wieder einmal ist es soweit, daß das Papsttum nicht nur beantragt, sondern verfügt.

Viele Menschen, nicht nur Christen, glauben, daß Europa das Zentrum eines endgültigen Weltreiches, gleichsam eines neuen Heiligen Römischen Reiches sein werde. *The European* berichtet im November 1990, daß „die Führer der Christdemokraten Belgiens, Deutschlands, Griechenlands, Italiens, Luxemburgs und der Niederlande sich für weitreichende Pläne einsetzten, die nationale Souveränität einer Bündnisregierung mit alleiniger Kontrolle über die Finanz-, Außen- und Verteidigungspolitik zu übertragen". Genau eine Woche nach Bekanntgabe dieser Pläne durch die europäischen Staatschefs wurde Margaret Thatcher, die sich diesem Vorrücken des Föderalismus so entschieden in den Weg gestellt hatte, ihrer Regierungsverantwortung enthoben.

Dieser ganze politische Umbruch, der sich so rasch ereignet hat: der offensichtliche Zusammenbruch des Sowjetreiches; die Ausbreitung der Demokratie in Osteuropa; die Bildung des beispiellosen Bündnisses der Vereinten Nationen im Golfkrieg, in dem selbst Moslems sich mit dem Westen gegen Moslems verbündeten – all diese Dinge sprechen dafür, daß die Einheit, politisch wie geistlich, in nicht allzu ferner Zukunft liegen dürfte. Die Bibel jedenfalls sagt dieses letzte große Bündnis voraus und warnt uns eingehend davor.

Europäische Einheit

Das protestantisch-reformierte Erbe unseres Landes hat uns als Nation von jeder Form einer organischen Verbindung mit römisch-katholischen Staaten bewahrt. Britische Außenpolitik hat sich Jahrhunderte hindurch vor einer Einheit gehütet und war stets darauf bedacht, das Gleichgewicht der Mächte in Europa zu halten. Vor der verhängnisvollen Unterzeichnung des *Abkommens von Rom* war die gesamte politische Linie, im Empire wie im Commonwealth, gegen jegliche Form europäischer Integration gerichtet. Margaret Thatcher stand, anders als ihr unmittelbarer Vorgänger im Amt des Premierministers, eindeutig in dieser Tradition, eifrig bemüht um die Größe der britischen Nation, dem europäischen Föderalismus zutiefst abgeneigt und auf der Hut vor den Absichten der Eurokraten in Brüssel. Ihre Auseinandersetzungen mit Jaques Delors, dem Präsidenten der Europäischen Kommission und Architekten des wachsenden europäischen Superstaates, waren von großer Schärfe gekennzeichnet.

Der römisch-katholische Herausgeber des *Sunday Telegraph*, Peregrine Worsthorne, beschrieb Jaques Delors als „Sproß einer streng katholischen französischen Familie", der „eine Art von Sozial-Katholizismus vertritt, der dem individualistischen Kapitalismus der englischsprachigen Welt gegenüber feindlich gesonnen ist" (*Sunday Telegraph*; 6. Januar 1991). Für Monsieur Delors, der im Oktober 1989 vor der Vollversammlung der katholischen Bischöfe Frankreichs in Lourdes sprach, rangiert der Sozialismus dicht hinter dem Katholizismus.

Jaques Delors ist das Produkt der katholisch-sozialen Bewegung, ebenso wie der deutsche Bundeskanzler Helmut Kohl, der ehemalige italienische Staatspräsident Andriotti, der spanische Ministerpräsident Filipe Gonzales und der ehemalige polnische Ministerpräsident Tadeusz Mazowiecki. Die katholisch-soziale Bewegung glaubt, daß „es kein edleres Ziel gibt als die Vereinigung unseres Kontinents".

Der holländische Ministerpräsident Rund Lubbers, ein strenger Katholik und Absolvent einer jesuitischen Hochschule, war der Architekt der Maastrichter Verträge zur politischen Einheit (*Catholic Herald;* 13. November 1992). Lubbers hat sich gemeinsam mit dem Föderalisten Jacques Delors, ebenfalls Jesuitenschüler, dafür eingesetzt, die Maastricht-Agenda einzuhalten, ungeachtet des wachsenden Mißtrauens gegen die Verträge unter den Völkern Europas. In Großbritannien ist trotz verlockender Rücktritts-Klauseln und „Subsidiarität" das Regierungslager geteilter Meinung.

Subsidiarität ist ein durch und durch jesuitisches Konzept, das für jeden etwas anderes bedeuten kann. Was damit gemeint ist, ging aus dem Entwurf der Maastrichter Verträge nicht klar hervor. Es wird bedeuten, was die Leute wollen, daß es bedeutet, vermutlich in erster Linie jene, die in den Zentren der Macht sitzen. Die Tatsache, daß das Konzept nicht rundweg abgelehnt worden ist, spiegelt die jämmerliche Unentschlossenheit und die mangelhafte Staatskunst unserer politischen Führer wider.

Die ‚Peterborough'-Rubrik des *Dayly Telegraph* berichtete am 14. Oktober 1989, daß der damalige Kanzler John Major inmitten allgemeiner Befürchtungen, daß Großbritannien bei der zukünftigen Finanzstrategie übergangen werde, behauptete, daß *er* den europäischen Fahrplan bestimme. „Er sprach viel von ‚Subsidiarität'. Ich dachte, dieses klobige Wort wäre nur wieder ein frisch-gemünztes Stück Euro-Jargon, doch ein katholischer Freund erzählt mir, daß es ein fester Bestandteil der Vatikansprache sei und erstmals 1931 unter Pius XI. in der Encyclica Quadragesimo Anno auftauchte – eine Herkunft, die nur den Argwohn jener schürt, die glauben, daß die Gemeinschaft schlicht das wiedererschienene Römische Reich sei."

Peregrine Worstthorne kam zu demselben Schluß. In einem Leitartikel im *Sunday Telegraph* vom August 1991 beschreibt er unter der Schlagzeile „Jetzt ein Heiliges Römisches Reich?" Johannes Paul II. als den „politischsten Papst der Neuzeit". „In dem Trend zum Föderalismus des Gemeinsamen Marktes mit der künftigen Mitgliedschaft osteuropäischer Länder, und in dem Aufruhr in der Sowjetunion mag der Papst die größte Zuwachsmöglichkeit für die politische Macht der katholischen Kirche seit dem Fall Napoleons und seit der Gegenreformation sehen ... . Wenn der europäische Föderalismus siegt, wird die EG tatsächlich ein Reich sein. Es wird keinen Kaiser haben; doch es wird den Papst haben. Es ist schwer vorstellbar, daß Wojtyla das nicht erkennt."

Dem Papsttum mag noch größeres gelingen als die Wiederaufrichtung des Heiligen Römischen Reiches. Professor Malachi Martin gibt zu bedenken: „Das Papsttum hat die besten Voraussetzungen, in jeder Weltregierung, die sich entwickeln mag, den Vorsitz zu übernehmen ... . Wenn morgen oder nächste Woche durch ein plötzliches Wunder eine Welt-Einheitsregierung aufgerichtet werden sollte, dann steht allein die römische Kirche zur Verfügung ... als die erste voll anerkannte, voll funktionierende, völlig unabhängige weltpolitische Macht in der gegenwärtigen Weltarena. Und der Papst ist definiertermaßen der erste ausgereifte geopolitische Führer."

Kapitel 11 des ersten Buches Mose beschreibt Babel, als die Menschheit noch politisch und sprachlich vereint war. Die Leute begannen, sich einen Turm zu bauen, der bis in den Himmel reichen sollte. Gott zerstreute sie und verwirrte die Sprachen, um zugleich die Einheit und die Auflehnung zunichte zu machen. Er konnte einer gefallenen Welt keine Einheit gewähren. Jegliche Einheit, die entstehen würde, wäre die Einheit des *‚Gottes dieser Welt, der den Ungläubigen den Sinn verblendet hat'* (2. Kor. 4,4), oder des Satans, den die Bibel auch den Teufel nennt. Babel wurde zu jenem Babylon, das wie ein roter Faden durch die Heilige Schrift läuft, das die Gefangenschaft des Gottesvolkes Israel verursachte und das dann später als ‚Geheimnis Babylon' die Völker der Welt dazu verführte, einem falschen, politisch-religiösen und jetzt ökonomischen Herrschaftssystem des Tieres zu huldigen, bis es schließlich untergehen wird.

> *„Denn Gott hat's ihnen ins Herz gegeben, seine Absicht auszuführen und sich einig zu werden, ihre Herrschaft dem Tier zu übergeben, bis die Worte Gottes erfüllt werden."* Offenbarung 17,17

Zeichen der Zeit

Unter einem Bild des Turmbaus zu Babel zeigt ein Werbeplakat des Europarates eine Karte des Kontinents mit dem Text: „Viele Zungen, eine Stimme". Viele Christen sehen die Europäische Gemeinschaft, die sich zusehends zu den Vereinigten Staaten von Europa entwickelt, als eine Erfüllung biblischer Prophetie und als ein Wiederaufleben einer Art Heiligen Römischen Reiches.

1989 brachte die britische Post eine Sondermarke zur Europawahl heraus, die das Bild einer leichtbekleideten Dame, ähnlich einer Hure, zeigt, die auf einem Bullen reitet. Europas Flagge besteht aus einem Kreis von 12 Sternen auf einem blauen Feld; sie erinnert durch ihre Gestaltung und Farbgebung an zahllose katholische Darstellungen der Jungfrau Maria. Eine ähnliche Abbildung, diesmal das europäische politische Bündnis darstellend, erschien im *Time Magazine* im Dezember 1991. *Time* erläuterte dazu, daß das Bild in Anlehnung an Homers Ilias Europa, die Tochter des Phoenix, zeigen sollte, wie sie, knapp bekleidet, auf Zeus in Form eines Bullen ritt.

Das Zwanzig-Pence-Stück von Gibraltar, das demjenigen Großbritannien sehr ähnlich sieht, zeigt das Bild einer Madonna mit Kind, ringförmig eingefaßt von den Worten „Our Lady of Europe" (Unsere Liebe Frau von Europa).

Das zukünftige Münzsystem für das Vereinte Europa ist der Ecu, den der *Sunday Telegraph* als ‚die ökumenische Münze' beschreibt. Drei der vier Münzen, die in Belgien geprägt werden, tragen die Abbilder historischer Staatsoberhäupter des im Heiligen Römischen Reich vereinten Europas, namentlich diejenigen Karls des Großen, Karls V. und der Habsburger Kaiserin Maria Theresia. Die vierte Münze, das 25-Ecu-Stück, zeigt den römischen Kaiser Diokletian, der zu Beginn des 4. Jahrhunderts versuchte, durch konsequente

Christenverfolgung die alte heidnische Religion wieder einzuführen. „Dies scheint eine Prophetie dessen zu sein, was auf die Vereinten Staaten von Europa zukommt", sagt *Prophecy in the News* – (JR Church, PO Box 7000, Oklahoma City, OK 7315).

Eine wohl-organisierte Öffentlichkeitskampagne hat die Habsburg-Familie wieder ins Rampenlicht der Politik in Österreich gebracht. Der letzte Kronprinz, Otto, Mitglied des Europaparlaments für die rechtsgerichtete Christlich-Soziale Union in Bayern, ist überzeugt, daß der Tag eines europäischen „Reiches" anbrechen wird. Die Kampagne zur Aufhebung der sogenannten Habsburg-Gesetze (die einem Wiederaufleben des Reiches im Wege stehen) genießt die Unterstützung einer vielgelesenen Zeitung und vieler konservativer Politiker. Otto und sein Sohn Karl sind beide in einer modernen politischen Form für die grenzenüberschreitenden Ideale ihrer Familie tätig (*Sunday Telegraph,* 22. Nov. 1992).

Die Protestantische Allianz hat die Frage gestellt: „Warum hat uns niemand darüber aufgeklärt, daß die Sterne auf der ‚europäischen Flagge' das ‚Heilige Römische Reich' darstellen sollen, während Maria als die Königin Europas hingestellt wird, die Europakommission auf eine Pilgerschaft nach Rom geht und andere Brüsseler Abgeordnete nach Santiago de Compostela reisen, nur um auf ein Jubiläum für ‚Europa' hinzuweisen ... Solche Fakten hätten dem Volk gesagt werden müssen" (*The Reformer*, Januar/Februar 1993).

Kapitel 8

Multireligiöser Glaube und New Age

Inzwischen ist die kirchliche Herrschaft des Papstes unangefochten. Auf der Weltbühne haben ihm schon mehrere aufeinanderfolgende Erzbischöfe von Canterbury wie selbstverständlich ihre Ehrerbietung bezeugt. Bezeichnend war die Schlagzeile des *Daily Telegraph* „Eine Friedenspfeife am Gebetstag des Papstes“, die sich auf den Weltgebetstag von Assisi am 27. Oktober 1986 bezog, als die kämpfenden Parteien in Nicaragua, El Salvador und anderswo ihre Waffen niederlegten. An diesem Gebetstag beteiligten sich unter anderen Erzbischof Runcie, der Dalai Lama, Hindus, Sikhs, Moslems, Bahais, Schintoisten und heidnische Kultpriester, ja selbst Schlangenanbeter aus Togo.

Obwohl die römisch-katholische Kirche offiziell nicht zu den 317 Mitgliedskirchen des Weltkirchenrates (*WCC*) zählt, sind rund 25 Prozent des *WCC*-Personals römische Katholiken.

Die führende Stellung Roms sowohl in der Friedensbewegung als auch im multireligiösen Vormarsch zur Einheitsreligion entspricht seiner zentralen Rolle im Ringen um politische Einheit. Multireligiöser Glaube kann jetzt durch die vielen diesbezüglichen Bemühungen des Vatikan getrost in enger Verknüpfung mit der Kirche Roms gesehen werden. Assisi war der Ort und die Gelegenheit, die sich dem Präsidenten des *World Wide Found for Nature*, dem Herzog von Edinburgh, als sehr geeignet anbot, die 25-Jahrfeier dieser Organisation zu inszenieren. Der Schrein des heiligen Franziskus, des sich wachsender Bedeutung erfreuenden Schutzheiligen der Tiere, spielte eine bezeichnende Rolle bei dieser Veranstaltung. Die beiden Ereignisse, das Treffen der religiösen Führer und die Jubiläumsfeier des *WWF*, fanden nacheinander statt, so daß viele Teilnehmer Gelegenheit hatten, beide zu besuchen und zu beeinflussen.

In der Folge dieser bahnbrechenden Initiative zur Vereinigung der Weltreligionen hat es eine ganze Reihe von interreligiösen Feiern und Gottesdiensten in Englands großen Kathedralen gegeben, organisiert von dem New-Age-Anhänger Martin Palmer und anderen. Die erste Veranstaltung dieser Art, in Winchester 1987, war ein Schöpfungs- und Erntefest und führte zur Gründung des ‚Regenbogenbundes' zwischen Mensch und Natur. Weitere Konferenzen mit dieser Glauben und Umwelt verknüpfenden Zielsetzung folgten in den Kathedralen von Coventry, Birmingham, Canterbury und Salisbury. Die Zusammenkunft von Canterbury im September 1989 machte es möglich, daß drei Pilgergruppen an der Stätte zusammentrafen, wo König Heinrich II. sich dem Papst unterwarf. Anschließend setzte die vereinigte Prozession, angeführt von dem bedeutenden Ökumeniker, dem Erzbischof von York, ihren Zug fort, um im Innern der Kathedrale am Schrein des Thomas Becket zu beten. So wurde auf dieser ‚Konferenz für Christentum und Ökologie' in Canterbury interreligiöser und ökumenischer Glaube als deckungsgleich gesehen und erlebt.

‚Grüne' Belange, heute politisch so bedeutsam, fanden bereits vor dem Erwachen des allgemeinen Umweltbewußtseins in den '60er Jahren die Aufmerksamkeit des Vatikans und wurden der Führungsrolle der römischen Kirche in der weltweiten Friedensbewegung eingegliedert. Das Thema des Weltfriedenstages im Jahre 1990 lautete ‚Friede mit Gott dem Schöpfer, Friede mit der gesamten Schöpfung'. In der vatikanischen Erklärung zur Ankündigung dieses Friedenstages hieß es, daß ökologische Probleme eine ‚moralische Verständigungskrise' im Verhältnis der Menschen zur Umwelt widerspiegelten.

Zu den fünf Weltreligionen, die die Erklärung von Assisi unterzeichneten, waren noch zwei weitere hinzugekommen, als sie sich 1988 den beiden Häusern des britischen Parlaments vorstellten. Wie in Assisi sprach ein Franziskaner, in diesem Falle ein Mönch, für das Christentum. Im Mai 1989 gründete der Herzog von Edinburgh im Gebäude der Vereinten Nationen in New York die ‚Internationale

Gesellschaft für geistliche Literatur', die, wie er glaubt, „einen wichtigen Beitrag zum interreligiösen Dialog leisten werde".

Ein Kommentar des evangelikalen Berichterstatters und Autoren Dave Hunt hilft uns, ein klareres Bild zu bekommen:

„Der jetzige Papst ist der Anführer der weltweiten Ökumene. Als solcher weicht er gänzlich von dem Bild des unbequemen Dogmatikers ab, der entschlossen ist, die Welt zum Katholizismus, als dessen Verkörperung er im allgemeinen gesehen wird, zu bekehren. Im Gegenteil, Johannes Paul II. hat die ersten Schritte auf die Führer der Weltreligionen zu gemacht, versichert ihnen, daß sie die gleichen Ziele anstreben wie soziale Gerechtigkeit, Bewahrung der Umwelt und Weltfrieden, gibt zu verstehen, daß ihre Gebete ebenso wirksam seien wie die der Katholiken, und hat nicht versucht, einen von ihnen zu bekehren. Es schien ihm genug, als geistlicher Führer der für den Frieden vereinten Weltreligionen anerkannt zu werden."

Doch gleichzeitig behauptet derselbe Papst weiterhin, die römische Kirche sei die Braut Christi, die *eine* wahre Kirche, einer Person hingegeben, dem Sohn des lebendigen Gottes. Was wir in diesem Abschnitt beschrieben haben, ist nicht das Verhalten einer Braut, zuchtvoll und rein; es ist das Verhalten einer Dirne, offen erkennbar als *die große Hure aus Offenbarung 17.*

Christen waren ermutigt durch die Ernennung eines erklärten Evangelikalen auf den Stuhl von Canterbury, der bei seiner Einführung die einzigartige Stellung des christlichen Evangeliums unter den Weltreligionen zu bekräftigen schien. In einer Ansprache vor Führern anderer Religionen, die in der Kathedrale von Canterbury zusammengekommen waren, sagte George Carey: „Der Glaube, den ich an Christus und Seine Gute Nachricht habe, ist so bedeutsam, daß ich gezwungen bin und die Notwendigkeit verspüre, ihn allen Menschen mitzuteilen. Doch ich denke, ich kann Ihre Geschichte anhören und Ihre Integrität wahren, auch wenn ich Ihnen wie allen Menschen den Anspruch und das Angebot meines Herrn weitergeben möchte."

Doch im Amt hat George Carey eine gänzlich andere Position eingenommen. Er widersprach den 2000 Kirchenmännern, die sich mit einer Petition an ihre Majestät, die Königin wandten und darin ihren Protest gegen den interreligiösen Commonwealth-Gottesdienst in der Westminster Abtei zum Ausdruck brachten. Im September 1992 sagte er in einer Sitzung der Konferenz Europäischer Kirchen in Prag: „Wir wagen nicht, unsere Leute in die historischen Konkurrenzkämpfe zurückfallen zu lassen. Zusammenarbeit ist das oberste Gebot."

Von konservativ-evangelischen Christen längst als „wackelig" angesehen, scheint der Erzbischof bereits jetzt „allen alles" sein zu wollen. Gewiß ist seine Befürwortung der „Evangelisch-Katholischen Allianz" in Nordirland, die den Nachweis zum Ziel hat, daß man gleichzeitig evangelisch und römisch-katholisch sein kann, eine Bestätigung hierfür.

New Age

Das vom Vaticanum II verabschiedete Rundschreiben *Nostra Aetate* enthielt folgende Aussage: „Verschiedene Religionen haben versucht, eine Antwort auf die Suche der Menschheit nach dem letzten Sinn der Schöpfung und nach der Bedeutung des menschlichen Lebensweges zu geben. Die katholische Kirche läßt das Wahre und das Gute gelten, das in all diesen Religionen zu finden ist, und sie sieht darin einen Abglanz der Wahrheit Christi, den sie als ‚den Weg, die Wahrheit und das Leben' verkündet. Sie möchte ihr möglichstes tun, um gemeinsam mit anderen Gläubigen konsequent auf dem aufzubauen, was gut ist in ihren Religionen und Kulturen."

Die allgegenwärtige New-Age-Bewegung, die 1975 an die Öffentlichkeit trat, leistete ebenfalls ihren Beitrag zur Zusammenführung der Weltreligionen, besonders durch die westliche Übernahme einzelner Aspekte hinduistischer Gedanken und Praktiken. Die römisch-katholische Kirche hat hierbei durch Anwendung ihrer Strategie zur ökumenischen und religiösen Zusammenarbeit kräftig mitgeholfen. Die gesamte Mai/Juni (1990)-Ausgabe der Zeitschrift *The Catholic World* beispielsweise war dem Buddhismus gewidmet. Zu den Beiträgen in dieser Ausgabe zählte ein Artikel mit der Überschrift ‚Buddha, als christlicher Heiliger verehrt' und eine inbrünstige Biographie ‚Seiner Heiligkeit, des Dalai Lama'. Dort heißt es, der tibetanische Buddhist hätte sich des öfteren mit Katholikenführern getroffen, so auch mit ‚seinem alten Freund', Johannes Paul II., dem er mindestens fünfmal begegnet sei, und Paul VI., mit dem er zwei Treffen gehabt habe. Wie Mutter Theresa und Lech Walesa ist auch der Dalai Lama Friedens-Nobelpreisträger. Bei seiner Einführungszeremonie als Dalai

Lama wurde er folgendermaßen betitelt: „Der Heilige, die gütige Herrlichkeit, mächtig im Wort, von hervorragendem Geist, von unbegrenzter Weisheit, im Besitz der Lehre, der Ozean" (*Chamber's Encyclopedia*; Bd. 13, S. 621).

In diesem Zusammenhang ist der Hinweis interessant, daß auf der Konferenz des *Ersten Parlaments der Weltreligionen* 1892 in Chicago das Ziel von dem weithin anerkannten indischen Mystiker Swami Vivekananda folgendermaßen zusammengefaßt wurde: „Eine Gesellschaft, in der sich westliche Wissenschaft, Sozialismus und östliche Geistlichkeit vereinigen." Das *Zweite Parlament der Weltreligionen*, fällig im Jahre 1992 im *Tempel der Verständigung*, dem Sitz der ‚geistlichen Vereinten Nationen' in Washington DC, wird die annähernde Erfüllung von Vivekanandas Prophetie feiern können.

Im Jahre 1981 sprach der Papst von der besonderen Rolle, die Rom den östlichen Religionen zumißt: „Wege müssen gefunden werden für den Dialog mit allen Religionen in aller Welt, doch ganz besonders in Asien, dieser Wiege alter Kulturen und Religionen." Neun Jahre später sagte er voraus, daß innerhalb der nächsten Jahre der Kirche ein frischer Zustrom neuen Lebens aus dem Osten zukommen werde. Wie die Katholiken im kirchlichen Ritual, so richtete auch der Papst seinen Blick nach Osten. Als er auf seiner Reise nach Seoul über Moskau flog (was einem Papst nach 85 Jahren erstmals gestattet ist), soll er ausgerufen haben: „Lux ex Oriente. Europa wird neues Licht aus dem Osten empfangen."

Ökumene, Mystik und New Age

Die führende Theosophin Annie Besant schreibt in ihrem Buch ‚Mysticism':

> „ ... Der römische Katholik bewahrte sich stets ein Wissen um den Weg und um die Methode, die höchste Erkenntnis zu erlangen. Er kennt einen erstaunlichen Namen für das Ziel dieses Weges. Normalerweise wird das Wort ‚Vereinigung' gebraucht, doch nimmst du irgendein Buch römisch-katholischer Theologie zur Hand, dann wirst du das erstaunliche Wort finden, an das ich denke: sie nennen es ‚Deifikation', die Gottwerdung des Menschen. Der Mensch wird

Gott, denn nichts Geringeres ist mit dem Wort Deifikation gemeint. Und der Hindu und der Buddhist nennen es Befreiung, die Erlösung des menschlichen Geistes aus den Fesseln, die ihn gefangen hielten, von der Materie, die seine Augen verblendete. Die Bedeutung ist dieselbe, die Methode ist dieselbe, es handelt sich um dieselbe Sache. Und so sehen wir denn, daß es im Reich des Geistes keine jener Spaltungen gibt, die auf der trennenden irdischen Ebene eine Religion von einer anderen absetzen, und wir sehen, daß der Geist vereint ist, wo die Erde mannigfaltig ist; wir sehen, daß dort, wo Glaube zur Erkenntnis wird, die Streitigkeiten verstummen und die Gewißheit der Wahrheit erkannt wird" (Annie Besant; *Mysticism*; Theosophical Publishing Society, 1914).

Es gibt in der römisch-katholischen Tradition vieles, das für das New-Age-Denken als Bereicherung gelten kann: mittelalterlicher wie moderner Mystizismus, die Schriften und Aktivitäten prominenter Katholiken sowohl der Vergangenheit als auch der Gegenwart, wie Teilhard de Chardin, Thomas Merton, Matthew Fox und Mutter Theresa; dazu die Beiträge aus Bildungseinrichtungen wie der jesuitischen Georgetown Universität, so zum Beispiel die Abhandlungen des führenden Theoretikers der Vereinigung, des Georgetown-Professors Carol Quigley.

Teilhard, ebenfalls ein jesuitischer Professor, säte viel Saat für die New-Age-Bewegung, besonders hinsichtlich der Kontrolle des Menschen über den Evolutionsprozeß. Fr. Thomas Merton trat für die Verschmelzung von Zen-Buddhismus und Christentum ein. Die schöpfungsorientierte Geistlichkeit des Dominikaners Matthew Fox gründet sich auf multireligiöse und heidnische Vorstellungen und vereinigt ‚tiefe Ökumene' und ‚tiefe Ökologie' im Rahmen des New Age. Auch Mutter Theresa hat einen größeren Beitrag zu der neuen Weltreligion geleistet. In der St. James Kirche in Piccadilli (London), die durch ihren Pfarrer Donald Reeves in einer wachsenden Beziehung zu dem New-Age-Zentrum Findhorn in Invernesshire steht, trug Mutter Theresa im Jahre 1981 erstmals öffentlich Satish Kumers hinduistisches ‚Weltgebet für den Frieden' vor, das heute weithin von ökumenischen Kirchen gesprochen wird. Mutter Theresa war Ehrengast auf ‚interkulturellen, interreligiösen Zusammenkünften' in Malta und Oxford.

Die Malta-Konferenz im Jahre 1985 zum 40. Jahrestag der Vereinten Nationen führte Vertreter religiöser Gruppierungen zusammen wie beispielsweise des Schamanismus, Kabbalismus, Okkultismus, der Friedensbewegung und der ökumenischen Bewegung. Unter den Teilnehmern waren führende Personen der New-Age-Bewegung wie die Autorin Merlyn Ferguson und der stellvertretende Sekretär der UN, General Robert Muller, sowie auch der Dalai Lama. Letzterer ist selbst Anführer einer Religion, die einzelne Elemente des Mahayana Buddhismus enthält, vermischt mit den mystischen Formeln, der Magie und dem Okkultismus des Tantrayana und des tibetanischen Schamanismus, der sich ebenfalls auf Magie und Zauberei gründet (Alan Morrison; *The Trojan Horse in the Tempel*; The Bulwark, Sept./Okt. 1989).

Ökumene und New Age

Die ökumenische Verbindung mit der New-Age-Bewegung ist offensichtlich. In ihrem Buch *The Findhorn Community* schreibt Carol Riddell, eine Bewohnerin der Findhorn Kommunität, Soziologin und Anhängerin des indischen Yogi Sai Baba: „Sufismus, Transzendentale Meditation und die gesamte christliche ökumenische Bewegung, wie sie von Taize vertreten wird, sind unsere Brüder und Schwestern im Netzwerk des Lichts" (Carol Riddell; *The Findhorn Community*, Findhorn Press).

„Zum Zeitalter des Wassermanns gehört die Neuentdeckung der weiblichen göttlichen Energie, im Gegensatz zur patriarchalen, aggressiven männlichen Energie der letzten 2000 Jahre", so heißt es in einem der vielen positiv eingestellten Leitartikel, die jetzt in der Presse erscheinen (*Sunday Telegraph*; 28. April 1991). Die Zeitschrift *Time* berichtete im Mai 1991, Gottesdienste zur Verehrung der Mutter Erde seien Teil „einer wachsenden spirituellen Bewegung in den Vereinigten Staaten. Göttinnen werden angebetet, und man ist bemüht, geistliche Ausdrucksformen zu entwickeln, die sich auf das weibliche Element konzentrieren ... Anhänger behaupten, daß in den USA mehr als 100.000 Frauen hinter der Bewegung stehen. Obwohl häufig antike Göttinnen wie Isis und Astarte angerufen werden, geschieht der Gottesdienst vornehmlich im Namen einer vagen, allgemeinen ‚Göttin', die oft als Mutter Erde oder Gaia dargestellt und mit Umweltbewußtsein in Verbindung gebracht wird" (*Time Magazine*; 6. Mai 1991). Daß die sich schnell ausbreitende Marienverehrung ihre Wurzeln in der Anbetung antiker Göttinnen sowie in anderen heidnischen Praktiken hat, haben wir bereits in einem früheren Kapitel dargelegt; solche Verbindungen scheinen sich zu bestätigen.

Die New-Age-Bewegung schreitet zweifellos an vielen Fronten voran, nicht zuletzt in der Kirche, welche „die rechte Lehre nicht ertragen kann ... weil ihnen die Ohren jücken". Viele Christen haben tiefe Züge aus dem New-Age-Trank genommen; zum Beispiel ganzheitliche Heilkunde, Hypnose, Yoga, innere Heilung, Meditation, Psychoanalyse und Bewußtseinstraining. Und viele haben neue Lehren und Ketzereien übernommen, die sich auf das humanistische und ‚positive' Denken von Teilhard, Norman Vincent Peale und anderen gründen, die der Kirche die Bedeutung eines irdischen Königreiches in der Jetztzeit beimessen, das soziale Evangelium predigen und lehren, daß die menschliche Gesellschaft für die Wiederkunft des Herrn nach den ‚Königreichs-Prinzipien' wiederaufgebaut und christianisiert werden muß.

Bryn Jones, eine führende Persönlichkeit in der *Church -Restoration-* (Wiederherstellungs-) Bewegung, verhieß seinen Anhängern Anfang des Jahres 1991: „Durch die Kraft seines Geistes werden wir alles, was gegen Gott und die Menschen steht, unter die Herrschaft Christi bringen. Gottes Kirche wird in der Endphase dieses Zeitalters die einflußreichste Gruppierung von Menschen auf Erden sein" (*Restoration Magazine*). Das ist in der Tat ein prophetisches Wort, doch wird es in der Schrift nur durch die abtrünnige Kirche in der Offenbarung Johannes erfüllt.

John Gimenez, der 1988 landesweit den Vorsitz von *Washington for Jesus* hatte, sagte vor dieser Zusammenkunft von 500.000 Menschen aus 17 christlichen Denominationen: „Wir glauben, daß es Gottes Wille ist, daß die Gerechten die Welt regieren, und wir sehen Menschen, die sich vorbereiten, Rechtsanwälte, Ärzte, Generäle, Admiräle, Präsidenten und Senatoren zu werden. Die Gerechten werden regieren, und das Volk wird sich freuen" (*Concerned Christians;* Kim Miller; Po Box 22920, Denver, Colorado 80222).

Einer der Gerechten, an die er wohl gedacht hat, war Pat Robertson, der sich in jenem Jahr um die Präsidentschaft der Vereinigten Staaten bewarb. Robertson, Leiter der angesehenen Rundfunkstation *Christian Broadcasting Network* und Führer der ‚religiösen Rechten' in den USA, schrieb 1982 in seinem Buch *The Secret Kingdom* (S. 201): „Gott sagt ganz deutlich: ‚Ich gab dem Menschen die Herrschaft über die Erde, doch er verlor sie. Jetzt brauche ich reife Söhne und Töchter, die in meinem Namen die Herrschaft über die Erde ausüben und den Satan, die Widerspenstigen und Rebellen unterwerfen. Nehmt meine Welt von jenen zurück, die sie nur mißbrauchen! Regiert so, wie ich regieren würde.'"

Diese Aussage eines so kraftvollen und einflußreichen Führers unter den amerikanischen Christen ist ein äußerst beunruhigendes Anzeichen dafür, wie sehr die Sprache der ökumenischen Christenheit derjenigen der New-Age-Bewegung entspricht. Das Zitat könnte ebensogut von einem New-Age-Philosophen stammen, der die ‚neue Ordnung' der Herrschaft und des Friedens sucht und nach ‚kleinen Göttern' Ausschau hält, die im *Zeitalter des Wassermanns* auftauchen werden und für Gott das Gericht vollziehen und den Satan sowie alle jene unterwerfen werden, die anderer Meinung sind.

Die Kirche erhält in der Bibel nicht den Auftrag, das Königreich Gottes aufzurichten, obwohl verschiedene Gruppen wie die *Church-Restoration*-Bewegung mit ihren ‚Aposteln' und ‚Propheten', *Christian Reconstruction, Latter Rain, Kingdom Now, Manifest Sons of God, Dominion, Word of Faith,* die Schulen des ‚Positiven Bekenntnisses' sowie Vertreter des sozialen Evangeliums es allesamt als die Aufgabe der Kirche betrachten, das Reich Christi für seine Wiederkunft zuzubereiten.

Vor seiner Geißelung sprach Jesus zu Pilatus: *„Mein Reich ist nicht von dieser Welt. Wäre mein Reich von dieser Welt, meine Diener würden ... kämpfen"* (Joh. 18,36). Der Missionsbefehl ist der Auftrag an die Kirche, Gläubige aus dem Reich dieser Welt herauszurufen, und nicht, die Reiche dieser Welt für Christus zurückzugewinnen.

Täuschungsmanöver

Der New-Age-Beobachter und Autor Roy Livesey ist überzeugt, daß ein Großteil dessen, was man sieht, ein sorgsam ersonnenes Täuschungsmanöver ist, um von den betrügerischen Machenschaften des Jesuitenordens und der Kirche Roms abzulenken. Beispielsweise sieht Livesey Professor Quigleys einflußreiches Buch ‚Tragödie und Hoffnung' (*Tragedy and Hope*), das sich mit dem Nachweis weltweiter Verschwörungen befaßt, als Teil einer heimlichen Irreführung an, die von dem Antichristen ablenken soll. Roy Livesey, der sich aus der New-Age-Bewegung heraus bekehrt hat, schreibt in seinem Buch *Understanding the New Age*, daß Quigleys verschwörungsorientierte Geschichtsauffassung, die so viele ähnliche Modelle in ihrem Kielwasser nach sich gezogen hat, allen verdächtigen Spuren nachgegangen ist mit Ausnahme derjenigen seines eigenen – jesuitischen – Ordens, der doch historisch gesehen als der wahrscheinlichste Übeltäter dasteht. Ein anderer Geschichtsprofessor, Norman Cohn, schreibt in seinem Buch ‚Freibrief für den Völkermord' (*Warrent for Genocide*), daß der Mythos einer jüdischen Weltverschwörung auf einen französischen Jesuiten, Abbé Barruel, zurückgeht. Er war es offenbar, der diesen Mythos in die Welt gesetzt hat, auf dem die berüchtigten ‚Protokolle aus Zion' gegründet waren.

Der Papst hat gute Voraussetzungen, als geistlicher Führer der New-Age-Bewegung in Erscheinung zu treten, die parallel zum ‚Jahrzehnt der Evangelisation' ihre Ziele absteckt für das Jahr 2000, den Beginn des ‚Wassermann-Zeitalters' oder ‚Zeitalters des Geistes'.

Wie der Vatikan hat auch die New-Age-Bewegung enge Verbindungen mit mächtigen Organisationen wie den Vereinten Nationen, der UNESCO, dem Weltkirchenrat, dem *Club of Rome*, der Trilateralen Kommission, der Bilderberg Gruppe und den Freimaurern. Andere Organisationen und Bewegungen mit politischem Programm wie die Umweltschützer und die vielen verschiedenen Friedens- und Abrüstungsgruppen dienen ebenfalls als Nebelschleier, hinter dem die Welt-Einheitsregierung und Welt-Einheitsreligion Gestalt annehmen.

Wie wir in diesem Buch bereits ausführten, findet Maria, die Mutter und jungfräuliche Königin, nahezu weltweiten Anklang. Sie spielt bereits jetzt eine gewichtige Rolle in der Zusammenführung zu einer Welt-Einheitsreligion und hat gewiß auch für New-Age-Anhänger ihre Anziehungskraft. Sie wird bereitwillig mit Mutter Erde gleichgesetzt, mit der Schöpfung aus der Sicht des Menschen und mit der heidnischen Erdgöttin Gaia. Ihre Erscheinungen von Medjugorje seit 1981 werden von Benjamin Cremes Tarazentrum als Zeichen gewertet, daß ‚Maitreya, der Christus' in diese Welt gekommen ist, der von der New-Age-Autorin Elisabeth Clare Prophet in ihrem Buch ‚Mutter Marias New-Age-Lehre und der Rosenkranz' (*Mother Mary's New Age Teaching and Rosary*) angekündigt worden war (Elisabeth C. und Mark L. Prophet; Summit University Press, 1974).

Kapitel 9

Protestantismus im Belagerungszustand

Von einem Mitglied des Vereinigten Protestantischen Rates (*United Protestant Council*, London) stammt folgende Aussage: „Wie es allein der Protestantismus ist, der einem vereinigten päpstlichen Irland im Wege steht, so ist es auch der Protestantismus – zwar mit zusehends schwindender Widerstandskraft, aber noch ausgerüstet mit der Kraft des Gebets –, der die Herrschaft des römischen Systems andernorts verhindert." Der Autor dieses Buches weiß, daß der Begriff ‚protestantisch' für viele vorbelastet ist, weil sie ihn mit den fanatischen Ausschreitungen in Verbindung bringen, die in der Presse aus Nordirland berichtet werden. Abgesehen davon, daß dort vielleicht mehr bibelgläubige Christen leben als irgendwo sonst, kann sich natürlich jeder den Namen ‚Protestant' zulegen, nur um sich den Anstrich von Ehrbarkeit zu geben. Ebenso wie im Libanon wird der Ausdruck ‚christlich' weithin von politischen Parteien und Splittergruppen sowie von militärischen Organisationen mißbraucht. Die rachsüchtigen Terroristen bringen den Begriff ‚protestantisch' in völligen Mißkredit und beugen sich in keiner Weise Christus und seinem Wort. Der Name ‚evangelisch' hat auch nicht mehr die Bedeutung von einst, bezeichnet er doch jetzt all jene, die gerade eben so viel gesunde Lehre aufzunehmen bereit sind, wie sie mit ihrer eigenen Weltanschauung in Einklang bringen können.

Medienmanipulation

Während die römische ‚Sonne' aufging, verblaßte gleichzeitig das protestantische Licht. Unmerklich und verborgen ist der protestantische Charakter des anglikanischen und freikirchlichen Glaubens im öffentlichen Bewußtsein untergraben worden. Protestantismus ist für viele ein Schmähwort geworden, beschmutzt durch die Gewalt und die Phrasendrescherei nordirischer Politiker; aber die Kunstfertigkeit, mit der die römisch-katholische Kirche anhand ihrer langgeübten und viel bewunderten Kontrolle über Information und ‚Des-Information', die Medien manipuliert, ist auf dem Gebiet der Öffentlichkeitsarbeit einmalig.

Wie der Apostel Johannes es in Offenbarung 17,6 ausdrückt: *„Und ich staunte, als ich sie sah, mit großem Staunen."* So sind beispielsweise sehr oft die religiösen Helden auf der Bühne, in Film, Fernsehen und Radio römisch-katholische Priester und Nonnen. Vor nicht allzu langer Zeit war es ein Ereignis, Nonnen in der Öffentlichkeit zu sehen; per Definition waren sie gewöhnlich vor den Blicken verborgen. Jetzt sehen wir sie ganz offen und häufig in den Medien, wie sie Billiard spielen, unternehmerische Fähigkeiten entwickeln, sich bewähren, ihre Rechte und das, was recht ist, verteidigen.

In gleicher Weise scheint die Medien-Berichterstattung bei wichtigen Ereignissen und nationalen Tragödien in zunehmendem Maß den römisch-katholischen Glauben in den Vordergrund zu stellen. Leitartikel in der einflußreichen Presse, Sonntagsgottesdienste im Fernsehen, religiöse Programme und Hörspiele im BBC-Rundfunk – sie alle scheinen in dieselbe ‚ökumenische' Richtung zu laufen.

Wir können davon ausgehen, daß dieser Trend anhält und sogar noch zunimmt, nachdem kürzlich der Jesuitenschüler Stephen Whittle auf den Posten des Programmdirektors für religiöse Sendungen im BBC-Fernsehen berufen wurde. In einem Interview mit der römisch-katholischen Zeitung *The Universe* äußerte er sich begeistert über die „enorme Medienwirksamkeit der katholischen Kirche" oder über die „sagenhaften *‚Songs of Praise'* (‚Loblieder', ein Serienprogramm, d. Übers.), die zu Ostern aus der Westminster-Kathedrale unter der Leitung von Kardinal Hume gesendet wurden". Er sprach auch von „den Sendungen über das Gebet, die von Fr. Gerry Hughes (einem Jesuiten!) entwickelt wurden", und davon, daß „für ihn die Eucharistie das Herz des Christentums" ist (*The Universe*, 23. April 1989).

Mit zunehmender Etablierung der charismatischen Bewegung, treten katholische Charismatiker wie Charles Whitehead, Jesuitenschüler und Koordinator der charismatischen Erneuerung in England und Wales, erstmals durch das Fernsehen und andere Medien an die Öffentlichkeit. In einem Artikel in *The Sunday Telegraph* vom März 1991 wird der Standpunkt vertreten, daß mit George Carey als Erzbischof von Canterbury die charismatische Bewegung – ohnehin schon im Vormarsch begriffen – wahrscheinlich binnen kurzem „zum Establishment der englischen Staatskirche" gehören werde. Somit können wir wohl für die Zukunft davon ausgehen, daß in den religiösen Sendungen des Fernsehens und Rundfunks in zunehmendem Maße ökumenische Führer wie Charles Whitehead und David Alton zu Wort kommen werden.

Weihnachten 1990 veranschaulichte die Tendenz zu römisch-katholischen Gottesdiensten im Fernsehen. Vier von sieben Sendungen vom 24. bis 26. Dezember, die etwas mit Christentum zu tun hatten, waren in römisch-katholischen Kirchen gefilmt worden oder behandelten die Lebensgeschichte römisch-katholischer Geistlicher.

Die Weihnachtsausgabe des *Sunday Times* Magazins vom 24. Dezember 1988 konzentrierte sich auf das Thema ‚Wer war Jesus?'. Die Titelseite zeigte die Jungfrau Maria auf ihrem Thron als Himmelskönigin mit einer Krone auf dem Haupt, geschmückt mit funkelnden Juwelen, den flachsblonden Säugling Jesus auf dem Arm haltend. Im Innenteil – unter der Überschrift ‚Was ist los mit der Christenheit? – schrieb der berühmte Romanschriftsteller und Katholik Anthony Burgess, Autor von ‚Uhrwerk Orange', in einer Weise, als bildeten die römischen Katholiken nicht die Minderheit, sondern die Mehrheit in diesem Land.

Andere Katholiken, prominente Persönlichkeiten, deren Anspruch auf Ruhm keinerlei ersichtliche Verbindung mit ihrer Religion hat, lassen sich in den Medien lang und breit über den römisch-katholischen Glauben aus. Ein Beispiel dafür waren die Enthüllungen über den Glauben des Romanschreibers und abgefallenen Katholiken Graham Greene in mehreren Zeitungen anläßlich seines 85. Geburtstages im Jahre 1989. Der verblüffende Aspekt dieser Artikel war der offensichtliche Schluß, daß Greene, der sich selbst als „katholischen Agnostiker" hinstellt, einen geringen bis gar keinen Glauben hatte. Einige seiner Romane behandeln die Themenkreise Glauben und Schuld und zeigen mehr die Erlebnisse des Autors mit dem Katholizismus, den er für „näher an der Wahrheit als andere Religionen der Welt" hielt, als seine Treue ihm gegenüber. Der Artikel im *Observer* zitiert eine andere große Zeitung, die ihn als „möglicherweise weltberühmtesten katholischen Laien" hinstellt, und kommt am Ende des Beitrages zu dem Schluß, daß „Ernsthaftigkeit diejenige Eigenschaft ist, die auf Mr. Greenes Christentum auf keinen Fall zutrifft" (*The Observer*, 8. Okt. 1989). Doch als Graham Greene 1991 starb, wurde in den Tagesmeldungen zuallermeist hervorgehoben, daß er zum Katholizismus konvertiert war.

Ebenso wie der *World Wide Found for Nature* für seine interreligiösen Vorstöße Franziskaner als Repräsentanten des Christentums aussuchte, so entschieden sich auch die Fernsehgesellschaften für einen römischen Katholiken als Sprecher für die Christenheit während des Golfkrieges Ende 1990. Ihre Wahl traf den streng katholischen Brigadekommandeur Hammerbeck. Doch der *Daily Telegraph* kommentiert: „In seiner letzten Ansprache vor den Truppen entschloß sich der Brigadekommandeur, lieber aus dem Evangelium gemäß dem ‚Krieg der Sterne' zu zitieren anstatt aus der Bibel. ‚Die Kraft ist mit uns', versicherte er der Stabskompanie der *Royal Scots*. ‚Gott segne euch alle. Wir werden unsere Pflicht erledigen'" (*Daily Telegraph*, 4. Februar 1991).

Der Dichter Gerald Manley Hopkins ist zu verschiedenen Anlässen in den Medien besprochen worden, wobei die Betonung mehr auf seine Verdienste um den Jesuitenorden als auf seinen Beitrag zur englischen Dichtkunst gelegt wurde. Die ‚Geistlichen Übungen' des Ignatius von Loyola, bibelgläubigen Christen aus tiefstem Herzen zuwider, aber von großer Bedeutung für den katholischen Glauben des Dichters, haben in dem Zusammenhang eine beachtliche Sendezeit bekommen.

Heimlich, aber bestimmt, von sehr wenigen bemerkt, sind die Praktiken der römischen Kirche, einschließlich der Messe, des Rosenkranzes, der Gebete für die Toten, der Gebete zu den Heiligen und zu Maria, zu Standbildern und Ikonen, mehr und mehr in Gebrauch gekommen und werden im Verständnis der Leser, Zuschauer und Hörer mit Christentum gleichgesetzt. In einem solchen Klima gelten jene, die solche Praktiken bekämpfen, als aus dem Tritt gekommen, für unvernünftig und intolerant.

Protestantismus und bibelgläubiges Christentum kommen in den Medien nicht annähernd so gut weg. Der ehemalige Vorsitzende der Freien Kirche Schottlands Angus Smith kommentiert all diese Machenschaften auf seine gewohnt direkte Art: „Die bigotteste aller Kirchen der Welt hat den Protestantismus mit Propaganda gegen Bigotterie erstickt“ (aus einer Rede auf der Jahresversammlung der Free Church of Scotland 1981).

Protestantische Veröffentlichungen werden in den Medien weder besprochen, noch wird über die Sorgen und Warnungen der Protestanten berichtet, es sei denn, es entsteht daraus eine dramatische öffentliche Auseinandersetzung. Es ist zu befürchten, daß als Folge der Salmon-Rushdie-Affäre eine Änderung des Blasphemie-Gesetzes dazu benutzt werden könnte, die Verbreitung von Büchern, Kassetten und Traktaten zu verhindern, die vor den Gefahren der interkonfessionellen und interreligiösen Ökumene warnen. Ein solches Gesetz wäre eine Aufhebung der Freiheiten, die aus der Reformation stammen und die im *Bill of Rights* (1689) und in der Toleranzakte verankert wurden und dann zum viel-mißbrauchten Katholiken-Befreiungs-Gesetz (*Catholic Emancipation Act*) führten.

Der Generalsekretär der ‚Schottischen Reformations-Gesellschaft‘ Sinclair Horne vertrat 1981 in einer Rede vor einer Versammlung seiner Gesellschaft die Ansicht, daß „die meisten leitenden Herausgeber unserer Zeitungen und die meisten Fernsehproduzenten römische Katholiken sind“.

Gewiß gilt das zehn Jahre später noch immer für einen sehr großen Teil der Herausgeber, Eigentümer, religiösen Korrespondenten und leitenden Kommentatoren der Presse. Als im britischen Unterhaus zum Anlaß der Gründung von *Spirit of '88* (einer Initiative zum Gedenken der bedeutenden 1988 zu begehenden Jahrestage unseres protestantischen Erbes wie der Übergabe der englischen Bibel an alle Kirchen, der Befreiung von der Spanischen Armada und der ‚Glorreichen Revolution‘) eine Pressekonferenz stattfand, waren Journalisten vieler landesweiter Zeitungen zugegen, und bekannte Kirchenmänner standen auf der Rednerliste. Doch nicht ein einziges Wort wurde gedruckt. Ein junger Reporter einer führenden Tageszeitung sagte, daß er „verwundert war über die Entscheidung seines Herausgebers, den Artikel, den er vorbereitet hatte, zu streichen“.

Im krassen Gegensatz dazu werden vatikanische Pressemeldungen in voller Länge gedruckt und oft noch von Herausgeberseite bekräftigt. Solche Meldungen enthalten häufig Material, das zur sorgsam erarbeiteten Linie beiträgt, die der Vatikan in einer bestimmten Sache verfolgt. Zum Beispiel die Beteuerung seiner Armut zur Widerlegung ‚übertriebener Märchen' von seinem großen Reichtum sorgt regelmäßig für Schlagzeilen in der Presse.

Zum Thema Kircheneinheit erschienen gelegentliche Artikel während der Gipfeltreffen und -verhandlungen, um das ökumenische Boot zu schaukeln und dem Vatikan gehörig unter die Arme zu greifen. Angeblich kommen diese Meldungen aus ‚inoffiziellen vatikanischen Quellen', als seien sie durchgesickert, doch Vatikanbeobachter bestreiten, daß so etwas vorkommt. Zum Beispiel meldete *The Mail on Sunday* am Ostertag 1989 in Riesenschlagzeilen: „KRISE, WEIL DER PAPST RUNCIE BESCHULDIGT – Der Primas fliegt zum Vatikan, um die Einheitsgespräche der Kirchen zu retten." Solch effektvolle Berichterstattung stützt zweifellos Roms Verhandlungsposition und stärkt im augenblicklichen Klima unweigerlich seine Hand.

Die Rolle des Papstes als Friedensstifter könnte wohl kaum eine freundlichere Berichterstattung in den Medien genießen. Und wenn er eine politische Haltung einnimmt, die im Westen höchst unpopulär ist, wie seine strenge Kritik an der Entscheidung der Aliierten, gegen Saddam Hussein Krieg zu führen, scheint das nicht ins öffentliche Bewußtsein zu dringen, und so entgeht er der Schmach.

Es gibt in Hatch End (Middlesex) ein römisch-katholisches Ausbildungszentrum, in dem sich „die wahrscheinlich bestausgestatteten Fernsehstudios der ganzen Welt" befinden und dessen spezielle Aufgabe darin besteht, Produzenten, Direktoren, Moderatoren, Priester und Nonnen für das Fernsehen auszubilden und zuzurüsten. „Die römisch-katholische Kirche unterhält in der Tat ein ganzes Heer von Medienpersönlichkeiten", berichtet die protestantische Zeitung *Orange Standard* (März 1991). Das Rundfunk- und Fernsehzentrum hat zum Direktor einen Mann namens Dr. James McDonnell, der „zuvor Projektleiter am jesuiten-eigenen Studienzentrum für Kommunikation und Kultur" war (*Daily Telegraph*, 6 Februar 1990).

Lumen 2000, der Medienzweig von *Evangelisation 2000*, dem ‚Jahrzehnt der Evangelisation', ist nach Angaben des *Catholic Herald* „eine religiöse Mammuttournee mit der Vision, päpstliche Messen, Botschaften und Bilder in alle Winkel der fünf Erdteile auszustrahlen".

Lumen 2000, dessen Aktivitäten 1987 in Rom begannen, hatte seine erste größere Ausstrahlung, als 1987 die Eröffnung des *Marianischen Jahres* über 18 Satelliten einem Publikum von zwei Milliarden Menschen zugänglich gemacht wurde (*Evangelical Times*, Febr. 1991).

Die Öffentlichkeitsarbeit für *Evangelisation 2000* wird von Richard Pollen geleitet, dem Hauptgeschäftsführer einer von ihm gegründeten Werbeagentur. Pollens Instruktion vom Vatikan lautet, bis zum Dezember des Jahres 2000 so viele Ungläubige wie möglich zum Christentum, vorzugsweise zur römisch-katholischen Kirche, zu bekehren.

‚Catholic Action'

Parallel und ergänzend zur offensiven Öffentlichkeitsarbeit gibt es das, was die schottische evangelische Zeitschrift *Bulwark* die ‚Macht von *Catholic Action*' nennt. „Kürzlich hat jemand gesagt: ‚Rom lacht, wenn man sich lediglich auf der theologischen Ebene mit seinem Einfluß auseinandersetzt; denn es weiß, daß es seinen wirklichen Aufstieg der Art und Weise zu verdanken hat, wie es die Fäden politischer Macht ziehen und Situationen zu seinem Vorteil kehren kann ... Nur wenige wissen, wie sorgfältig *Catholic Action* durchorganisiert ist, und nur, wenn jemand, der einmal in dieser Bewegung gewesen ist, von ihren Grundsätzen und Methoden erzählt, kann ihre wahre Macht und Reichweite erfaßt werden. Jeder Bereich unserer Gesellschaft ist infiltriert von diesen Agenten, die von der Kirche für ihre Arbeit bestens ausgebildet, bezahlt und ausgerüstet werden. Ihr größtes Werk liegt vielleicht im Bereich der Politik, wo es ihr Anliegen ist, Gesetze durchzubringen, die der Sache des römischen Katholizismus im Lande förderlich sind."

The Bulwark zeigt auf, wie es *Catholic Action* gelungen ist, dafür zu sorgen, daß Gesetze vom Parlament verabschiedet werden, die der römisch-katholischen Kirche trotz ihres Minderheitenstatus im Lande sehr dienlich sind. „Was bei der Untersuchung dieser Fälle von Gesetzgebung besonders ins Auge fällt, ist die Tatsache, daß zu Zeiten großer politischer und wirtschaftlicher Belastung, wenn die Menschen mit völlig anderen Dingen befaßt waren, Rom eingriff und die Situation zu seinem Vorteil nutzte" (*The Bulwark*; 17 George IV. Bridge, Edinburgh).

Erziehung

Das Erziehungsgesetz (*Education Act*) von 1918 schuf eine Art religiöser Apartheid, indem es neben dem Staatssystem konfessionsgebundene Schulen vorsah. Der römische Katholizismus ist als die ‚*eine* wahre Kirche' überall bestrebt, die gesamte Erziehung zu kontrollieren, sei es nun innerhalb seines Mitglieder-Verbandes oder auch außerhalb. Papst Pius XI. erklärte 1929 in seiner Enzyklika ‚Von der Erziehung der Jugend': „Was die Reichweite der erzieherischen Mission der Kirche anbelangt, so erstreckt sie sich ohne Einschränkungen auf alle Menschen gemäß dem Befehl Christi: ‚Lehret alle Völker!' Und es gibt keine Macht, die sich dem widersetzen oder es verhindern kann." Papst Johannes XXIII. sagte am 30. Dezember 1959 sinngemäß das gleiche. Wie Professor Loraine Boettner in seinem gut fundierten Buch *Roman Catholicism* darlegt:

> „Die römische Kirche zögert nicht, selbst in protestantischen und demokratischen Staaten offen zu behaupten, daß die Erziehung ausschließlich Aufgabe der römischen Kirche sei, wie sie ja auch tatsächlich den Anspruch erhebt, daß Predigt und Sakramentsverwaltung einzig und allein Aufgaben der römischen Kirche seien. Dieser Anspruch bedeutet weiter, daß Erziehung allen außerhalb der römischen Kirche stehenden Personen zu verweigern sei oder Kindern von nicht-katholischen Eltern nur unter der Bedingung gewährt werden sollte, daß sie von römisch-katholischen Lehrern unterwiesen werden. Diesen Grundsatz verwirklicht die römische Kirche dort, wo sie die Herrschaft hat; er ist ein weiteres Mittel, ihrer Macht über die Menschen Geltung zu verschaffen."
>
> „Das von der römischen Kirche angestrebte Ideal ist in Spanien zu finden, wo unter einem Konkordat mit dem Vatikan die Schulen von der Regierung finanziert werden, während die Kirche den Lehrplan überwacht, die Lehrer auswählt und die Verwaltung der Schulen leitet. Protestantische Schulen sind immer verboten gewesen. Wie könnte irgend jemand meinen, daß die römisch-katholische Kirche dort, wo sie die Macht hat, mit weniger zufrieden wäre?" (Loraine Boettner; *Roman Catholicism*, Banner of Truth Trust, 1962).

Die Königin und ihr Eid

Die meisten Briten sind sich heute der Tatsache nicht mehr bewußt, daß der Krönungseid lange Zeit zur Verteidigung und zum Schutz unseres protestantischen Glaubens diente, nämlich dadurch daß „der souveräne Landesherr nach besten Kräften die im Gesetz verankerte *protestantisch-reformierte Religion* aufrechterhält".

Der Grund dafür liegt teilweise darin, daß Ihre Majestät die Königin von ihrem Eid in einem solchen Maße abgewichen ist, daß sie heute nicht einmal mehr das verteidigt, was man landläufig als Christentum bezeichnet, geschweige denn den protestantisch-reformierten Glauben. Der Korrespondent für Kirchenfragen beim *Daily Telegraph* Damian Thompson berichtete in einem Artikel unter der Schlagzeile „Königliche Billigung des Koran in der Abtei", daß die Königin und der Prinz von Wales unpassenderweise in der Westminster Abtei aufmerksam zuhörten, als führende Moslems, Hindus, Sikhs und Buddhisten zur Eröffnung des Commonwealth-Tages 1991 aus den heiligen Schriften ihrer Religionen lasen und sangen. Der Tag verlief weiter in gewohnt multireligiöser Atmosphäre. Manche Beobachter sehen in der Gegenwart des Prinzen und der Königin ein deutliches Zeichen ihrer Ablehnung des Protestes radikaler Christen, insbesondere einer von dem Anglikaner Tony Higton organisierten Unterschriftenliste (*Daily Telegraph*; 12. März 1991).

Angesichts der Unterstützung der ‚Internationalen Stiftung für geistliche Literatur' durch den Herzog von Edinburgh und angesichts des kräftigen Beifalls der Königin für multireligiöse Gottesdienste, angesichts ferner der sehr öffentlichen Liebäugelei des Prinzen Charles mit dem New-Age-Gedankengut drängt sich die Notwendigkeit auf, den Krönungseid dem Parlament und der Nation neu ins Bewußtsein zu rücken.

Nordirland und die IRA

Viele Menschen in Nordirland sind sich der Tatsache nicht mehr bewußt, daß sowohl im königlichen Eid als auch in der Verfassung des Landes die Verantwortung formuliert ist, den gesetzlich verankerten protestantisch-reformierten Glauben aufrechtzuerhalten.

Wir können die Ausschreitungen seitens der protestantischen Reaktion nicht dulden; doch können diese Menschen in Ulster einfach nicht verstehen, warum der Vatikan keine entschiedenen Schritte gegen die IRA-Terroristen unternimmt. Viele von ihnen führen ins Feld, daß ein Wort des Papstes an die Priesterschaft, die Androhung der Exkommunikation für die Mörder Unschuldiger und die Entscheidung, keine Begräbnisfeiern mehr für tote Terroristen durchzuführen, rasch Frieden in Irland schaffen würden. Das Ausbleiben solcher Sanktionen ist zumindest bezeichnend. Der Herausgeber des *Sunday Telegraph* Peregrene Worsthorne brachte in seinem Leitartikel ‚Das häßliche Gesicht des Islam' im Februar 1991 denselben Gedanken zum Ausdruck: „Seit Jahren hat es keine glaubwürdige islamische Verurteilung des Terrorismus gegeben. Dasselbe könnte man über die Einstellung der römisch-katholischen Kirche zum Terrorismus in Irland sagen."

The International Herald Tribune enthüllte, daß Ian Paisley 1988 in Straßburg dem Papst vorwarf, Kruzifixe an die hungerstreikenden IRA-Häftlinge gesandt zu haben (*The International Herald Tribune*; 12. Okt. 1988). Diese Meldung wurde damals nur von einer einzigen britischen Zeitung veröffentlicht und wurde bis zum heutigen Tag nicht dementiert. Während der Hungerstreiks im April 1981 griff der Vatikan sehr zu Ungunsten der britischen Regierung in den politischen Prozeß ein. An diesem Eingreifen waren Kardinal Caseroli (Staatssekretär am Vatikan), Kardinal Magee (Privatsekretär des Papstes), die Kardinäle Hume von England und O'Faich von Belgien, die päpstlichen Nuntien von Großbritannien und Irland, sowie Vertreter der britischen Regierung beteiligt (*Pontiff*; G. Thomas & M. Morgan-Witts, 1983).

Viele, denen die schlimmen Verhältnisse in Ulster nahegehen, fragen sich, wieso die Medien so oft römisch-katholische Prälaten als Sprecher für die öffentliche Empörung und die Verurteilung des IRA-Terrorismus zu Wort kommen lassen, zumal es zahlreiche Priester gibt, die den Terrorismus zu befürworten scheinen. Um ein Beispiel zu bringen: Der *Sunday Express* zitierte den Nachruf des Fr. Brian McNeice anläßlich der Requiem-Messe für den IRA-Massenmörder Patrick Kelly: „Er war ein aufrichtiger und treuer Mann, der seine Familie, seine irische Kultur, seinen Glauben und sein Land liebte."

Die Menschen fragen sich auch, warum ein Priester, der offensichtlich tief in den IRA-Terrorismus verstrickt war, völlig ungeschoren davonkommen konnte. Das Verhalten der Regierungen Belgiens und Irlands, zweier Länder, die zu den katholischsten Europas zählen, lassen im Zusammenhang mit der Auslieferung Patrick Ryans nach seinem Hungerstreik wiederum den langen Arm Roms erkennen. Viele Leute sind verwundert und erschüttert darüber, wie wenig Beachtung die sensationelle Enthüllung in der britischen Presse findet, daß der ehemalige Priester die Vatikan-Bank zum Schmuggeln von IRA-Geldern benutzt hat. Die *Sunday Times* brachte am 4. Dezember 1988 einen kurzen Bericht darüber, daß der britische Geheimdienst ein IRA-Netzwerk aufgedeckt habe, in das auch Ryan verwickelt sei und das weltweit Banken der katholischen Kirche unterwandert und benutzt habe. Etliche zehn Millionen £ seien durch Konten von Terroristen geschleust worden, um von der IRA gesteuerte Firmen zu finanzieren. Patrick Ryan hat gegen die britische Regierung eine Verleumdungsklage über 1 Million £ eingereicht, weil in Irland erlassene Gerichtsurteile unter europäischem Recht in Großbritannien eingeklagt werden können. Die Zeitungen, so berichtet die *Sunday Times*, haben – zweifellos aufgrund von Informationen aus Regierungskreisen – Aussagen gemacht, die sie jetzt nicht verteidigen können. Das kann sie Millionen kosten, die ohne Zweifel unmittelbar in die Taschen der IRA wandern würden. Der Leser wird mir zustimmen, daß die Arbeit der Sicherheitspolizei und anderer Geheimdienste zuweilen sehr demoralisierend sein kann.

Einige, deren Gedächtnis so weit zurückreicht, können erstaunliche Parallelen zu einer ähnlichen Nachrichtenunterdrückung erkennen, die auf eine größere Enthüllung in *The Irish Press* vom 26. Mai 1933 folgte. Der Artikel berichtete (erstmals nach 17 Jahren), wie Papst Benedikt XV. drei Wochen vor dem Oster-Aufstand von 1916 eine Gesandtschaft des Vorstandes der Irischen Voluntäre, angeführt von George Noble, empfing. Einzelheiten des Aufstandes wurden mit dem Papst besprochen, der dann „den Männern, die für Irlands Freiheit ihr Leben riskierten, seinen apostolischen Segen gab".

Die Enthüllung in *The Irish Press* deckte auf, daß die Segnung des irischen Aufstandes zeitlich mit dem Empfang des britischen Gesandten am Vatikan zusammenfiel. Zeitgenössische Beobachter hätten es passend gefunden, wenn die gesamte Presse des Landes sich zu einem Aufschrei der Empörung gegen solch eine Heuchelei vereinigt hätte. Doch nicht ein Wort! Befremdenderweise – wie 1988 im Falle von Ryan – meldeten nur *The Times* und vielleicht zwei weitere Zeitungen den Vorfall um einen Tag verspätet und ohne jeglichen Kommentar. Die Nachricht wurde schlichtweg unterdrückt.

Ein weiteres Beispiel einer offensichtlichen Nachrichtenunterdrückung, von der ein klarer Nachweis vorliegt, bezieht sich auf den Vorfall, als R. H. S. Crossman, damals Oxford-Dozent und später Minister in Harold Wilsons Regierung, im Jahre 1934 als BBC-Korrespondent aus Berlin berichtete. Er beschrieb die unruhigen Verhältnisse in Deutschland und Österreich nach Hitlers großer Säuberungswelle und sagte, daß, wo immer er hinkam, die Menschen sich entrüstet darüber beklagten, daß ‚der Papst hinter all dem Aufruhr stehe'. Sowie er den Papst erwähnte, war absolute Funkstille im Radio. Crossmans Bericht wurde von *The Listener* gar nicht erst gesendet. Etliche Bürger schrieben an die BBC mit der Bitte, ihnen Kopien des vollständigen Berichts zuzusenden, doch wurde ihnen jede weitere Information verweigert (Albert Close; *Jesuit Plots from Elisabethan to Modern Times*; Protestant Truth Society).

Wenn solche Nachrichten unter die Sicherheitsbestimmungen fallen, dann stellt sich die große Frage: Wer macht die Bestimmungen, und für wen?

Kapitel 10

Unter der Oberfläche des Vatikans

Der politische und ökumenische Dialog wird weltweit ununterbrochen fortgesetzt. Man vermag sich des unguten Gefühls nicht zu erwehren, vom Einsatz der Machtmittel nur die Spitze des Eisberges sehen zu können. Ein Schimmer davon, was unter der Oberfläche lauert, kommt von Zeit zu Zeit zutage.

The Economist schrieb im Dezember 1988: „Die katholische Kirche war maßgebend an dem Kampf beteiligt, der zum Sturz der Diktatur Ferdinand Marcos' führte" (*The Economist*; 24. Dezember 1988).

The Evening Standard berichtete im Zusammenhang mit dem Treffen der ökumenischen Führer, das 1986 in Assisi stattfand: „Guerillagruppen und Milizen in mindestens zehn verschiedenen Ländern erklärten sich bereit, den 24stündigen Frieden des Papstes einzuhalten" (*The Evening Standard*; 27. Okt. 1986). Diese außerordentliche Machtausübung über den Frieden scheint ein Vorgeschmack auf die Erfüllung der marianischen Prophezeiung von Fatima zu sein, dieser Vision, die für Johannes Paul II. eine so große Rolle spielt. Er glaubt, daß die Jungfrau Maria erneut erscheinen werde, mit großen Zeichen und Wundern, um die Welt von der geistlichen Führungsrolle des Papstes als Vorboten einer Friedenszeit zu überzeugen. Viele werden mir zustimmen, daß die Voraussagen der Heiligen Schrift in dieselbe Richtung weisen.

Opus Dei

Eine weitere Ahnung von dieser meist im Verborgenen wirkenden Macht bekommen wir durch die relativ neue rechtsorientierte Organisation *Opus Dei*, mit der Roberto Calvi in Verbindung stand. „Von italienischen Politikern als ‚heilige Mafia' beschrieben, arbeitet diese Geheimorganisation als eine Art ‚geistlicher militanter Flügel'. Papst Johannes Paul II. scheint sie unter seine Fittiche genommen zu haben, und 1982 machte er sie zu einer persönlichen Prälatur. Die Berichterstattung der Organisation erfolgt unmittelbar in den Vatikan an den Prälaten des Papstes Monsignore Alcaro del Portillo" (*Daily Telegraph*, 8. Mai 1986).

Die Prälatur war ein beispielloser Schritt des polnischen Papstes, der ihm die persönliche Kontrolle über eine Organisation außerhalb der gesamten Diözesanstruktur der Kirche in die Hand gab. Es mag sein, daß Johannes Paul II. diesen Schritt tat, um ein Gegengewicht zu der schrecklichen und immer größer werdenden Macht der Jesuiten zu schaffen.

Monsignore del Portillo wurde im Dezember 1990 vom Papst zum ‚Bischof auf Lebenszeit' ernannt und von der Bestimmung des kanonischen Gesetzes freigestellt, die seinen Rücktritt im Alter von 75 Jahren verlangt. Ebenfalls im Dezember 1990 veröffentlichte der italienische Staat einen Beschluß zur „öffentlichen Anerkennung" der Organisation als „einer moralischen öffentlichen Einrichtung". Der Zeitpunkt dieser Erklärung wurde auf beiden Seiten des Tiber als „zufällig" bezeichnet und erfolgte fünf Jahre, nachdem das italienische Parlament eine Untersuchung des Opus eingeleitet hatte.

Opus Dei, ein 1928 gegründeter Ableger der Jesuiten, gilt als eine ‚Quasi-Diözese', die sich über die ganze Welt erstreckt. Nach eigenen Angaben zählt sie 75.000 Mitglieder in 80 Ländern und 1400 Priester (*The Universe*; 16. Dez. 1990). In der Presse sind Artikel erschienen, die von der tiefen Besorgnis von Eltern zeugen, deren Söhne von Opus Dei angeworben wurden und seitdem ihren Familien völlig entfremdet und in ihrer Persönlichkeit radikal verändert sind. Der Grad der Heimlichkeit, der die Sache umgibt, hat etwas Düsteres an sich. Ein Auszug aus einem Bericht im *Sidney Morning Herald* über diese mächtige, hochbegünstigte Organisation hilft uns, die Ursache zu erkennen: „Von Novizen wird nicht nur erwartet, daß sie drei Mönchseide der

Keuschheit und des Gehorsams ablegen, ... das umfaßt eine Selbstgeißelung pro Woche mit Hilfe der neunschwänzigen Katze und das zweistündige Tragen der Cilis, einer Metallkette mit einwärts gedrehten Gliedern, die durch einen Lederriemen gehalten wird. Diese trägt man am Oberschenkel, damit sie und die von ihr verursachten Verletzungen nicht zu sehen sind. Das Mindesteintrittsalter beträgt 14 Jahre. Der Gründer Monsignore Escriva sagte, er habe all das unmittelbar von Gott in einer Vision empfangen." Escrivas Heiligsprechungs-Verfahren macht dank der engagierten Fürsprache des jetzigen Papstes im Vatikan gute Fortschritte. Die umstrittene Seligsprechung des spanischen Ordensgründers im Mai 1992, die schnellste der Neuzeit, hat große Sorge und Ablehnung innerhalb der römisch-katholischen Institution hervorgerufen.

Entschiedene Katholiken in hohen Positionen

Der Aufstieg einer unverhältnismäßig großen Zahl römischer Katholiken in Stellungen von besonderem Einfluß und großer, vielfach alles beherrschender Macht wird von besorgten Protestanten als ein weiterer verborgener Faktor angesehen, mit dem gerechnet werden muß. Dies ist ein sehr empfindlicher und unerfreulicher Bereich, der mit Diskretion, Feingefühl und ständiger Vorsicht vor Diskriminierung angegangen werden muß.

Nach 1988 veröffentlichten Angaben des für Rekruten zuständigen katholischen Armeegeistlichen sind über fünfzig Prozent der Rekruten auf den US-Militärakademien römisch-katholisch. Die Anzahl der Katholiken im Repräsentantenhaus der USA wuchs von 82 im Jahre 1950 auf 142 im Jahre 1986. Katholiken bekleiden Schlüsselpositionen in der Vollzugsgewalt, der Rechtsprechung, im Innenministerium, in der UN-Delegation, im CIA, FBI und in der Einwanderungs-Behörde.

Die Einwanderer-Polizei in den USA sorgt drastisch für eine Vergrößerung des römisch-katholischen Bevölkerungsanteils; das ist eine Tatsache, die sich in der rasch wachsenden Bedeutung der hispanischen Wählerschaft bemerkbar macht. Dieses Vorgehen wiederum muß man im weiteren Zusammenhang des hartnäckigen päpstlichen Verbotes der Geburtenkontrolle innerhalb der katholischen Welt sehen. Die Bevölkerung des südamerikanischen Kontinents hat sich beispielsweise während der letzten Generation verdoppelt. In einer Studie über Roms weltweite Strategie wird die Ansicht vertreten, daß die vatikanische Ablehnung der Abtreibung und Geburtenkontrolle sowie der Homosexualität wenig mit der Heiligkeit des menschlichen Lebens und den Geboten der Bibel zu tun habe. Der wahre Grund sei vielmehr, daß jedes neue Leben die ‚katholische Armee' stärke und zum Bestand der Kirche beitrage. Diese Ansicht gewinnt durch die Tatsache an Glaubwürdigkeit, daß, wie bereits in einem anderen Kapitel erwähnt, Geburtenkontrolle unter Katholiken in protestantischen Ländern nur einen Scheinwiderstand erfährt.

In Kanada ist Zweisprachigkeit heute eine der Bedingungen, um in der Einwanderungs-Behörde angestellt zu werden, und daher sind unverhältnismäßig viele Anwärter römische Katholiken aus Quebec und anderswo. Diese Politik der Zweisprachigkeit, eingebracht durch Pierre Eliot Trudeau, hat dazu geführt, daß die meisten Schlüsselpositionen in Regierung und Verwaltung von Zweisprachigen besetzt sind, und das sind gewöhnlich römische Katholiken aus Quebec. Diese Entwicklung wurde von dem katholischen Premierminister Brian Mulroni noch gefördert und beschleunigt.

Quebec drohte mit Abspaltung, wenn seine Forderungen nicht vom Rest des Landes in Form einer neuen, als zudringlich empfundenen Verfassung stattgegeben würde. Der Mann, der sich der Verfassungskrise annehmen sollte, war der frühere Premierminister und Staatssekretär im Auswärtigen Amt, der römische Katholik Joe Clark. Das kanadische Volk entschied in einer Volksabstimmung, daß die Quebecois zu viel verlangten.

Kanada ist nicht das einzige Land des alten Commonwealth, daß von strengen Katholiken geführt wird. Neuseelands Premier James Bolger ist seinem Glauben und vermutlich seinem höchsten Priester treu ergeben. Australiens Premierminister John Keating ist ebenfalls römischer Katholik.

Spionage und die Abschirmung von Kriegsverbrechern

In seinem 1982 erschienenen Buch *The Vatican Papers* sagt Nino Lo Bello, daß „der Vatikan das wirksamste und verzweigteste Spionagenetz der ganzen Welt hat, das sogar den russischen KGB übertrifft". Er erläutert, daß diese Gruppe von Spionageagenten bei den Päpsten unter dem Namen Sodalitium Pianum, in der weiteren Öffentlichkeit aber als ‚Gottes Untergrund' bekannt ist und jeden Priester, jede Nonne und jeden Mönch überall auf der Erde einbeziehen kann. Er deckt auf, daß sich in dieser treuergebenen Armee von mehr als 2,5 Millionen Menschen viele vollzeitige, ausgebildete Agenten befinden.

> „Was ist die Arbeit von Agenten, wenn nicht die Unterwanderung anderer Organisationen, und welche Organisationen werden katholische Agenten unterwandern, wenn nicht andere Kirchen, besonders wahre Kirchen Jesu Christi."

Der im November 1990 verstorbene Katholizismus-Experte Avro Manhattan bestätigt Lo Bellos Definition: „Es ist keine Übertreibung zu sagen, daß das Sekretariat des Vatikanstaates in jedem frommen Katholiken Zugriff auf potentielle Informationsquellen und in jedem intelligenten Priester einen ausgebildeten Spitzel hat. Was immer aus dem Dorf oder dem Kirchspiel für nützlich erachtet wird, geht über die örtlichen Hierarchie an den zuständigen Bischof, der es seinerseits an den Vatikan weitergibt. Fügt man dann noch die mannigfachen Informationen aus den zahlreichen halb-religiösen Einrichtungen hinzu, die in christlichen wie in nicht-christlichen Ländern bestehen, wo katholische Laien sich zu Gesellschaften oder politischen Parteien zusammengeschlossen haben, die in enger Beziehung zu und oft unter der Leitung von Priestern stehen, zählt man ferner die Informationen dazu, die durch die gewöhnlichen diplomatischen Kanäle gesammelt werden, dann wird deutlich, daß das Staatssekretariat des Vatikans eine der bestinformierten Nachrichtenagenturen der Welt, wenn nicht sogar die beste, ist" (*The Dollar and the Vatican*; A. Manhattan, 1988).

Andere Vatikan-Beobachter weisen auf die Maulwürfe hin, die tief in den Spionagenetzen des CIA, des KGB, des M15 und anderer Geheimdienste in der ganzen Welt vergraben sind und deren letzte Lehenspflicht sehr wohl durch einen geheimen Treueeid gegenüber dem päpstlichen System festgelegt sein mag. Wahrscheinlich konnte sich der israelische Geheimdienst Mossad – im allgemeinen als der bei weitem wirksamste angesehen – noch am besten von solcherlei Unterwanderung freihalten.

Intensive päpstliche Querverbindungen zum CIA gibt es bereits, seitdem diese Behörde nach dem Zweiten Weltkrieg an die Stelle des OSS trat. Die Ritter von Malta, auch bekannt als der Souveräne Militärorden von Malta (SMOM), der als eigenständige Regierung auftritt und anerkannt wird, hat deutliche Beziehungen zum CIA. 1948 vergab der Orden, der dem Papst ganz und gar ergeben ist, eine der angesehensten Auszeichnungen, den Gran Croci al Merito Con Placa, an General Richard Gehlen, den Leiter des deutschen antisowjetischen Spionagenetzes in der Hitler-Zeit. Nach dem Krieg war Gehlen mit anderen NS-Kriegsverbrechern vom CIA gedungen worden. Das ehemalige Oberhaupt der Ritter von Malta in den USA, der Industrielle J. Peter Grace, war persönlich daran beteiligt, Nazis aus Europa in die USA zu schaffen; auch half er, ihre Haftstrafen zu reduzieren und sie in seinem gigantischen Familienunternehmen zu beschäftigen.

Zwei CIA-Direktoren sind Ritter von Malta gewesen: John und William Casey; auch George Rocca, stellvertretender Leiter der Spionageabwehr, war ein Mitglied des Ordens. Nach Angaben der Autorin Kathleen Hayes „liegen mehr als reichliche Informationen vor, um Verbindungen von dem SMOM, dem ultra-rechten Flügel, dem Vatikan und dem CIA zur Iran-Kontra-Affäre zu ziehen. Hinter dem, was wie ein anti-kommunistischer Einsatz in Mittelamerika aussehen sollte, steckte eine weitere Verschwörung. Die Ermittlungsergebnisse weisen eindeutig darauf hin, daß innerhalb der US-Regierung eine Schattenregierung wirksam war. Was das genaue Ziel ihrer Bemühungen war, bleibt im Dunkeln" (*Knights of Malta Comprise a Shadowy Society, NFI Trumpet*; Kathleen R. Hayes, 1987). Oliver North's Anwalt in den Iran-Kontra-Verhören, Brendon Sullivan, ist ein Ritter von Malta, ebenso wie der angesehene Eigner seiner Firma, Bennet Williams. Auf die Einmischung des Vatikans und der Jesuiten in die nicaraguanische Politik haben wir an anderer Stelle dieses Buches bereits hingewiesen.

The Times berichtete 1987, daß der Haupt-Kollaborateur des einstigen Gestapo-Chefs Klaus Barbie* im besetzten Frankreich, PaulTouvier, von der Kirche und der katholischen Hierarchie gedeckt

* In diesem Zusammenhang ist es interessant, daß Barbie, der nach dem Krieg vom CIA gedungen worden war, vor seiner Verhaftung in Waffengeschäfte und bolivianische Verhandlungen mit Großmeister Lucio Gelli und anderen Mitgliedern der P2-Freimaurerloge verwickelt war (David Yallop; *In God's Name*).

worden sei und im Gegenzug alles aus den Plünderungen jüdischer Häuser und Betriebe stammende Geld der Miliz dem Vatikan ausgeliefert habe (*The Times*; 18. Mai 1987). *The Daily Mail* erinnerte daran, daß Touvier für seine Kriegsverbrechen zweimal zum Tode verurteilt wurde. Zuerst 1945, als er unter dem Schutz der Kirche verschwand, und dann 1947. Durch das französische Verjährungsgesetz erloschen diese Urteile 1967, und fünf Jahre später begnadigte ihn Staatspräsident Pompidou unter dem intensiven Druck der Kirche. Der Kommentator der *Daily Mail* weist ferner darauf hin, daß die Menschen in Lyon „ganz einfach glauben, daß Touvier all die Jahre hindurch Schutz und Hilfe aufgrund dessen erfahren hat, was er über die Kirche weiß" (*Daily Mail*; 14. Juli 1989).

Das Buch *The Vatican Papers* schließt sich dem mit weiteren Berichten über den ‚Kloster-Fluchtweg' an, der von einem kroatischen Priester verwaltet wurde und den viele Nazis benutzten, so beispielsweise Martin Bormann, verkleidet als Jesuitenpriester, und Adolf Eichmann, der mit einem vatikanischen Paß nach Argentinien entkam. Dieses Buch untersucht auch die engen Verbindungen zwischen dem Vatikan und ODESSA, dem Geheimbund ehemaliger Nazis.

The Independent vom 6. Januar 1988 gibt ein Zitat von Kardinal König, dem ehemaligen Erzbischof von Wien, aus der israelischen Zeitung *Yediot Ahronat* wieder:

> Nach dem Krieg verhalfen hochgestellte Kirchenmänner den Naziverbrechern zur Flucht. ‚Ich kenne zwei von ihnen persönlich ... einen Österreicher und einen Deutschen ... beide bekleiden bis zum heutigen Tag hohe Posten im Vatikan.'
>
> Kardinal König legt auch dar, daß die katholische Kirche in Österreich einen Teil der Verantwortung für die NS-Verbrechen an den Juden trug. Die Ausstellung des Holocaust-Museums in Jerusalem beginnt mit einem Bild, auf dem römisch-katholische Bischöfe beim ‚Anschluß' Hitlers Truppen als Befreier begrüßen und den Nazis ihren apostolischen Segen geben.

Der ‚Kloster-Fluchtweg' ist auch als ‚Ratten-Fluchtweg' bekannt. Ein Artikel in *The Jerusalem Post* vom 15. Dezember 1990 von Alexander Zvielli beschreibt, wie der US-Geheimagent Vincent La Vista im Frühjahr 1947 entdeckte, daß der Vatikan und das Internationale Rote

Kreuz die Hauptkräfte hinter der illegalen Auswanderung von Nazis aus Deutschland über Italien nach Lateinamerika waren. La Vista berichtete: „Weitere Nachforschungen ergaben, daß in jenen lateinamerikanischen Ländern, wo die Kirche ein beherrschender Faktor ist, der Vatikan Druck angewendet hat, der die Auslandsvertretungen jener Länder dazu veranlaßte, die Zuwanderung ehemaliger Nazis und Faschisten sowie anderer politischer Gruppen, soweit sie anti-kommunistisch sind, nahezu zu begrüßen ... Der Vatikan war natürlich die größte einzelne Organisation, die an diesen illegalen Auswanderungen beteiligt war. Er sorgte für Transport, Zuflucht und finanzielle Unterstützung. Andererseits kamen solche Gruppen, selbst der Vatikan, nicht ohne Hilfe aus; sie mußten verschiedentlich auf das Internationale Rote Kreuz zurückgreifen."

Kapitel 11

Die Macht des Papstes

Der römische Katholizismus wird als ein zweigleisiges System angesehen. Er ist sowohl eine Kirche als auch eine weltweite politische Macht. Innerhalb und außerhalb der Supermächte mit ihrer Fähigkeit zur ‚garantierten gegenseitigen Ausrottung' übt der Vatikan die größte politische Macht auf der Erde aus.

> „Wenn auch ohne Armeen, Kriegsflotten und Wasserstoffbomben hat der Vatikan doch mehr Macht zu seiner Verfügung, als wenn er die größtmögliche militärische Schlagkraft besäße. Die Regierung des Papstes ist so bedeutend wie die der USA, Rußlands oder Chinas, nur daß sie geographisch und geistlich viel größer ist und mehr Einfluß ausübt als alle drei zusammen" (A. Manhattan; *Vatican Imperialism in the 20th Century;* 1965 Zondervan).

Wie viele große multinationale Organisationen hat auch die römisch-katholische Kirche eine geplante Langzeit-Strategie. Das Papsttum nennt eine Stetigkeit sein eigen, mit der keine Organisation oder Nation der Erde konkurrieren kann. Nationen und gigantische Wirtschaftsunternehmen sind unberechenbaren ökonomischen Faktoren oder wahlbedingten Veränderungen ausgesetzt, doch der Vatikan ist nicht in solcher Weise eingeengt. Er ist in der Lage, weit im voraus zu planen. Wirtschaftsunternehmen planen für fünf oder zehn Jahre im voraus; der Vatikan ist in der Lage, eine

Strategie für viele Jahrzehnte zu entwickeln, und er hat die Macht, sie durchzuführen.

Die Geschichte zeigt, wie die römische Kirche durch die Jahrhunderte beständig Macht und Einfluß steigern konnte, bis sie sich zuweilen übernahm oder eine Richtungsänderung für notwendig erachtete.

Unter Pius IX. im 19. Jahrhundert beispielsweise verlor sie den Kirchenstaat und einen Großteil ihrer irdischen Macht. In den 60er Jahren unseres Jahrhunderts kam sie unter Johannes XXIII. und Paul VI. zu der Erkenntnis, daß sie nicht mehr auf der Siegerseite stand, und änderte grundlegend ihre Richtung. Die Politik Pius' XII., den Kommunismus zu bekämpfen, indem man zunächst die faschistischen Diktatoren unterstützte und später im ‚Kalten Krieg' den fanatischen Anti-Kommunismus solcher Männer wie des streng katholischen Senators Joe McCarthy schürte, wurde aufgegeben. Eine politisch und kirchlich, zeitlich und geistlich völlig neue zweigleisige Strategie wurde entwickelt. Das friedliche Nebeneinander von Kommunismus und Kapitalismus, verbunden mit einer Annahme des Protestantismus und anderer ‚ketzerischer' Religionen (oder ‚getrennter Brüder') würde der neue Weg zur Weltherrschaft sein.

Als Chruschtschow sich vom Stalinismus abwandte, verließen in den späten 50er Jahren auch die Vatikan-Strategen die Politik Pius' XII. Während das endgültige Programm für das Vaticanum II festgelegt wurde, ging die Annäherung vonstatten, die zur ‚Vatikan-Moskau-Allianz' führen sollte. Nach mehr als drei Jahrzehnten fehlgeschlagener Versuche, den Marxismus mit politischen Mitteln zu bekämpfen, fing der Vatikan an, mit ihm zusammenzuarbeiten. Wie wir jetzt gesehen haben, ist dem Marxismus diese neue Regelung nicht gut bekommen.

Das neue Gesicht des Papsttums, versöhnlicher und menschlicher, veranschaulicht von Johannes XXIII., war das Gesicht, das die Welt sehen sollte: das Gesicht des Vaticanum II und der neuen Ökumene und bald auch das der Befreiungstheologie und der neuen politischen Linie. Dahinter verbirgt sich das Programm, „die Welt zu evangelisieren". Es umfaßt auch die Bekehrung Sowjetrußlands zur Mutterkirche, wie von ‚Unserer Lieben Frau von Fatima' verheißen. Wir werden auf die vatikanische Strategie in dem Kapitel Friede und *Evangelisation 2000* noch näher eingehen.

Wirtschaftliche Macht

Der Reichtum der römischen Kirche ist sagenhaft, wenn sie auch in dieser Zeit sorgfältiger Imagepflege sehr bemüht ist, ihn zu leugnen und sogar Armut vorzuspiegeln. Das häufige Erscheinen von Zeitungsartikeln über die kritische Lage der vatikanischen Finanzen dient dazu, diesen Eindruck zu nähren. Wenige Menschen außerhalb des Systems wissen von den ungeheuren Möglichkeiten der Kirche, Gelder aufzutreiben. In seinem Buch *Vatican contre la France* (1957) beschreibt Edmond Paris „die gigantische finanzielle Macht, die der Vatikan heute in der Welt darstellt. Ist man sich beispielsweise der Tatsache bewußt, daß ihm in Spanien ein Drittel des Landes gehört? Daß er in Südamerika riesige Ländereien besitzt? Dazu kommen zahllose weitere Besitztümer über den ganzen Erdball verteilt ... Allein schon die Petruspfennige von 400 Millionen Gläubigen, Vermächtnisse, Opfer, Messen (allesamt dazu bestimmt, Familienangehörigen durch die Qualen des Fegefeuers zu helfen) sichern dem Heiligen Stuhl Einkünfte, die als astronomisch bezeichnet werden können ... Man kann nicht umhin zu bemerken, daß, vom zeitlichen Standpunkt aus gesehen, die gewinnbringendsten Jahre der Kirche die des Zweiten Weltkrieges waren – bei dessen Ende wir sahen, wie inmitten eines blutgetränkten, von den Nazis zerstörten und restlos ausgeplünderten Europas der Vatikan in geradezu märchenhaftem Reichtum schwamm".

Die Geldgier ist eine Wurzel aller Übel (1. Tim. 6,10); und die Geldgier ist die faulige Wurzel eines Christentums von der römischen Art. Kerzen, heiliges Wasser, Reliquien, Ablaß, Messen für die Lebenden und die Toten, Fürbitte durch Maria und die Heiligen, das alles sind gewaltige Einnahmequellen für den Vatikan. Allein das Einkommen, das der Kirche Roms aus der Angst vor den Qualen des Fegefeuers erwächst, ist einfach atemberaubend.

Das Fegefeuer – erstmals eingeführt im 6. Jahrhundert unter Papst Gregor dem Großen und im *Katholischen Katechismus* definiert als der Zustand zeitlich begrenzten Leidens jener, die in der Schuld ‚läßlicher Sünden' sterben und die für ihre ‚vergebenen Sünden' nicht vollständige Genugtuung geleistet haben – setzt sich über das gesamte Zeugnis der Heiligen Schrift hinweg. Christen erhalten aus der Bibel die völlige Gewißheit, daß alle, die ihr Vertrauen in Jesus Christus gesetzt und Ihn als Retter und Herrn angenommen haben, vollständig und für immer von all ihrer Sünde und Schuld geläutert und gereinigt sind, und zwar von Ihm allein. *Das Blut Jesu, Seines Sohnes, macht uns rein von aller Sünde* (1. Joh. 1,7) ... *Er hat die Reinigung von den Sünden vollbracht* ... (Hebr. 1,3) ... *Jesus Christus hat ein einziges Opfer für die Sünden dargebracht und sitzt nun für immer zur Rechten Gottes* (Hebr. 10,12). Jesu Worte *'Es ist vollbracht'* (Joh. 19,30), bevor er starb, bedeuten, daß er alles vollbracht hatte und daß keine Sünde übrigblieb, die nicht gesühnt wäre.

So ist also die Lehre vom Fegefeuer vollkommen unbiblisch, doch war sie außerordentlich einträglich. Vom Konzil von Florenz (1439) wurde sie zum offiziellen Dogma der Kirche Roms erklärt und hat seitdem zur Machtausdehnung der Mutterkirche über die Seelen und Geldbeutel der Menschen beigetragen. Keine Einzelidee der Geschichte hat je so viel Geld eingebracht.

Ein Versuch, den Reichtum der römischen Kirche einzuschätzen, stammt von dem amerikanischen Autor Avro Manhattan:

> Das Goldvermögen des Vatikans wurde vom 'Weltmagazin der Vereinten Nationen' auf mehrere Milliarden Dollar geschätzt. Der Großteil dieses Schatzes lagert in der Bundesreserven-Bank der Vereinigten Staaten, während Banken in England und der Schweiz den Rest aufbewahren. Doch das ist nur ein kleiner Teil des vatikanischen Reichtums, der allein in den USA größer ist als derjenige der fünf reichsten Wirtschaftsunternehmen des Landes zusammengenommen. Zählt man hierzu all den Grund- und Immobilienbesitz, ausländische Effekten- und Aktienguthaben, dann wird die überwältigende Anhäufung von Reichtum der katholischen Kirche so ungeheuerlich, daß sie jeden gedanklichen Rahmen sprengt" (*Vatican Billions*; Avro Manhattan).

Solcher Reichtum und ein beispielloses organisatorisches Gefüge haben es möglich gemacht, daß der Einfluß und Wille des Vatikans unsichtbar und auf mannigfache Weise ausgeübt wird durch Orden wie die Jesuiten und Werke wie Opus Dei, die Ritter des Kolumbus und die Ritter von Malta, die Ritter des St. Johannes von Jerusalem, die Tempelritter, die Legionäre Christi und die Prieure de Sion (einen Tempelorden aus dem Umfeld der magischen Freimaurerei und mit engen Verbindungen zum Hause Habsburg) und die Blaue Armee. Solche Organisationen, Legionen des Papstes, arbeiten eifrig für die römisch-katholische Kirche und geben ihrer Untertanenpflicht gegenüber dem Papst den Vorrang vor jeder anderen Treueverpflichtung. Ihnen allen gemeinsam, ebenso wie der Freimaurerei, ist ein gutes öffentliches Ansehen, ein geheimer Eid und höhere Grade, die oft selbst vor ihren eigenen niedrigeren Stufen geheimgehalten werden. Auf den höchsten Ebenen findet Gemeinschaft mit anderen Geheimgesellschaften wie den Rosenkreuzern und den Illuminaten statt.

Im vorigen Kapitel gaben wir einen kurzen Überblick über Opus Dei, und das folgende Kapitel handelt von den Jesuiten. Die Blaue Armee ist ein weltweiter Kreuzzug von ca. 20 Millionen eifrigen Katholiken, die den Weisungen ‚Unserer Lieben Frau von Fatima' gehorsam sind, indem sie das braune Schultertuch tragen und oft den Rosenkranz beten. Die Ritter des Kolumbus zählen 1,2 Millionen Mitglieder, verfügen über 5400 untergeordnete Versammlungen und haben nach Angaben des römisch-katholischen Kirchenverzeichnisses „ein umfassendes Programm gegen subversive Kräfte". Der geheime Eid für den vierten Grad der Ritter des Kolumbus enthält, wenn er nicht geändert wurde, folgenden Absatz: „Deswegen will und werde ich nach besten Kräften diese Lehre (von der stellvertretenden Regentschaft des Papstes an Christi Statt) und die Ansprüche und Gewohnheitsrechte seiner Heiligkeit gegen alle Eindringlinge von seiten der ketzerischen und protestantischen Obrigkeit verteidigen, besonders gegen Angriffe von seiten der Lutherischen Kirche Deutschlands, Hollands, Dänemarks, Schwedens und Norwegens und der angemaßten Obrigkeit der Kirchen Englands und Schottlands sowie der Ableger derselben, die jetzt in Irland, auf dem amerikanischen Kontinent und sonstwo eingerichtet sind ... Ich schwöre ab und entsage hiermit jeglicher Treueverpflichtung gegenüber jedem ketzerischen König, Prinzen oder Staat, der sich protestantisch oder liberal nennt, und jeglichem Gehorsam gegenüber allen ihren Gesetzen, Richtern oder Beamten. Ich erkläre weiter, daß ich jedem Vertreter seiner Heiligkeit an jedem Ort, wo immer ich auch sein werde, helfen, beistehen und Rat geben werde und daß ich mein möglichstes tun werde, die ketzerischen, protestantischen und liberalen Lehren auszurotten und all ihre angemaßte Macht legal oder anderweitig zu zerstören" (dokumentiert in *United States Congregational Record*, 1913).

Der *Sinn-Fein*-Eid ist in vieler Hinsicht erstaunlich ähnlich, nur etwas drastischer formuliert.

Kapitel 12

Die Jesuiten in unserer Zeit

Eine wachsame christliche Organisation namens *CRIB* (*Catholic Research Information Bureau*) sprach eine deutliche und nüchterne Warnung aus: „Laßt euch nicht täuschen! Die römische Kirche ist wie ein Chamäleon: Tolerant, freundlich, sehr moralisch und bestimmt im protestantischen England und Amerika. Doch wo es eine römisch-katholische Mehrheit gibt, ist sie ganz anders und kein Freund der Freiheit. Sie paßt sich der Umgebung an und ist nie genau das, als was sie gerade erscheint."

H. G. Wells äußert in seinem Buch *Crux Ansata* die Beobachtung, daß „der römische Katholizismus der Welt viele Gesichter zeigt, doch überall einen gezielten Kampf gegen die Freiheit ficht".

Die Jesuiten, die durch das Konzil von Trient ursprünglich mit der Durchführung der Gegenreformation betraut wurden, setzen ihr Werk auch in unserem Jahrhundert mit wachsendem Erfolg fort. Einst Ratgeber von Königen wie Jacob II. und Ludwig XIV., die sich auf göttliche Rechte beriefen, waren sie oft die Drahtzieher der geschichtlichen Ereignisse, indem sie hinter den Kulissen Ränke schmiedeten und intrigierten. Jetzt feiern sie ihr Comeback in einflußreiche Stellungen öffentlicher Einrichtungen. Viele von ihnen konnten sich offen zu erkennen geben, da sie in dem gegenwärtigen Klima geistlicher Gleichgültigkeit wenig zu verbergen haben. Indem sie Schlüsselpositionen im religiösen Rundfunk, in Erziehungseinrichtungen (einschließlich der besten Schulen Großbritanniens), ja selbst in evangelistischen Veranstaltungen bekleiden, sind sie in einer Weise wieder in Erscheinung getreten, die noch vor Jahrzehnten völlig undenkbar schien.

An der Spitze der Gesellschaft Jesu steht der General, der höchste Machthaber der Jesuiten, oft auch ‚der Schwarze Papst' genannt. Das volle Ausmaß seiner Macht und seines Einflusses über das Papsttum kann nur sehr wenigen bekannt sein, doch es ist sehr gut möglich, daß es häufig dasjenige des Papstes selbst übertrifft.

In der Vergangenheit berüchtigt, aus jedem europäischen Land vertrieben und aus England bis zum Jahre 1902 verbannt, sind die Jesuiten oft als die ‚geheime Armee des Papsttums' bezeichnet worden. Das Vorwort zu Edmont Paris' Buch ‚Die geheime Geschichte der Jesuiten' enthält eine Warnung an die Kirche, die angesichts der Bedrohung durch die Gegenreformation in der Vergangenheit schon vielfach zum Ausdruck gebracht worden ist: „Der Orden der Gesellschaft Jesu wurde von Ignatius von Loyola gegründet, um heimlich zwei große Ziele für die römisch-katholische Kirche zu erreichen. Das erste Ziel war weltweite politische Macht, das zweite die Aufrichtung der Weltkirche. Die Reformation hatte das römische System ernsthaft geschädigt. Die weitere Marschroute war – außer der Inquisition – Unterwanderung und Durchdringung jedes Lebensbereiches mit dem Ziel, die Gesetze und Lehren und die irdische Macht des Papstes durchzusetzen. Zu diesem Zweck machten sich die Jesuiten daran, heimlich alle protestantischen Gruppen zu unterwandern, einschließlich Familien, Arbeitsplätze, Krankenhäuser, Schulen, Universitäten usw. Heute haben die Jesuiten diese Mission nahezu abgeschlossen. Die Bibel legt die Leitung der örtlichen Gemeinde in die Hände frommer Pastoren, doch jesuitische Machenschaften haben über die Jahre die Wirkung gehabt, diese Macht auf die Denominations-Zentren umzuleiten, die Kirche zu verweltlichen und somit protestantische Gruppierungen in die Arme des Vatikans zu treiben" (*The Secret History of the Jesuits*; Edmond Paris; Protestant Truth Society, 1975).

„Denn es haben sich gewisse Leute eingeschlichen, für die schon längst das Urteil geschrieben ist ... " Judas 4

Pastor J. A. Wylie beschreibt in *The History of Protestantism* die Jesuiten folgendermaßen:

> „Es gab keine Sprache, die sie nicht beherrschten, kein Bekenntnis, das sie nicht mitsprachen, und so gab es kein Volk, unter dem sie nicht wohnen konnten, und keine Kirche, deren Mitgliedschaft sie nicht erwerben und deren Ämter sie nicht bekleiden konnten. Sie vermochten mit den Lutheranern den Papst zu verfluchen und mit den *Covenenters* (schottische Protestanten des *Covenent* von 1643) das ‚feierliche Bündnis' (*Solemn League*) zu schwören. Der Orden Jesu ist dann am schrecklichsten, wenn er am wenigsten so erscheint. Wenn die Jesuiten aller äußerlichen Mittel beraubt sind, dann schmieden sie die weitreichendsten Intrigen und führen sie mit dem größten Wagemut aus" (J. A. Wylie; *The History of Protestantism;* Cassell & Co, London).

In seinem Buch *The History of the Jesuits* (erschienen 1897) erläutert A. Nicolini die vier offenen Klassen der Jesuiten und die geheime fünfte Klasse, die zusammen

> „nach dem Bekenntnis des Fr. Pellini die Stärke und Kraft der Gesellschaft begründen. Ein Vertreter Roms, vor allem ein Jesuit, erläutert aber nicht sogleich das ganze System seiner Religion, so wie sie wirklich ist, sondern mit diabolischer Geschicklichkeit schmeichelt er sich zunächst in das Vertrauen des Menschen, den er sich zum Proselyten auserkoren hat, gewinnt durch allerlei List sein Wohlwollen und führt ihn dann Schritt für Schritt in die Mauern des modernen Babylon".

Im Jahre 1551 wurden vom Konzil von Trient geheime Anweisungen an die Jesuiten in Paris gesandt. Es gelang, ein Exemplar abzufangen, das für einen Mann namens Thomas Heath bestimmt war, einen Jesuiten, der als Puritaner der orthodoxesten Art auftrat. Diese Anweisungen enthalten den wirksamsten Weg zur Unterwanderung und Zerstörung der englischen Kirche:

> „Ihr sollt nicht immer nach der gleichen Methode predigen, sondern die örtlichen Gegebenheiten beachten. Wenn Luthertum vorherrscht, dann predigt Calvinismus; wenn Calvinismus, dann Luthertum; kommt ihr nach England, dann eines von beiden oder die Ansichten des Johannes Huß, der Wiedertäufer oder irgendei-

nes anderen, nur nicht die Lehren des Heiligen Stuhls oder St. Petri, auf daß niemand eure Rolle argwöhne und ihr weiterhin im Interesse der Mutterkirche handeln könnt; denn – darauf hat sich das Konzil geeinigt – es gibt keinen besseren Weg, die ketzerische Kirche (die Kirche Englands) zu zerstören, als durch Vermischung der Lehren und durch Hinzufügung weiterer Zeremonien, die über das gegenwärtig Erlaubte hinausgehen" (Albert Close; *Rome's Fight for the British Throne*; Wycliffe Press, London).

Nach Angaben des französischen Autoren Adolphe Michel schätzte Voltaire die Anzahl der Bücher, die durch die Jahre über die Jesuiten geschrieben worden waren, auf ungefähr 6000 am Ende des 18. Jahrhunderts. Im 19. Jahrhundert wurden Bücher und Predigten gegen die Jesuiten und ihre Machenschaften in großer Zahl veröffentlicht. Heutzutage sind es nur noch wenige, die mit großem Abstand voneinander erscheinen. Vermutlich sind unzählige solcher Werke vergriffen und aus den Regalen verschwunden. In theologischen Seminaren und öffentlichen Bibliotheken ist es heute schwierig, eine geschichtliche Darstellung der Jesuiten nach dem Beginn des 17. Jahrhunderts zu finden. Die meisten Bücher über die Gegenreformation sind von römischen Katholiken geschrieben, viele von den Jesuiten selbst. Angesichts dessen, daß die Gesellschaft Jesu heute möglicherweise mehr denn je die führende Kraft der römischen Kirche ist, darf all das nicht unbeachtet und unerklärt bleiben. Protestantische Beobachter glauben, daß die Jesuiten in relativ kurzer Zeit das beachtliche Kunststück vollbracht haben, Schulen, Universitäten und theologische Seminare von nahezu sämtlicher geschichtlicher Literatur zu säubern, die vom protestantischen Standpunkt aus geschrieben wurde.

Unterweisung und Gehorsam

Erziehung ist der Schlüssel zum Jesuitentum. Wiederum Nicolini schreibt:

„Das auffallendste Merkmal jesuitischer Erziehung war und ist, daß fast alle Personen, die an ihren Schulen erzogen wurden, sich ihnen in besonderer Weise verbunden fühlen und bis zu ihrem

Lebensende ihr möglichstes zur Machtausweitung des Ordens tun. Und diese Kunst, alle ihre Jünger an ihre Gesellschaft zu binden, macht die Jesuiten mächtig und gefährlich, sonderlich in jenen Ländern, wo sie der Regierung oder einer Klasse von Bürgern feindlich gegenüberstehen. Diesen Gedanken möchten wir mit großem Nachdruck betonen."

Beispiele für solcherlei Unterweisung, mit der sie ihre Schüler an sich binden, finden sich zur Genüge in den „Exerzizien" (geistlichen Übungen) des Gründers Ignatius von Loyola. In den ‚Regeln für das Denken mit der Kirche' steht die Anweisung: „Sei stets bereit, unter Außerachtlassung allen eigenen Urteils mit Verstand und Herzen der wahren Braut Christi zu gehorchen, unserer heiligen Mutter, unserer unfehlbaren rechtgläubigen Herrin, der katholischen Kirche, deren Herrschaft durch die Hierarchie an uns ausgeübt wird."

Bei einem anderen Grundsatz Loyolas mögen dem Leser die Haare zu Berge stehen:

> „Damit wir alle eines Sinnes und im Einklang mit der Kirche seien, müssen wir, wenn sie etwas als schwarz bezeichnet, was unserem Auge weiß erscheint, es dennoch in gleicher Weise für schwarz erklären."

Dieser totale ‚Gehorsam', der von jenen verlangt wird, die die Verfassung anerkennen und den Jesuiteneid schwören, geht so weit, daß „sie es dulden müssen, von der göttlichen Vorsehung, die durch ihre Vorgesetzten wirkt, getragen und beherrscht zu werden, als wären sie ein Leichnam, der es erträgt, in jeglicher Weise getragen und bewegt zu werden. Oder wie die Krücke eines alten Mannes, die dem, der sie in seiner Hand hält, dient, wo und zu welchem Zweck es ihm gefällt" (*Documents of the Christian Church*; Sir Henry Bettenson, S. 361-63).

Dieses Maß an Übung und Zucht und völliger Unterwerfung unter den Orden, gekoppelt mit erbarmungsloser Zielstrebigkeit, hat sich in diesem wie im letzten Jahrhundert in Form von absoluter Macht ausgezahlt.

Abraham Lincoln und die Jesuiten

Der ehemalige römisch-katholische Priester Charles Chiniquy, der in den 60er Jahren des vorigen Jahrhunderts große Teile der katholischen Bevölkerung von St. Anne, Illinois, zum lebendigen Glauben an Christus allein führte, war ein Freund und Vertrauter von Präsident Abraham Lincoln. In seinem Buch *50 Years in the Church of Rome* beschreibt er seine letzte Begegnung mit Lincoln vor dem Attentat. Der Präsident sprach von seiner Vorahnung, daß „Gott mich durch die Hand eines Attentäters zu sich rufen wird". Er gab seinen Gefühlen Ausdruck und offenbarte einen tiefen Glauben:

> „Ich sehe den Sturm kommen, und ich weiß, daß Seine Hand darin ist ... Ich glaube, ich bin bereit! Ich bin nichts, doch die Wahrheit ist alles! Ich weiß, daß ich recht habe, weil ich weiß, daß die Freiheit richtig ist: denn Christus lehrt sie, und Christus ist Gott" (C. Chiniquy: *50 Years in the Church of Rome;* Protestant Truth Society).

Er sprach von seinem nahe bevorstehenden Tode, nachdem ihn Nachrichten von einem Brief erreicht hatten, in dem Papst Pius IX. an Jefferson Davis seine Parteinahme im Bürgerkrieg für den Süden zum Ausdruck brachte. Er wußte, daß die Veröffentlichung dieses Briefes sein Todesurteil bedeutete.

> „Auf mein Leben sind so viele Anschläge geplant worden, daß es ein wahres Wunder ist, daß sie alle fehlgeschlagen sind, wenn wir bedenken, daß die große Mehrheit von ihnen in den geschickten Händen der römisch-katholischen Mörder waren, die offensichtlich ihre Ausbildung bei den Jesuiten erhalten hatten ... Die Jesuiten sind in solchen Bluttaten so erfahren, daß Heinrich IV. sagte, es sei unmöglich, ihnen zu entkommen, und er fiel ihnen zum Opfer, obwohl er alles Erdenkliche tat, um sich zu schützen. Mein Entrinnen aus ihren Händen, nachdem der Brief des Papstes an Jeff Davis eine Million Degen schärfte, um meine Brust zu durchbohren, wäre mehr als ein Wunder. Doch ebenso wie der Herr kein Murren von Moses' Lippen hörte, als er ihm mitteilte, daß er vor der Überquerung des Jordan für die Sünden seines Volkes sterben müsse, so hoffe und bete ich, daß Er kein Murren von mir hören wird, wenn ich für meine Nation fallen werde" (C. Chiniquy; *op. cit.*).

Präsident Lincoln wurde in Washington am 14. April 1865 umgebracht. Brigadegeneral Thomas Harris, ein Mitglied der Militärkommission, die das Verhör und die Verurteilung der beschuldigten Verschwörer durchführte, war überzeugt davon, daß die römisch-katholische Hierarchie an dem Attentat mitschuldig und mitbeteiligt war. Er schrieb, daß „klare Beweise vorlägen, daß die Jesuitenväter, die in dem entlegenen Dorf St. Joseph im fernen Minnesota für die Ausbildung von Priestern verantwortlich waren, im Briefwechsel mit ihren Brüdern in Washington City standen und Nachricht erhalten hatten, daß der Plan zur Ermordung Präsident Lincoln gereift war, daß Handlanger zu seiner Durchführung gefunden waren und daß der Zeitpunkt feststand. So sicher waren sie sich des Gelingens, daß sie ihn drei bis vier Stunden vor der Tat als durchgeführt verkünden konnten" (Brigadegeneral Thomas Harris; *Rome's Responsibility for the Assassination of Abraham Lincoln*; Pilgrim Brethren Press, Petersberg, Ohio).

Die Nationalsozialisten und die katholische Hierarchie

Hitler und Himmler waren stark von den Jesuiten beeinflußt, ebenso Mussolini, dessen Beichtvater Jesuit war. Dr. J. H. Lehmann weist in seinem Buch *Behind the Dictators* darauf hin, daß der Jesuitenpater Stämpfle für Hitler ‚Mein Kampf' schrieb. Als ‚Ghostwriter' streitet Stämpfle in diesem Buch für die Unstrittigkeit katholischer Dogmen, für die intolerante Haltung katholischer Erziehung, die Notwendigkeit blinden Glaubens und die Unfehlbarkeit des Papstes (J. H. Lehmann; *Behind the Dictators*, Agrora Publishing Company, New York, 1942).

Edmond Paris zitiert in *The Vatican Against Europe* Hitlers Gefährten Hermann Rauschning mit den Worten, er habe Hitler sagen hören, daß er am meisten vom Jesuitenorden gelernt habe: „Bis jetzt hat es nichts Beeindruckenderes auf Erden gegeben als die hierarchische Struktur der römisch-katholischen Kirche. Ein Großteil dieser Struktur habe ich in meine eigene Partei übernommen ... Ich werde dir ein Geheimnis verraten: Ich bin dabei, einen Orden zu gründen" (*Hitler m'a dit*; H. Rauschning, *Editions Co-operations*, 1939).

Hitler wird auch mit den Worten zitiert: „In Himmler sehe ich unseren Ignatius von Loyola" (*Libres Propos*; Flammarion, Paris, 1952). Walter Schellenberg (wie Joseph Goebbels Jesuitenschüler), der den

Sicherheitsdienst der SS leitete und in Nürnberg für seine Verbrechen gegen die Menschlichkeit zum Tode verurteilt wurde, sagte: „Die SS ist von Himmler nach den Grundsätzen des Jesuitenordens aufgebaut worden. Dessen Vorschriften und die ‚Geistlichen Übungen' des Ignatius von Loyola waren das Vorbild, das Himmler genau zu kopieren suchte" (*The Vatican Against Europe*; Edmond Paris, Wycliffe Press, London, 1961).

Himmler, dessen Onkel, der Jesuitenpater Himmler, die rechte Hand des Jesuitengenerals Halke von Ledochowski war, gehörte (nach Angaben des Autors Edmond Paris) „zu einer Familie, die der Kirche vollständig ergeben war. Seine Stellung als ‚Reichsführer' der SS entsprach derjenigen eines ‚Jesuitengenerals', und die gesamte Strukturierung war eine genaue Nachahmung der hierarchischen Ordnung der katholischen Kirche" (*The Vatican Against Europe*; Edmond Paris, Wycliffe Press, London, 1961).

Die nationalsozialistische Partei kam an die Macht durch die Einwilligung der katholischen Zentrumspartei in Deutschland und durch die höhere Taktik des Vatikans. Werkzeuge dieser Taktik waren Reichskanzler Franz von Papen und der päpstliche Nuntius Monsignore Pacelli, der spätere Papst Pius XII. Von Papen trug viel dazu bei, Hitler die erforderliche Zwei-Drittel-Mehrheit zu verschaffen. Er unterzeichnete auch das Gesetz, das Hitler zum Staatsoberhaupt machte und war verantwortlich für das wichtige Konkordat mit dem Papst im Jahre 1933. Das Konkordat war seine beachtlichste Errungenschaft und die Krönung seiner engen Zusammenarbeit mit Pacelli und dem Vatikan. Von Papen erklärte: „Das Dritte Reich ist die erste Macht der Welt, die die erhabenen Grundsätze des Papststums nicht nur anerkennt, sondern in die Tat umsetzt."

Als Pius XII. wurde Pacelli berüchtigt für sein Stillschweigen angesichts der nationalsozialistischen Greueltaten, und von Papen für seine Kunstfertigkeit, mit der es ihm gelang, jede Verantwortung dafür von sich zu weisen. Pius XII. steht bei dem heutigen Papst obenan auf der Auswahlliste zur Heiligsprechung; Johannes XXIII. ernannte von Papen, der unfaßlicherweise in Nürnberg freigesprochen worden war, zum päpstlichen Kammerherrn.

Die Ausübung der Macht – der Befehlsapparat von ‚Catholic Action'

In seinem Buch *Memorial of the Captivity of Napoleon at St. Helena* (Bd 2) liefert der französische General Montholon eine Beschreibung der Gesellschaft Jesu: „Die Jesuiten sind eine militärische Organisation, nicht ein religiöser Orden. Ihr Oberhaupt ist der General einer Armee, nicht der Abt eines Klosters. Und das Ziel dieser Organisation ist *Macht*. Macht in ihrer tyrannischsten Ausübung. Absolute Macht, weltweite Macht, Macht, die Welt durch die Willensäußerung eines einzelnen Mannes zu beherrschen. Jesuitismus ist die absolute Form des Despotismus und gleichzeitig der größte und ungeheuerlichste Machtmißbrauch."

Viele protestantische ‚Wächter' halten die Jesuiten für ebenso mächtig und aktiv wie je zuvor. 1965 beschrieb sie Avro Manhattan, ein Fachmann für den Bereich ‚Katholizismus und Politik', als den „Sturmtrupp der katholischen Kirche" und bemerkte dazu, es sei „äußerst bezeichnend, daß sie in zwei traditionell englischsprachigen, protestantischen Ländern, Großbritannien und den USA, ihr größtes Kontingent haben" (*Vatican Imperialism in the Twentieth Century*; Zondervan, Grand Rapids, Michigan).

Jesuiten bekleiden höchst einflußreiche Posten in der Regierung; doch ist es nicht leicht, sie zu erkennen. Um ein Beispiel zu nennen: Vernon Walters war Reisebotschafter für mehrere aufeinanderfolgende US-Regierungen und viele Jahre lang hochrangiger Unterhändler des Weißen Hauses. In Washington hat er einen Kurs der Zurückhaltung und Vorsicht gesteuert, ist Berufungen zur Macht aus dem Wege gegangen und hat sich darauf konzentriert, Spitzenpolitikern zu dienen. Er war am Stonyhurst-College und an französischen Jesuitenschulen unterrichtet worden und wurde von dem vormaligen Staatssekretär Alexander Haig als ein Mann beschrieben, der „im Hinblick auf seinen Lebensstil einem Mitglied des geistlichen Standes gleicht". Vernon Walters war kurz vor und nach der Wiedervereinigung Botschafter in Bonn.

Einfluß in der Kirche

Ein weiterer Schüler der jesuitischen Eliteschule Stonyhurst-College ist der führende englische Charismatiker Charles Whitehead. In einem Zeugnis, das er während seines *FGBMFI* (‚Geschäftsleute des Vollen Evangeliums') -Reisedienstes gab, hat er seinen jesuitischen Hintergrund offenbart. Er ist mit einer Anglikanerin verheiratet und hat den Vorsitz der katholisch-charismatischen Erneuerungs-Organisation in Großbritannien und auch für Nordeuropa inne, worüber er dem Vatikan regelmäßig Bericht erstattet. Seine ‚para-kirchlichen' Aktivitäten, insbesondere seine Rolle als Präsident einer Ortsgruppe der *FGBMFI*, haben großen Einfluß auf viele protestantische Führer ausgeübt, die durch ihn in eine ökumenische Richtung gelenkt wurden. Fernsehauftritte im Jahre 1991 weisen den Weg für seinen Aufstieg auf der nationalen Bühne als katholischer Laienführer der charismatischen Kirche, die sich unter der ökumenischen Führung George Careys zur ernstzunehmenden Kraft entwickelt.

David Alton, dessen parlamentarischer Kampf gegen die Abtreibung ihm unter den Evangelikalen großen Einfluß verschafft hat, wurde von franziskanischen Mönchen getauft und von den ‚Barmherzigen Schwestern' und den Jesuiten unterrichtet. Nach Angaben der *Sunday Times*-Autorin Elisabeth Grice spottet Alton über die Behauptung, er sei ein Mitglied der römisch-katholischen Mafia, das seine Anweisungen aus Rom bezieht. Er bezeichnet sich als ökumenischen Christen und ist wie Charles Whitehead mit einer Anglikanerin verheiratet. Obwohl er hauptsächlich die Gottesdienste an der Liverpooler römisch-katholischen Kathedrale besucht, geht er gelegentlich auch in eine anglikanische Kirche in Edge Hill.

„Viele Teilnehmer der Gründungsveranstaltung der neuen ‚Bewegung christlicher Demokraten' im November 1990 in London waren Pro-Vita-Leute, die sich während der Anti-Abtreibungskampagne in David Altons Büro gemeldet hatten", schreibt die katholische Zeitung *The Universe*. Die Bewegung wurde von Alton und seinem römisch-katholischen Mit-Parlamentarier Ken Hargreaves mit der Zielsetzung gegründet, „wieder christliche Werte in das politische Leben Großbritanniens zu bringen" und auch, um „ein wertvolles Bindeglied zu anderen christlichen Parteien auf dem europäischen Festland zu schmieden, wie beispielsweise zu jenen in Italien, Deutschland, Belgien, Luxemburg, Holland und Österreich sowie ihren neuerlichen Entsprechungen in Ungarn, Polen und der Tschechoslowakei" (*Catholic Herald*; 10. Aug. 1990).

Soviel scheint gewiß: Der dauerhafte Nachkriegserfolg der christlich-demokratischen Parteien in Europa hat den Vatikan überzeugt, daß Sozialdemokratie mit christlichem Gepräge der Weg in die Zukunft sei, besonders nach dem spektakulären Versagen des Kommunismus. Die Jesuiten haben mit Hilfe von ‚*Catholic Action*' und anderen Formen politischer Aktivitäten und Druckmittel eine Schlüsselrolle in der Vorbereitung dieses Erfolges in Westeuropa gespielt und schicken sich an, das gleiche im Osten zu wiederholen. Der Papst hat besonders an die Gesellschaft Jesu appelliert, Priester für Osteuropa auszubilden, um der römisch-katholischen Kirche – wie *The European* es nennt – „eine Führungsrolle in der politischen Neuordnung Osteuropas zu geben" (*The European*; 14.-16. Dezember 1990).

Time Magazine berichtete im gleichen Monat, daß „jesuitische Experten Mitte Dezember 1990 in Rom zusammengekommen seien, um diese Aufgabe zu planen. Die Jesuiten unterrichten gegenwärtig 1,8 Millionen Schüler und Studenten an Schulen und Hochschulen in aller Welt und gelten als die geistige Elite, deren Schüler die Crème der katholischen Gesellschaft bilden. Sie stellen außerdem die größte missionarische Körperschaft innerhalb der katholischen Kirche dar" (*Time Magazine*; 10. Dezember 1990).

Neue Strategie, neue Ideologie – andere Mittel, gleiches Ziel

Während sich in Europa die Christ-Demokratie für den Vatikan bewährt hat, stützt sich die Strategie der Jesuiten in Mittelamerika mehr auf den Marxismus und die Befreiungstheologie. Die in Denver, Colorado, beheimatete Organisation *Concerned Christians* lenkte das Augenmerk auf jesuitische Aktivitäten in lateinamerikanischen Ländern im Jahre 1989. „Jesuiten halten, ungeachtet der marxistischen Ausrichtung, hohe Ämter in der sandinistischen Regierung in Nicaragua", hieß es in der Zeitschrift *US-News and World Report*. Andere haben ein Netzwerk von ‚Arbeiter-Priestern' aufgebaut und

„sind tief in revolutionäre Bewegungen in El Salvador, Guatemala, Brasilien und anderswo verwickelt".

Sie spielen eine Hauptrolle in der großen theologischen Offensive, die Marxismus und römischen Katholizismus unter dem Banner der Befreiungstheologie zusammenfaßt. Der Papst nannte die Befreiungstheologie „nicht nur rechtgläubig, sondern, von verfälschenden Bestandteilen gesäubert, sogar notwendig". Sie wird von wachsamen Christen weithin als das angesehen, was der Jesuitenschüler und Marxist Fidel Castro* Ende der 70er Jahre gefordert hatte: „Ein strategisches Bündnis zwischen Religion und Sozialismus, zwischen Religion und Revolution."

‚Ecclesia' militans

Kardinal Manning, Katholikenführer in England gegen Ende des 19. Jahrhunderts und unerschütterlicher Befürworter der päpstlichen Unfehlbarkeit, hielt 1870 vor den jesuitischen ‚Vätern' eine bewegende Rede; er rief zum Kampf auf und nannte das Angriffsziel für das 20. Jahrhundert:

> „Groß ist der Siegespreis, um den ihr kämpft. Eines Soldaten Auge und eines Soldaten Herz würde sicherlich intuitiv England als Kampffeld auswählen. Kein ergiebigeres und edleres ließe sich finden. England ist eine führende Kraft des Protestantismus, das Zentrum seiner Bewegungen und die Festung seiner Macht. Ist der Protestantismus in England geschwächt, ist er anderswo gelähmt. Ist er in England besiegt, ist er auf der ganzen Welt besiegt. Ist er hier erst einmal vernichtet, ist alles andere nur noch Kleinkrieg. Die ganze Welt läuft an einem Punkt zusammen, und hat man diesen Punkt erreicht, dann ist die ganze Welt dem Willen der Kirche unterworfen" (*Life of Cardinal Manning*; Edward Sheridan Purcell).

Die Bibel gibt uns eine deutliche Warnung:

---

* Castros Standhaftigkeit hat er – wie man jetzt erkennen kann – doch wohl mehr dem Vatikan als dem Kreml zu verdanken, mehr der Religion als der Revolution oder dem Sozialismus.

„Denn das weiß ich, daß nach meinem Abschied reißende Wölfe zu euch kommen, die die Herde nicht verschonen werden."

Apostelgeschichte 20,29

CRIB mahnt die Kirche ebenfalls zur Wachsamkeit:

„Jesuiten oder zumindest Männer mit jesuitischer Ausbildung stehen erstmals in der Geschichte unseres Landes in den einflußreichsten Führungsrollen: als religiöse Rundfunkgestalter, als Kapläne in Großbritanniens besten Schulen und Erziehungseinrichtungen und als Redner, Lehrer, Organisatoren in den führenden ‚halbkirchlichen' Organisationen.

Ihre Ernsthaftigkeit und die Kühnheit ihres Glaubens an ihr Vorhaben sind unumstritten. Das ist es gerade, was die Situation so gefährlich macht und weshalb es so notwendig ist, daß ‚der Wächter Alarm gibt'.

Das Ziel des Papsttums und seiner geheimen Armee ist das gleiche, das es immer gewesen ist: die Weltherrschaft, unter die sich jeder Mensch beugen muß. Die ökumenische Bewegung ist nicht auf die freie evangelische Botschaft Christi und auf die Ausgießung des Heiligen Geistes gegründet; sie wurde auf den finsteren Korridoren des Vatikans von dem jesuitischen Kardinal Bea ausgebrütet. Diese Bewegung ist die jüngste Äußerung jenes Systems, das, wie die Schrift sagt, nach göttlichem Willen zerstört werden wird" (Offenbarung 17,16-18).

Die Heilige Schrift warnt uns wiederholt und eindringlich vor der Verführung in unserer Mitte:

„Denn es hatten sich einige falsche Brüder eingedrängt und eingeschlichen, um die Freiheit auszukundschaften, die wir in Christus Jesus haben, und uns zu Knechten zu machen." Galater 2,4

„Denn diese Leute sind falsche Apostel, unehrliche Arbeiter, und verkleiden sich zu Aposteln Christi. Und das ist auch kein Wunder; denn der Satan selbst verkleidet sich als Engel des Lichts. Darum ist es nichts Besonderes, wenn sich auch seine Diener als Prediger der Gerechtigkeit verkleiden. Ihr Ende wird ihren Taten entsprechen." 2. Korinther 11,13-15

Kapitel 13

‚Märtyrer' und ‚Heilige'?

Wir leben in einem Klima zunehmender Gleichgültigkeit gegenüber unserer Geschichte. Die Menschen glauben, „was heute ist, ist wichtig, was gestern war, ist uninteressant". Der Zeitgeist hat uns auf alles eingestimmt, was jetzt ist und was neu ist. Der Materialismus und ein bequemes Leben haben uns vorgegaukelt, wir hätten Fortschritte gemacht, uns als Menschen weiterentwickelt. Diese Illusion wird vom Fernsehen, diesem modernen Hausgötzen, genährt. Es will uns weismachen, wir hätten den Planeten und unsere Zukunft im Griff. Der ‚Fortschritt' unserer Zivilisation geschieht nicht nur im Bereich des Wissens und der Technologie, sondern auch in unserem Religionsverständnis. Die Kirche hat diese neue Dynamik übernommen, vielleicht von der Welt; der Herr „schafft ein Neues". Die Erneuerung habe die Christen von der Vergangenheit befreit, von all dem Unangenehmen, dem Kampf, dem Blutvergießen. Die alten Streitigkeiten über Lehrfragen seien nicht länger wichtig. Jene Dinge, die fast das gesamte christliche Zeitalter hindurch solche Spaltungen verursachten, hätten heute nichts mehr auf der Tagesordnung zu suchen. Man brauche nicht mehr an sie zu denken, über sie zu reden oder unseren Kindern in der Schule von ihnen zu erzählen. Das sei lieblos und schaffe nur Uneinigkeit.

Der Widerstand gegen das protestantische christliche Erbe Großbritanniens, das in manchen Bereichen zunehmend als anstößig hingestellt wird, gewinnt immer mehr an Kraft. Das Gedenkjahr 1988, in dem die Christen nicht weniger als zehn wichtige Jahrestage und Jubiläen im Zusammenhang mit der Geschichte der englichen Bibel begingen, bekam in den Medien des Landes wenig Raum, obwohl ihre Majestät die Königin ihre Weihnachtsansprache 1988 damit begann, daß sie die Bedeutung der Jahre 1588 und 1688 für die Nation hervorhob und die Frage stellte, wie anders unsere Geschichte wohl ohne die großen Ereignisse verlaufen wäre, derer an den Jahrestagen gedacht wurde.

Ein wichtiger Gesichtspunkt dieses Erbes ist heimtückisch untergraben worden. Viele von uns wurden in dem Glauben erzogen, daß die Märtyrer unseres Glaubens jene waren, die den Feuertod starben, weil sie nicht fähig und bereit waren, ihren Glauben an die Schrift als das offenbarte Wort Gottes aufs Spiel zu setzen. Doch im November 1987 berichteten die seriösen Zeitungen sowie Fernsehen und Rundfunk ungewohnt ausführlich über die „Ehrung englischer Märtyrer".

Viele, die bei solchen Schlagzeilen aufmerkten und deren Phantasie in ihrer Schulzeit durch Berichte von dem Heldenmut Cranmers, Latimers und Ridleys entflammt war, müssen bei der Feststellung entsetzt gewesen sein, daß es hier um 85 katholische „Helden des Widerstandes gegen die protestantische Reformation" ging. Diese Männer wurden in Gegenwart des anglikanischen Bischofs von Birmingham, Marc Santer, vom Papst in Rom ‚seliggesprochen'. In einer Ansprache sagte der katholische Erzbischof von Westminster, Kardinal Hume, sehr bedacht: „Die Geschichte der Märtyrer darf nicht als beschämende Episode gesehen werden, sondern muß ihren rechten Platz als ein wichtiger Bestandteil unseres Erbes erhalten."

Es ist wahrscheinlich, daß den Strategen in Rom die Tatsache nicht entgangen ist, daß seit dem zweiten Weltkrieg nur ein einziger anglikanischer Bischof an einem Gedenkgottesdienst zu Ehren eines Märtyrers des reformierten Glauben teilgenommen hat. Die Vorsicht, die frühere Selig- und Heiligsprechungen in protestantischen Ländern kennzeichnete, ist nicht länger notwendig. Die Anzahl der Heiligsprechungs-Verfahren ist in den letzten Jahren erheblich angewachsen, einschließlich jener, die, erstmalig in der Geschichte, auf ausländischem Boden stattfanden. Allein im Jahre 1982 beispielsweise wurden mehr Fälle zur Sprache gebracht als in den gesamten 50er Jahren zusammen (Peter Hebblethwaite; *In the Vatican*, 1987). Papst Johannes Paul II. hat in den zwölf Jahren seines Papsttums bereits mehr Heilige ‚zur Ehre der Altäre erhoben' als insgesamt alle seine Vorgänger in diesem Jahrhundert. Er plant eine neue Welle von Heiligsprechungen, die auch die Kardinäle Newman und Manning und die Päpste Pius XII. und Johannes XXIII. erfassen soll.

Märtyrer oder Verräter?

Der Unterschied, den Christen zwischen protestantischen und katholischen Märtyrern sehen, läßt sich am besten anhand der geschichtlichen Ereignisse begreifen. In einem früheren Kapitel haben wir von jenen Missionaren in der gesamten Geschichte des Christentums bis heute gesprochen, die unbemerkt als Märtyrer der Wahrheit getötet worden sind. Im Gegensatz dazu haben die Medien beispielsweise ausführlich über das ‚Martyrium' der sechs Jesuitenpriester von El Salvador berichtet, die doch fraglos zum Zeitpunkt ihres Todes von dem politischen Geschehen ihres Landes eingeholt worden waren.

Zur Zeit der ausgedehnten Presseberichterstattung über die Seligsprechung der 85 ‚englischen Märtyrer' im Jahre 1987 veröffentlichte der in London beheimatete ‚Vereinigte Protestantische Rat' (*United Protestant Council*) eine gut fundierte Verlautbarung, die wir hier auszugsweise abdrucken. Sie wurde an alle landesweiten Zeitungen geschickt, doch keine einzige von ihnen druckte auch nur ein Wort.

„Niemand, dem an geschichtlicher Wahrheit gelegen ist, kann sich mit der Behauptung der Kirche Roms zufriedengeben, die 85 englischen Untertanen, die vom Papst seliggesprochen wurden, seien Märtyrer gewesen, d. h. sie hätten für ihren Glauben allein gelitten. Die 288 Märtyrer, die unter der Regentschaft Marias I. getötet wurden, litten einzig und allein für ihren Glauben. Sie wurden aufgrund rein religiöser Anklagepunkte verurteilt, hauptsächlich deswegen, weil sie die Lehre von der Transsubstantiation ablehnten, d. h. den Glauben, daß Brot und Wein in der Messe tatsächlich in Leib und Blut Christi verwandelt werden. Weder bestritten sie je, daß Maria die rechtmäßige Königin von England war, noch unterstützten sie irgendwelche ihrer offenen und ausländischen Feinde, noch verursachten sie einen Umsturz oder Bürgerkrieg. Sie planten keinen Aufruhr an geheimen Orten, noch hinderten sie einen Untertanen am Gehorsam.

Solche Anklagen des Verrats waren jedoch rechtmäßig gegen jene Katholiken vorgebracht worden, die unter Elisabeth und ihren Nachfolgern zum Tode verurteilt wurden und deren Namen in der jüngsten Liste der vom Papst in Rom ‚Seliggesprochenen' enthalten sind ...

Kein römischer Katholik war in den ersten elf Jahren unter Elisabeth I. hingerichtet worden, d. h. bevor Papst Pius V. alle römischen Katholiken zum Aufruhr anstachelte und ihnen befahl, der Königin, bei Strafe der Exkommunikation, den Gehorsam zu verweigern. Es ist eine unanfechtbare Tatsache, daß kein römischer Katholik einzig aufgrund seiner religiösen Ansichten hingerichtet wurde. Die Wahrheit ist, daß die meisten jener ‚seliggesprochenen' Laien deshalb zum Tode verurteilt wurden, weil sie die ‚Seminarpriester' in ihrer Absicht unterstützten, den Thron zu stürzen; 63 der 85 ‚englischen Märtyrer' waren ‚Seminarpriester', im Ausland ausgebildet und zurückgesandt, um die Verschwörungen des Papstes zur Untergrabung des englischen Thrones voranzutreiben. Diese Bemühungen waren verstärkt worden, nachdem Papst Gregor VII. 1580 der Ermordung Elisabeths und 1588 der Vorbereitung der Invasion seine Zustimmung erteilt hatte ...

Vor diesem Hintergrund kann unmöglich gesagt werden, daß diese Männer Märtyrer in einem rechtmäßigen Sinne des Wortes waren. Im Gegenteil, was die Kirche Roms hier tut, ist die Verherrlichung von Verrätern, Spionen und Verschwörern."

Geschichte neu geschrieben

Derselbe Einspruch war 1970 angesichts der Heiligsprechunng von ‚vierzig Märtyrern von England und Wales' durch Papst Paul VI. erhoben worden. Damals zählten zu den ‚Heiligen' Thomas Garnet und Nicholas Owen, zwei der Teilnehmer der berüchtigten ‚Pulververschwörung' von 1605.

Der Protestantismus hängt in den Seilen, und die Geschichte unseres Landes wird in zunehmendem Maße neugeschrieben. Das von *Marshall Cavendish* vermarktete ‚Entdeckungs-Paket', zunächst 1988 an Millionen junger Leute verkauft und seitdem auch als Spiel erhältlich, stellt Guy Fawkes als jungen Idealisten hin, der, dem römisch-katholischen Glauben unerschütterlich treu ergeben, Verfolgung von den Händen seiner Ankläger erduldete. Auch er mag wohl bald selig-, ja heiliggesprochen werden.

Die Heiligsprechung Thomas Henry Garnets, eines der ‚vierzig Märtyrer', veranschaulicht vielleicht am allerbesten, wie weit die Dinge in unserer Zeit gediehen sind. Die Pulververschwörung war ein jesuitischer Anschlag; König und Parlament sollten in die Luft gesprengt werden. Sie führte zu einem bewaffneten Aufstand gegen die Monarchie. Garnet, damals Ordensoberer der Jesuiten in England, gestand seine Schuld und wurde für seine Teilnahme an diesem schrecklichen Verbrechen gehängt. Sein eigenhändig geschriebenes Geständnis ist im Staatsarchiv erhalten (SP 14/20; 4. April 1605 PRO):

> „Ich, Henry Garnet, Priester in der Gesellschaft Jesu, bekenne freimütig vor Gott, daß ich die ehemalige Absicht des Pulveranschlags für durchaus ungesetzlich und höchst schrecklich erachte, sowohl hinsichtlich der Verletzung und des Verrats seiner Majestät des Prinzen und anderer, die zu der Zeit heimtückisch ermordet werden sollten, als auch hinsichtlich der vielen anderen Unschuldigen, die zugegen gewesen sein mögen ... Ich bekenne mich in höchstem Maße schuldig, gegen Gott sowie gegen die Würde und den Stand des Königs gesündigt zu haben, und bitte demütig um Verzeihung. Ich ermahne alle Katholiken allerorts, daß sie in keiner Weise an mir ein Vorbild nehmen, sondern durch Gebet und auf andere Weise den Frieden des Königreichs suchen und hoffen, seine Majestät werde ihnen gnädig geneigt sein, auf daß sie ihren gewohnten Frieden genießen und nicht die Last meiner und anderer Vergehen und Verbrechen tragen werden. Zum Zeugnis dessen habe ich dies mit meiner eigenen Hand geschrieben, 4. April 1605."

Ein Portrait Thomas Henry Garnets, des ‚Heiligen und Märtyrers' des römisch-katholischen Glaubens, hing lange Zeit im Speisesaal der jesuitischen Akademie in Rom.

Ebenfalls mit den ‚vierzig Märtyrern' heiliggesprochen wurde der Jesuit Edmund Campion, der 1580 „einer Verschwörung für schuldig befunden wurde, die das Ziel hatte, die Königin abzusetzen und zu ermorden, Krieg, Blutvergießen und Aufstand anzuzetteln, Religion und Regierung zu verändern und ausländische Truppen herbeizurufen". Für diese Verbrechen wurde er hingerichtet. 1970 sprach ihn Papst Paul VI. heilig.

Eine weitere umstrittene Heiligsprechung war diejenige des Thomas Morus im Jahre 1935. Er wurde von einflußreichen katholischen Autoren wie Hilaire Belloc und Evelyn Waugh im öffentlichen Bewußtsein als Heldenfigur hingestellt, und G. K. Chesterton bezeichnete ihn als „die größte historische Figur der englischen Geschichte". Der Film *A Man for All Seasons* mit Robert Bolt in der Hauptrolle bestätigte Morus als einen der großen Glaubensmänner seiner Zeit und aller Zeiten. Doch das ist Phantasie, nicht Geschichte. In seinem bekannten Buch *The Statesman and the Fanatic* (1982) zeigt der Historiker Jasper Ridley Thomas Morus als einen Fanatiker und als einen Mann, der „für das Gegenteil alles dessen eintrat, für das er heute bewundert wird ... Vielleicht hat er keine Ketzer in seinem Garten geschlagen, doch gibt es nichts, das Morus stärker mißbilligte als Freiheit, persönliches Gewissen und religiöse Toleranz".

‚Ketzer'* wurden in der Tat in seinem Garten geschlagen. Wylies ‚Geschichte des Protestantismus' und Foxes ‚Taten und Zeugnisse', auch genannt das ‚Buch der Märtyrer' – für die heutigen Christen eine überaus wichtige Lektüre –, beschreiben die Geißelung und Folterung jener, die „des Lesens in der Heiligen Schrift schuldig waren" und „rein protestantische Lehren glaubten", einschließlich des Kaufmanns John Tewkesbury und des Anwalts James Bainham, am ‚Baum der Wahrheit' in Sir Thomas Morus' Garten.

Am 24. Januar 1935 sandte die *Protestant Truth Society* folgendes Telegramm an Papst Pius XI., der zu dem Zeitpunkt dem Kanonisierungs-Konzil vorstand und die Erhebung von Sir Thomas Morus und Bischof John Fisher in den Stand der Heiligen verteidigte:

> „Wien, Karl V. und Heinrich VIII., Staatspapiere vom 27. September 1533 offenbaren Bischof Fisher als Verräter, der spanische

* Der Gebrauch des Wortes ‚Ketzer' – ohne Anführungszeichen – im Bezug auf wahre Christen ist typisch für unsere Zeit. Das Oxford-Wörterbuch der Christlichen Kirche hat unter dem Stichwort ‚Smithfield' diesen kurzen, abtuenden Eintrag: „Ein Platz in London, früher als Hinrichtungsort bekannt, bes. in der Reformationszeit, als in den ‚Feuern von Smithfield' während der Regentschaft Maria Tudors ungefähr 300 Ketzer dort verbrannt wurden. Heute ist der Platz als Fleischmarkt bekannt."

Invasion Englands plante. Sollen wir Kopien der Staatspapiere senden, bevor Sie mit der Kanonisierung am 29. Januar fortfahren?"

Nach höflichem Briefwechsel, während dessen der Vatikan Fotokopien der Papiere aus dem britischen Staatsarchiv erhielt, wurden die Fakten an den Presseverband geschickt. Lediglich zwei Zeitungen veröffentlichten sie – *The Daily Herald* und *The News Chronicle*. Interessanterweise erscheinen beide Zeitungen heute nicht mehr (*Jesuit Plots from Elisabethan to Modern Times*; A. Close; Wycliffe Press 1988).

Der erste ökumenische Heilige: J. H. Newman

Mit typisch feinfühliger Wahl des Zeitpunktes wurde der Antrag auf Heiligsprechung Kardinal Henry Newmans dem Papst im Juli 1989 vorgetragen, als gleichzeitig zu seinem 100. Todestag eine Kampagne anlief, ihn zu einem anglikanischen Heiligen zu machen. Die von Clifford Longley in *The Times* vertretene Meinung, „Newman habe das Programm des Zweiten Vatikanischen Konzils von seinem Grab aus geschrieben", läßt sich durch die Aussagen mehrerer Päpste belegen, die ihm den Verdienst der geistlichen Urheberschaft dieses ‚Newman-Konzils', wie es oft genannt wurde, zuschrieben. Newmans Heiligsprechungs-Prozeß hat nach Angaben seines Antragstellers, des Jesuitenpaters Vincent Blehl, „höchsten Vorrang" im Vatikan. Im ersten Teil des dreiteiligen Prozesses ist er bereits ‚ehrwürdig' gesprochen worden. Ihm fehlt noch ein beglaubigtes physisches Wunder, das nomalerweise für die zweite Phase, die ‚Seligsprechung' erforderlich ist; doch erwartet man, daß der Papst eine Ausnahme machen wird aufgrund des „moralischen Wunders seines außerordentlichen geistlichen Einflusses".

John Henry Newman, dessen Ansehen im Klima der Einheit zusehends wächst, wird sehr wahrscheinlich der erste ökumenische Heilige sein. Sein 100. Todestag im Jahre 1990 wurde von der Kirche mit feierlicher Würdigung seines Lebens begangen und erfuhr eine erhebliche Beachtung in der Presse. Der 500. Jahrestag Thomas Cranmers machte im Gegensatz dazu nur wenig Eindruck auf die Nation. Newman ist insbesondere für seinen Versuch bekannt, das

Konzil von Trient mit den ‚Neununddreißig Artikeln' der englischen Kirche zu versöhnen. Cranmer, einer der Verfasser dieser Artikel, widmete sein Leben der Hervorhebung der Unterschiede zwischen den Lehren Roms und der biblischen Lehre der englischen Kirche. David Samuel, der Direktor der Kirchlichen Gesellschaft (*Church Society*), einer Organisation der Church of England, sagte damals: „Es ist deshalb keineswegs überraschend, daß der erstere in dem Maße gefeiert wird, wie letzterer vernachlässigt wird."

Newman, dessen ‚Neuformulierung der Lehre' besonders der vorige Erzbischof von Canterbury Robert Runcie rühmte, war der Meinung, daß die Fortentwicklung der Lehre wirklich gleichbedeutend mit fortgesetzter Offenbarung sei. Das ist eine Sicht, die heute von vielen Richtungen charismatischen und liberalen Denkens geteilt wird. Dr. Runcie glaubte, daß „nach Zeiten des Kampfes ein Wunder geschehen war". Newman galt als das Werkzeug zur Vollbringung dieses Wunders und wurde in zunehmendem Maße für eine Schlüsselfigur in der Geschichte des 19. Jahrhunderts gehalten.

Die Zeiten haben sich wahrlich geändert. William Gladstone, ein Staatsmann im 19. Jahrhundert und gleichzeitig Geistlicher der englischen Hochkirche, betrachtete Newmans Konversion zum römischen Katholizismus als die möglicherweise größte religiöse Krise seit der Reformation. Wenn auch jetzt weniger sichtbar, hat sich diese Krise, von welcher der damalige Premierminister sprach, verschärft, seit sich die ‚neuformulierte Lehre' verbreitet und die ökumenische Entwicklung beschleunigt hat.

Auch die Verfasser der ‚Gemeinsamen Erklärung' der *ARCIC* zehren von Newmans ‚Fortentwicklung der Lehre'. Sein ‚Essay über die Entwicklung christlicher Lehre', ein durch und durch ökumenisches Werk, das er als Anglikaner begann und als römischer Katholik abschloß, hat allen Beteiligten als Beweistext gedient.

Die Beschäftigung mit Newmans Leben und Denken ist von protestantischen Theologen als sehr verwirrend bezeichnet worden, als ein „Erleben tiefer Finsternis, doch ohne das ‚gütige Licht' der Leitung Gottes". Damit wollten sie nicht Newmans berühmtes Lied ‚Führe uns, gütiges Licht' (*Lead, Kindly Light*) verspotten, sondern zum Ausdruck bringen, was sie angesichts der Erzeugnisse seiner gewundenen, komplexen und widersprüchlichen Denkweise empfanden. Einer seiner ältesten Freunde, Dr. Jelf, sagte, daß Newmans Denken immer vom Wesen her jesuitisch war. Ein Mit-Katholik, Lord Acton, bezeichnete ihn als einen „Manipulator der Wahrheit". Als Leiter der ‚Traktarianer-Gesellschaft' (*Tractarian Society*), die durch ihre Verschwiegenheit gekennzeichnet war, hatte Newman die sogenannte ‚Sparsamkeit (Ökonomie) des Lehrens und Überzeugens' verteidigt, eine Strategie, die die Wahrheit entweder zum Vorteil einsetzt oder sie verschweigt. Clemens von Alexandria zitierend schrieb Newman: „Er denkt und spricht die Wahrheit, außer wenn eine vorsichtige Behandlung nötig ist, und dann wird er als Arzt zum Wohl seines Patienten lügen ... nur das Wohl seines Nachbarn wird ihn dazu veranlassen. Er gibt sich selbst auf für die Kirche."

‚Sparsamkeit' war ein Ausdruck, um die ‚Mittel zum Zweck'-Lehre der Jesuiten zu beschreiben, ‚Zurückhaltung' ist ein weiterer. Die Lehre von ‚Sparsamkeit' und ‚Zurückhaltung' wurde angewandt, um ein Großteil der rituellen Bewegung des 19. Jahrhunderts, einschließlich der Mitgliedschaft, der Ziele und Aktivitäten der Oxford-Bewegung und Traktarianer-Gesellschaft verborgen zu halten. Der protestantische ‚Wächter' Walter Walsh hat all das in seinem Buch *The Secret History of the Oxford Movement* sorgfältig untersucht. Er liefert darin auch Informationen über die ‚Bruderschaft des Heiligen Sakraments', gegründet zur Wiedereinführung der Lehre von der Transsubstantiation; über die ‚Gilde aller Heiligen' zur Erneuerung der Fegefeuer-Lehre und der Gebete für die Toten und über den ‚Orden der korporativen Einheit', der die Saat für die ökumenische Einheit mit römischen und orthodoxen Kirchen setzen sollte.

Heiligkeit und die britische Krone

Als Newman 1845 Englands berühmtester Konvertit zur römischen Kirche wurde, war es George Spencer, der ihm die Beichte vor der Firmung abnahm. Dieser ist ein Urgroßonkel von Prinzessin Diana und ein Großonkel von Winston Churchill. Er konvertierte kurz vor Beginn der Oxford-Bewegung zum römischen Katholizismus und steht nun auf der Warteliste für ‚Heiligkeit'. Die ausgedehnte Berichterstattung, nachdem der Vatikan die Darlegung des Falles bekanntgegeben hatte, spricht Bände von seiner Bedeutsamkeit. Fr. Jeremiah Donovan, wie George Spencer ein Passionisten-Priester, erzählte dem

Sunday Telegraph (14. April 1991): „Rom wird erpicht darauf sein, einen Heiligen im Umfeld der königlichen Familie zu haben." Wie an anderer Stelle in diesem Buch erläutert, ist dies gewiß eine Untertreibung. Die Heiligsprechung wird wahrscheinlich, wie diejenige Newmans, ihre drei Stufen schnell durchlaufen. Den Rekord für eine Erhebung in den Heiligenstand hält übrigens der hl. Antonius von Padua (13. Jahrhundert) mit 352 Tagen. Solche Geschwindigkeit würde natürlich Aufsehen erregen, aber heute geht nun einmal alles schnell.

In seiner Amtsantrittsrede vor der multireligiösen Versammlung in der Kathedrale von Canterbury am 19. April 1991 zeigte der Erzbischof von Canterbury George Carey seine starke ökumenische Bindung, indem er von seinen Vorgängern im Amt des Erzbischofs sprach, die für ihren Glauben getötet worden waren.

Er nannte Alphege, Thomas Becket und William Laud, aber er überging Thomas Cranmer. Alphege war ein Benediktinermönch im 10. Jahrhundert. Becket und Laud trachteten – der eine im 12., der andere im 17. Jahrhundert – die Kirche unter die Herrschaft Roms zurückzubringen. Alphege und Becket sind bereits heiliggesprochen. Es kann gut angehen, daß Laud, der Ritualist, der Protestanten verfolgte, sich ihnen bald anschließen soll. Obwohl George Careys Ernennung zum Erzbischof ihn verpflichtete, die ‚Neununddreißig Artikel des Glaubens' und das Allgemeine Gebetbuch zu wahren, ist es bezeichnend, daß unter den Märtyrern des Glaubens, die er nannte, nicht der Mann zu finden war, der am meisten für diese grundlegenden Bekenntnisschriften der anglikanischen Kirche verantwortlich war: Erzbischof Thomas Cranmer.

Der heilige Thomas Becket und die nationale Kirche

Das Grab Thomas Beckets in der Kathedrale von Canterbury und die geistliche Gegenwart dieses römisch-katholischen ‚Heiligen' in der wichtigsten anglikanischen Kathedrale erweisen sich als sehr bedeutsam für die ökumenische Bewegung. 1982 beteten Papst Johannes Paul II. und Erzbischof Runcie gemeinsam an seinem Schrein, und 1989 führte der Erzbischof von York, John Habgood, Pilger, die zu der ersten multireligiösen Versammlung bei der Kathedrale eingetroffen waren, an den Schrein als zu ihrem letzten Ziel. Die drei Gruppen der ausgesprochen ökumenischen Pilgerschaft waren vorher aus verschiedenen Richtungen an einem Ort zusammengetroffen, nämlich an der ‚heiligen' Stätte, wo Heinrich II. nach Beckets Ermordung im Jahre 1170 vor dem Papst Buße tat.

Das Drama *Murder in the Cathedral* des Anglo-Katholiken T. S. Eliot hat, genau wie *A Man for All Seasons* (im Hinblick auf Thomas Morus), das öffentliche Verständnis der Umstände beeinflußt, die zum Tode dieses katholischen Glaubenshelden geführt hatten. Gottesdienste werden im ganzen Land jedes Jahr am 29. Dezember gehalten, um, unter ausführlicher Berichterstattung der nationalen Presse, des ‚Martyriums' Beckets zu gedenken.

Beckets ‚Martyrium', das aus seiner Papsttreue erwuchs, die er der Treue gegenüber der Krone vorzog, mag sich sehr wohl in naher Zukunft bei der Wiederbelebung des Grundsatzes als bedeutsam erweisen, daß der Staat über die Kirche keine Macht haben sollte.

Die landesweite Diskussion zwischen den Befürwortern und Gegnern der Entstaatlichung ist von neuem entfacht. Einige Testballons sind in den letzten Jahren aufgestiegen, und die britische Öffentlichkeit wurde vorbereitet, das noch vor einem Jahrzehnt Undenkbare ernsthaft in Erwägung zu ziehen. Anfang des Jahres 1989 warf der Erzbischof die Frage der Entstaatlichung der englischen Kirche auf. Ein Jahr zuvor hatte *The Sunday Times* in ihrem Leitartikel ‚Modernisiert die Monarchie!' darauf hingewiesen, daß „eine Beendigung des protestantischen Monopolanspruchs auf den Thron nicht nur gerecht wäre; sie würde auch die Church of England von ihrer schweren Last befreien, die sie als staatliche Kirche trägt" (*Sunday Times*; 31. Jan. 1988).

Diesen fortwährenden Spekulationen folgte eine ernste landesweite Auseinandersetzung zum Thema Kirche und Staat, Krone und Bischofshut, und das ausgerechnet zu Beginn des ‚annus horribilis', des ‚schrecklichen Jahres' für die königliche Familie, des Jahres, in dem auch die Ehe des Thronfolgers unheilbar scheiterte. Dr. John Habgood, der Erzbischof von York, sprach in einer Fernsehsendung im Januar 1993 in einem alles andere als unvoreingenommenen Programm, das offensichtlich für die Trennung von Kirche und Staat eintrat, das Thema des Krönungsgottesdienstes an:

„Wenn dieser die Einheit der Nation fördern soll, dann muß er der

Tatsache Rechnung tragen, daß wir in einer ökumenischen und multireligiösen Gesellschaft leben", sagte er. Der Erzbischof von Canterbury, George Carey, beeilte sich, der Sichtweise seines Stellvertreters beizupflichten: „Die religiöse Landkarte Großbritanniens hat sich bis zur Unkenntlichkeit verändert; dieser Tatsache müssen wir ins Auge sehen" (*Daily Mail;* 1.Februar 1993).

Verfassungsexperten glauben, daß eine Ausweitung des Krönungseides im Endeffekt zur Entstaatlichung der Church of England, wie wir sie heute kennen, führen werde. Wie der Kolumnist und Autor Paul Johnson es ausdrückt: „Zwischen einer verfassungsrechtlich gesicherten Staatskirche und einer vollends säkularisierten Gesellschaft gibt es keine Zwischenstationen" (*Daily Mail;* 26. Januar 1993).

Jetzt, da die Maastricht-Entwicklung sogar den protestantischen Thron gefährdet, wird das atemberaubende Tempo, mit der diese Veränderungen voranschreiten, von Christen als der Entzug der Gnade und des Segens Gottes gewertet, der unausweichlich aus unserer nationalen Abtrünnigkeit erfolgen mußte. Die Abkehr der Mitglieder des jetzigen Königshauses von den feierlichen Gelübden, die sie vor Gott und der Nation anläßlich der Thronbesteigung, und voreinander bei der Eheschließung, abgelegt hatten, scheint nach vierzig Jahren einen Sturm – nicht nur ein ‚annus horribilis' – geerntet zu haben.

Ihre Majestät verpflichtete sich, nach besten Kräften die Satzungen und Gesetze der Heiligen Schrift, dieses „königlichen Gesetzes", des „wahrhaftigen Wortes Gottes" aufrecht zu erhalten und die protestantisch-reformierte Religion zu wahren. Während der vierzig Jahre ihrer Regentschaft gab sie ihre Zustimmung zu Gesetzesänderungen, die die Ehescheidung ermöglichten, Abtreibung und Homosexualität legalisierten und Ehebruch und Pornographie „liberalisierten".

Prinz Charles' gescheiterte Ehe und seine Affäre mit Camilla, der Ehefrau des Kapitäns der königlichen Garde, Oberst Parker-Bowles, haben dazu beigetragen, die Verfassungskrise zu beschleunigen und den Ruf nach einer Änderung des Throneides lauter werden zu lassen. Die königliche Familie, die sogar in Verfassungsfragen den Rat des römischen Katholiken Lord St. John of Fawsley einholt, muß durch ihre sehr engen Beziehungen zu römisch-katholischen Freunden wohl auch in ihrer Einstellung zu den protestantischen Eiden, die sie abgelegt hat, stark beeinflußt worden sein.

Die Parker-Bowles-Familie ist katholisch, ebenso wie James Gilbey, der Mann, der durch den „Dianagate"- oder „Squigley"- Telefonmitschnitt bekannt wurde. Prinzessin Diana, stark beeinflußt von ihrer engen geistlichen Beziehung zu Mutter Theresa, und vielleicht „zu ihrer Lieblings-Hellseherin, dem irischen römisch-katholischen Medium Betty Palko", „erhält von einem Dominikanerpriester in einer Oxforder Geheimadresse Vorbereitungsunterricht für ihren Übertritt zum römisch-katholischen Glauben"; so jedenfalls weiß es die Boulevardpresse zu berichten (*Today;* 19. Dezember 1992 und *The People;* 27. Dezember 1992).

In seiner Ausgabe zum 1. Februar 1993 stellte der *Daily Telegraph* den Wortlaut des Krönungseides neben die Meldung von der Revisionsempfehlung der beiden Erzbischöfe. Das hofinterne Rundschreiben desselben Tages befaßte sich hauptsächlich mit der Teilnahme der Königin, des Herzogs von Edinburgh und ihrer Söhne, der drei königlichen Prinzen, an dem Staatsbegräbnis des ehemaligen Generalgouverneurs von Kanada, das in der ‚Mary Queen of the World'-Kathedrale von Montreal stattfand.

Kapitel 14

Verfolgung und Inquisition

Jene, die unser christliches Erbe verteidigen, sind besorgt über die Art und Weise, wie der Vatikan die Medien nutzt, um aus Schurken Heilige zu machen, und über seine langjährige Praxis, jene heilig- und seligzusprechen, die Jahrhunderte hindurch weithin als Verfolger der wahren Kirche angesehen wurden. Ein altes Beispiel ist der heilige Dominikus, der einen eigenen Orden gründete, die berüchtigte Inquisition einführte und die Hauptverantwortung für die Verfolgung von ‚Ketzern', d. h. Juden und bibelgläubigen Christen übernahm. Ein weiterer Mann in dieser Tradition ist Ignatius von Loyola, dessen ‚Gesellschaft Jesu', eine insgesamt raffiniertere Organisation, vom Vatikan gebraucht wurde, um dieselbe Rolle nach der Reformation zu übernehmen.

Der jetzige Papst schlug die Heiligsprechung Königin Isabellas von Spanien für das Jahr 1992 vor, rechtzeitig zum 500. Jahrestag der Reise des Kolumbus zur Neuen Welt. Königin Isabella entsandte zwar den großen Entdecker, doch rief sie auch die Spanische Inquisition unter Torquemada ins Leben und vertrieb 200.000 Juden wie auch zahlreiche Moslems aus Spanien. Dessenungeachtet wurde Isabella vom Vatikan als ‚eine große Christin' hingestellt. Jüdische und moslemische Proteste zwangen den Vatikan jedoch schließlich, das Vorhaben zu überdenken.

Im September 1987 bestand der Plan, Fr. Junipero Serra, den Gründer des ‚Kalifornischen Missions-

Systems' im 18. Jahrhundert und ein aktives Mitglied der Spanischen Inquisition, während des Papstbesuches in Carmel, Kalifornien, seligzusprechen.

Vor diesem Besuch hatte es bereits zwei Jahre lang eine ‚Junipero Serra'-Gedenkbriefmarke gegeben*, die von den Amerikanern für unzählige Auslandsbriefe benutzt wurde; das war nur eine der Werbemaßnahmen zur Vorbereitung der öffentlichen Meinung. Doch die eingeborenen Indianer kündigten Widerstand an. Der Führer der Chumash-Indianer Cheq Weesh Auh-Ho-Oh sprach in den Medien von „Indianer-Demonstrationen, wie man sie sein Lebtag noch nicht gesehen hat". Er rief die Erfahrungen mit der Serra-‚Mission' ins Gedächtnis: Damals war Bekehrung ein brutaler Vorgang; die Indianer wurden „durch die Taufe in die Sklaverei geführt". Sie wurden mit Peitschen geschlagen, mit Ketten und im Stock gebunden; man zwang sie, in der Ernte zu arbeiten und Missionshäuser zu bauen, und sie starben wie die Fliegen.

Die amerikanische Presse berichtete, ein Vatikansprecher habe gesagt, daß der Papst Fr. Serra „aus zeitlichen und verfahrenstechnischen Gründen nicht seliggesprochen" habe. Doch merkwürdigerweise berichtete der *Catholic Herald* anschließend, der Papst habe Fr. Serra tatsächlich während seines Besuches seliggesprochen. Die Begegnung des Papstes mit Clint Eastwood, dem Bürgermeister von Carmel, beschäftigte die Presse offenbar derart, daß sie die Seligsprechung überging. Angesichts der bekundeten Ablehnung war das für den Vatikan sicherlich hilfreich: Ein peinlicher Protest war vermieden worden, und der Papst konnte somit Serra „ein leuchtendes Vorbild christlicher Tugend und missionarischen Geistes, einen Verteidiger und Helden der Indianer" nennen (*Catholic Herald*, September 1987).

---

* Die Herausgabe der Serra-Gedenkmarke durch die US-Postbehörde steht in krassem Gegensatz zur Entscheidung der britischen Post, keine Gedenkmarke zum 500. Geburtstag Thomas Cranmers im Jahre 1989 herauszugeben. Cranmer, Erzbischof von Canterbury unter drei Monarchen, war ein Gründer der Church of England, Mitverfasser des Allgemeinen Gebetbuches und, mit den Bischöfen Latimer und Ridley, ein Märtyrer Christi in Oxford. Die Entscheidung der Postverwaltung, des Geburtstages Cranmers nicht mit einer Sondermarke zu gedenken, war vermutlich gut gemeint, um Anstoß zu vermeiden und die ökumenische ‚Einheit' zu fördern; doch letztlich kommt sie einer Leugnung der wahren Geschichte unserer Kirche und unserer Nation gleich.

Im Dezember 1989 erhob Johannes Paul II. die erste in Kanada geborene Heilige, Marie Marguerite d'Youville, ‚zur Ehre der Altäre' und pries die „heldenhafte Nächstenliebe" ihrer Arbeit unter den Armen Montreals. Mitglieder der schwarzen katholischen Gemeinde Montreals jedoch äußerten ihre Entrüstung über die Heiligsprechung und wiesen darauf hin, daß St. Marguerite etwa ein Dutzend Sklaven von ihrem Mann erbte und angeblich weitere kaufte und verkaufte.

Jüdische Proteste rief die Entscheidung hervor, Edith Stein heiligzusprechen, die gemeinsam mit Millionen Menschen jüdischer Abstammung in Ausschwitz starb. Die Konvertitin Stein, in der römisch-katholischen Kirche bekannt als Schwester Theresa Benedikta vom Kreuz, bat Gott, ihr Leben als Sühnopfer „für den Unglauben der Juden" anzunehmen. Sie war bereits seliggesprochen, trotz der Proteste der Juden, die das Empfinden hatten, der Papst wolle aus dem Holocaust Kapital schlagen. Der andere katholische Märtyrer von Auschwitz, Vater Maximilian Kolbe, von dem es heißt, er habe sein Leben gegeben, um einen Vater von drei Kindern zu retten, hatte nach Angaben des *Observer*-Korrespondenten Neil Ascherson „vor dem Krieg ein schreckliches antisemitisches Tagesblatt herausgegeben" (*Observer*; Sonntag 25. Juli 1989).

Ein weiteres römisches Reich

Die Inquisition, angeführt von den Dominikanern und den Jesuiten, war gewöhnlich bald auf dem Plan, wenn Spanien und Portugal im 16. und 17. Jahrhundert neue Gebiete erobert hatten. Die angewandten Methoden, die oft denen des Serra in Kalifornien und der nazigestützten Ustashis in Kroatien ähnelten, legten den Grund für Abwehr und Abneigung, die sich seitdem vielfach als Hindernis für echte Missionare erwiesen haben.

Albert Close, ehemaliges Ratsmitglied der *Protestant Truth Society*, schreibt über die Jesuitenmission in Indonesien im Jahre 1559, daß „die Bekehrung oft wunderbar verkürzt wurde durch die Kolonial-Gouverneure, deren Milizen den Eingeborenen die Wahl zwischen Musketenkugel und Taufe ließen. Diese Sorte von Christentum wurde von der chinesischen Regierung schlichtweg übergangen, als sie im Jahre 1913 das protestantische Großbritannien und

Nordamerika bat, den allmächtigen Gott anzurufen, daß er diese große Nation in ihrer Geburtsstunde als verfassungsmäßig regiertes Land segne. Sie ließen den Papst außer acht, weil sie die römisch-katholische Religion in keiner Weise als Christentum ansahen. Die Chinesen beurteilten die Missionare und ihre Lehren nach ihren Früchten" (*The Divine Programme of the World's History*; A. Close).

In Japan gipfelten die Aktivitäten der römisch-katholischen ‚Missionare' in der Aufstellung einer Armee von 30.000 Japanern, die gegen die zivilen und militärischen Vertreter der japanischen Regierung marschierte. Daraufhin wurde 1639 das ‚Ausschluß-Edikt' eingeführt: „Für die Zukunft soll sich niemand, solange die Sonne die Welt erleuchtet, erdreisten, nach Japan zu segeln, nicht einmal in der Eigenschaft eines Botschafters. Diese Erklärung darf bei Todesstrafe niemals widerrufen werden."

Es ist interessant, diese Erklärung einmal mit den Ausschlußklauseln der *Bill of Rights* zu vergleichen, die nur 50 Jahre später in England erlassen wurde.

Die Japaner hatten ihre Tore zunächst bereitwillig geöffnet, als westliche Seefahrer und Entdecker eintrafen. Nun zogen sie sich wieder in die feudale Isolationspolitik zurück. Nach der Erfahrung mit dem vatikanischen Imperialismus waren sie davon überzeugt, daß das Christentum nichts anderes sei als ein „westliches Folterwerkzeug zur Erzwingung politischer und religiöser Herrschaft" (Avro Manhattan; *Vietnam, Why Did We Go?*). Seitdem und bis in die Nachkriegszeit hinein waren die Japaner – ein Volk mit gutem Gedächtnis, sehr von ihrer Geschichte bestimmt und in Ahnenverehrung verstrickt – äußerst mißtrauisch gegen ‚Christen'. Deshalb ist es nicht überraschend, daß Japan heute eine der am wenigsten evangelisierten großen Nationen der Erde ist.

Diese Vorgänge helfen vielleicht auch, die Grausamkeit und Brutalität japanischer Greueltaten im Pazifischen Krieg zu erklären, auch wenn sie natürlich nicht entschuldigt werden können.

Vatikanische Pläne, das Jahr 1992 zu einer triumphalen Gedenkfeier des 500. Jahrestages der Entdeckung und Evangelisierung Lateinamerikas zu gestalten, „begannen nach hinten loszugehen", schrieb Jan Rocha in *The Guardian* im April 1991, „seit Eingeborenengruppen zusammenkommen, um die Rolle der katholischen Kirche in dem Völkermord anzuprangern, den die ‚Entdeckung' ihnen beschert habe. ‚Den 500. Jahrestag feiern heißt ein Massaker feiern', sagen Indianerführer in Mexiko. In Ecuador bezeichneten sie das Geschehen als ‚eine Invasion, die den Völkermord mit sich brachte durch die Übertragung europäischer Krankheiten, durch Ausbeutung und durch die Trennung von Eltern und Kindern.‘ In Peru ging der südamerikanische Eingeborenenrat noch weiter, als er feststellte: ‚Wären Beobachter internationaler Menschenrechtsorganisationen während der Eroberung zugegen gewesen, dann wären der spanische Staat und die katholische Kirche weltweit für ihre Greueltaten an dem indianischen Volk verurteilt worden. Der an den Indianern verübte Völkermord läßt Hitlers Völkermord an den Juden gering erscheinen‘“ (*The Guardian*, Internationale Nachrichten; 20. April 1991).

Inquisition im 20. Jahrhundert – Kroatien

Wir brauchen gar nicht so weit in die Geschichte zurückzugehen, um einen weiteren Eindruck von demselben ‚Missionsgeist‘ zu bekommen. Aus einem Memorandum in den Unterlagen des Spionageabwehrkorps‘ der US-Armee, datiert vom 12. September 1947, geht hervor, daß Agenten, die nach dem zweiten Weltkrieg entflohene Nazi-Verbrecher jagten, mit Absicht die Gefangennahme eines Mannes vermieden, weil „seine Verbindungen so hoch und seine gegenwärtige Stellung so bloßstellend für den Vatikan sind, daß eine Auslieferung des Subjekts der römisch-katholischen Kirche einen niederschmetternden Schlag versetzen würde“ (*Battle Cry*; Chick Publications, Chino, Kalifornien).

Der Mann war Anton Pavelic, Oberhaupt des neuen kroatischen Staates, der während des Krieges aus Jugoslawien herausgeschält worden war. Während Pavelic's vierjähriger Regentschaft verfolgten er und der römisch-katholische Erzbischof Alois Stepinac eine ‚Konvertier-oder-stirb‘-Politik unter den 900.000 griechisch-orthodoxen Serben, Juden und anderen in Kroatien lebenden Bevölkerungsgruppen. 200.000 konvertierten; 700.000, die den Tod wählten, wurden gefoltert, verbrannt, lebendig begraben oder erschossen, nachdem sie ihre eigenen Gräber ausgehoben hatten. In dieser entsetzlichen Verfolgung von seiten der Ustashis geschahen viele der schlimmsten Greueltaten des Krieges; jedenfalls waren die Verstümmelungen furchtbar und die Grausamkeit schrecklich.

Die katholische Kirche überließ die Durchführung eines religiösen Krieges nicht weltlichen Händen. Sie selbst war zugegen, offen, jede Vorsicht außer acht lassend und so kühn wie seit langem nicht mehr. Mit Beil, Degen oder Gewehr inszenierte die römisch-katholische Priesterschaft das Massaker und wurde so ihr eigenes Werkzeug der Inquisition wie in den Tagen Torquemadas. Viele der Ustashi-Offiziere waren Priester und Mönche, vereidigt, mit „Schwert und Gewehr" für „den Sieg Christi und Kroatiens" zu kämpfen (Avro Manhattan; *The Vatican Holocaust*; Ozark Books, Springfield, MO, 1986). Priester spielten eine Hauptrolle bei der Schließung oder Übernahme orthodoxer Kirchen, bei der Beschlagnahme von Gemeindebüchern und dem Verhör orthodoxer Geistlicher. Sie beaufsichtigten auch Konzentrationslager und veranlaßten die Folterung vieler ihrer Opfer. Der französische Autor Edmond Paris, von Geburt römischer Katholik, der mit seinem Buch *Convert or Die* eine gründliche Darstellung dieses schrecklichen Massakers vorgelegt hat, sagte: „Für die Welt ist es schwer zu glauben, daß im 20. Jahrhundert ein ganzes Volk von einer Regierung und einer religiösen Hierarchie zur Ausrottung verurteilt sein konnte, nur weil es einer anderen ethnischen und rassischen Gruppe angehörte und das byzantinischen Christentum und nicht dasjenige Roms geerbt hatte" (Edmond Paris; *Convert or Die*; Chick Publications; Chino, CA). Der Welt sind diese Vorkommnisse so gut wie unbekannt, und deshalb kann sie gar nicht ganz verstehen, was seit 1991 in Jugoslawien geschieht.

Im September 1991 brachte der *Sunday Telegraph*- Schreiber Andrew Roberts seine Überraschung darüber zum Ausdruck, daß „in der gegenwärtigen Krise fast sämtliche westlichen Medien sich entschieden haben, für die Kroaten einzutreten". Er schließt die Frage an: „Welche Reaktion erwartet man denn von den Serben auf die Entscheidung, das karierte Symbol der Ustashis als kroatische Nationalflagge zu übernehmen? In Krajina braucht man länger als die 45-minütige Konzentrationsspanne der heutigen CNN-Berichterstattung, um zu vergessen, wie franziskanische Mönche an dem Blutbad unter den Serben im kroatischen Bosnien beteiligt waren. Orthodoxen Serben war Schutz versprochen worden, wenn sie zum Katholizismus konvertierten, doch nach Betreten der Kirchen wurden sie unter den Augen der Priester getötet" (*Sunday Telegraph*; 15. September 1991).

In seinem maßgebenden Buch *Roman Catholicism* schreibt Professor Loraine Boettner von seinen eigenen Empfindungen angesichts der Tatsache, daß solche unerhörten Tatsachen damals wie heute verschwiegen werden: „Am erstaunlichsten war die Art und Weise, mit der jene Verbrechen übergangen und vertuscht wurden, obwohl ähnliche Massaker an Juden in Deutschland die weiteste Beachtung erhielten – ein weiterer Beweis dafür, wie heimtückisch und wirksam der römische Klerus seinen Einfluß auf Presse und Rundfunk ausübt. Doch jetzt hat ein französischer Autor, ein gebürtiger römischer Katholik, die Geschichte in seinen reichhaltig dokumentierten Büchern *The Vatican Against Europe* und *Genocide in Sattelite Croatia* dargelegt. Ein anderer französischer Autor, Herve Lauriere, berichtet dieselben Ereignisse in seinem Buch *Assassins in the Name of God.* Sowohl Paris als auch Lauriere weisen die Verantwortung eindeutig den Priestern der Kirche Roms zu" (*Roman Catholicism*; Loraine Boettner, Banner of Truth, 1962).

Der Versuch, ein römisch-katholisches, unabhängiges Kroatien zu schaffen, ging mit einer Verfolgung einher, die so heftig war, daß in der Geschichte nur selten eine Parallele zu finden ist. In der Spanischen Inquisition unter Torquemada starben 125.000 Menschen durch Verbrennen, Folter und Hunger. Die Bartholomäus-Nacht in Frankreich im Jahre 1572 raffte 100.000 Opfer dahin. Doch die Inquisition der serbischen Orthodoxen durch die kroatischen Katholiken war mit ihren 750.000 getöteten Serben in nur vier Jahren noch schrecklicher und in seinen Ausmaßen noch weit größer.

Pavelic's Verbrechen wurden mit Hilfe vatikanischer Spitzenkontakte unter den alliierten Mächten vertuscht, und er durfte sich so manchem römisch-katholischen Kriegsverbrecher anschließen, der auf der ‚Kloster-Fluchtroute' aus Europa katapultiert wurde. Diese ‚Rattenbahn' wurde, wie es in dem Nachruf für Klaus Barbie, den ‚Schlächter von Lyon', in *The Independent* hieß, von einem kroatischen Kirchenmann in Verbindung mit dem Vatikan verwaltet (*The Independent*; 27. Sept. 1991). Pavelic kehrte 1959 aus Südamerika zurück, um sich in einem deutschen Krankenhaus in Madrid behandeln zu lassen. Monate später starb er, und an seinem Sterbetag wurde ihm der persönliche Segen von Papst Johannes XXIII. erteilt. Sein ‚Mitarbeiter' in diesen unsäglichen Verbrechen, Alois Stepinac, wurde von Papst Pius XII. nach dem Krieg zum Kardinal ernannt, obwohl er 1946 vom Tito-Regime verhaftet und zu lebenslanger Haft verurteilt worden war. Stepinac hatte Pius XII. 1942 zweimal in Rom besucht, um ihm von der ‚Bekehrung' von 244.000 Serben zum römischen Katholizismus zu berichten. Sein Tod im Jahre 1960 erweckte ein kraftvoll orchestriertes Konzert von Trauer- und Lobesgesängen in allen katholischen Ländern. Er wurde in römisch-katholischen Kreisen wie ein Märtyrer gehandelt, weil er fünf Jahre unter Hausarrest gestanden hatte. Kardinal Spellman in New York benannte sogar eine katholische Hochschule nach ihm. Der Mann, der 1941 schrieb „Hitler ist von Gott gesandt" und der in einem Hirtenbrief das Vorgehen der Ustashis das „Werk des Herrn" nannte, wird nach alledem einen Heiligenschein tragen und kanonisiert werden, prophezeite Edmond Paris (*Ustashi in a Free World*; Edmond Paris; *Convert or Die*; Chick Publications, Kalifornien).

Stepinac's Nachfolger, Kardinal Franjo Kuharic bedrängt den jugoslawischen Staat, als Vorstufe für Stepinac's Heiligsprechung das Urteil Titos zu widerrufen (*The Independent Magazine*, 10. November 1990).

Es besteht große Sorge, daß der kroatische Nationalismus, wiederum genährt von demselben religiösen Geist, erneut aufbricht, wenn auch die Serben dies durch, wie sie es sehen, militärische Präventivmaßnahmen zu verhindern suchen.

Medjugorje ist ein kroatisches Dorf in Herzegowina. Den 17 Millionen Pilgern, die den dortigen Marienschrein während der vergangenen neun Jahre besucht haben sollen, ist größtenteils nicht bewußt, daß die Franziskaner, welche die Kirche betreiben und den Visionären zur Seite stehen, leidenschaftliche Nationalisten sind, die sogar behaupten, die Jungfrau spreche „reines Kroatisch", und nicht serbokroatisch, wie die meisten Jugoslawen ihre Sprache noch immer nennen. Führende kroatische Nationalisten waren bereits in Medjugorje oder planen für die nächste Zeit einen Besuch. Bilder von der Kirche von Medjugorje und von der Jungfrau Maria erscheinen oft auf nationalistischen Kundgebungen und werden während der Messe gegen die Mauern der Kathedrale gelehnt (Richard West; ‚Brother Devil's Legacy'; *The Independent Magazine*, 10. November 1990).

Der Platz vor der Kathedrale in Zagreb, der Hauptstadt Kroatiens, soll nach Kardinal Alois Stepinac benannt werden, vierzig Jahre, nachdem er für seine (wie es jetzt nur noch heißt) „angeblichen Verbrechen" inhaftiert wurde. „Er ist ein großer Held in unserem Lande und wird für seinen Mut sehr bewundert", sagte Miejenko Zagar, der

Generalsekretär der neuen regierenden christlich-demokratischen Union (*The Universe*; 4. November 1990). Kroatische Nationalgardisten beten am Grab des Mannes, der vor fast fünfzig Jahren am Ostertag 1941 von der Kanzel der Zagreber Kathedrale die illegale Gründung des unabhängigen Staates Kroatien ausgerufen hatte und der das möglicherweise rücksichtsloseste, grausamste und barbarischste Regime, das die Welt je sah, unterstützt und ermöglicht hatte.

Die moderne Inquisition

Die Rehabilitierung der althergebrachten Inquisition ist für den Vatikan so etwas wie ein Glaubensartikel; denn die Inquisition ist quicklebendig und, im Rahmen der durch die demokratischen Freiheiten auferlegten Grenzen, so mächtig wie eh und je. Der römisch-katholische Autor, Theologe und ehemalige Priester Peter de Rosa schreibt in seinem Buch *Vicars of Christ, the Dark Side of the Papacy* (1988) über die moderne Inquisition: „... In ‚Casa Santa' hat das Haus des Papstes unter den Einheimischen den Namen ‚Palast der Inquisition'. In den letzten Jahren ist die Heilige, Katholische und Apostolische Inquisition wegen der schlechten Presse, ähnlich der sowjetischen Geheimpolizei, mehrfach umbenannt worden. 1908 wurde aus dieser ältesten ‚Heiligen Versammlung' Roms das ‚Heilige Amt'. 1967 änderte sich der Name in ‚Versammlung für die Lehre und den Glauben'. Der jetzige Sekretär und oberste Beamte, der Großinquisitor von ehedem, ist der bayrische Kardinal Ratzinger, doch die Präsidentschaft übt nach wie vor der Papst aus."

An anderer Stelle beschreibt de Rosa Ratzinger, „die rechte Hand des Papstes", als einen Mann, der beispielsweise zum Telefonhörer greift und einen Priester in Los Angeles anruft, um ihm zu sagen, er solle entweder seine Umfragen unter Bischöfen zum Thema Zölibat unterlassen oder seine Koffer packen und augenblicklich verschwinden. Es ist nicht überraschend, daß Theologen von ihrem Lehrposten entfernt werden, Priester ihres Amtes einstweilig enthoben werden, weil sie nicht-unfehlbare Lehren anfechten. Es ist nicht überraschend, daß ein Priester bestraft wird, weil er wie Jesus handelte, den Betrübten diente und sich weigerte, jemanden zu exkommunizieren, der Ernsthaftigkeit und Liebe im Herzen hat."

Derselbe Kardinal Ratzinger hat auch zu *ARCIC* und der ökumenischen Entwicklung Stellung bezogen, indem er in der Heilslehre und im Kirchenverständnis größere Zugeständnisse an Rom forderte (*Observations*; Versammlung für die Lehre und den Glauben, Januar 1989).

In dem hoch-profilierten Vatikan der letzten Jahre dieses Jahrtausends ist das öffentliche Image des Kardinals ebenfalls von Bedeutung. *The Catholic Herald* meldet: „Der gestrenge Kardinal Joseph Ratzinger, der wegen seiner unduldsamen Führungsrolle als Präfekt der ‚Versammlung für die Lehre und den Glauben' in Italien den Spitznamen ‚der moderne Inquisitor' trägt, soll die Hauptattraktion einer neuen italienischen Fernsehstation werden." Der Artikel sagt weiter, daß der Vatikan entschieden abstreite, diese Station zu finanzieren, und daß das Startkapital von zwei römischen ‚Opus-Dei'-Geschäftsleuten stamme (*Catholic Herald*; 13. Januar 1989).

Kapitel 15

Besorgte Katholiken

Bedenken gegen die Richtung des Papsttums ist von vielen Menschen innerhalb der römischen Kirche geäußert worden. Der bedeutendste Kritiker der Amtsführung Johannes Pauls II. unter den katholischen Prälaten war der traditionalistische Erzbischof Marcel Lefebvre, der im März 1991 im Alter von 85 Jahren starb. Lefebvre, der 1988 exkommuniziert worden war, weil er Bischöfe in seiner nach dem konservativen Papst Pius X. benannten Gesellschaft geweiht hatte, klagte, daß der polnische Papst „die ganze Zeit über Menschenrechte und über Ökumene spricht, aber nicht über die Wahrheit" (*Catholic Herald*; 29. März 1991).

Peter de Rosa, der Autor von *Vicars of Christ, the Dark Side of the Papacy*, und Piers Compton, der Autor von *The Broken Cross*, beides entschiedene Katholiken, schrieben die Bücher, aus denen wir zitierten, in der Besorgnis um die Kirche Roms, die sie – jeder aus einem anderen Blickwinkel – in großer Gefahr sehen. Die beiden Autoren vertreten zwei recht unterschiedliche Positionen innerhalb des römischen Katholizismus. Auf der einen Seite steht Professor de Rosa gegen die, wie er es sieht, herrschaftliche, zurückblickende Art des Papsttums unter Johannes Paul II., die sich seines Erachtens unvorteilhaft von der fortschrittlichen, einfühlsamen Amtszeit Johannes' XXIII. abhebt.

Compton andererseits äußert sich zutiefst besorgt über die liberalen Abweichungen und die damit einhergehende Geringschätzung alter und geheiligter Traditionen und Orthodoxie. Diese Sicht, die sehr stark von dem ultra-konservativen Flügel der römischen Kirche um Erzbischof Lefebvre vertreten wird, unterstreicht die Tatsache, daß der ökumenische Aufbruch von Vaticanum II keineswegs alle Katholiken auf seiner Seite hat. Dies gilt für Anglo-Katholiken sicherlich ebenso, und die Formierung der ‚hoch-kirchlichen' Gruppe *Church in Danger* (‚Kirche in Gefahr') ist Ausdruck ihrer Sorge, mit dem ‚kleinsten gemeinsamen Nenner' fortgeschwemmt zu werden.

Die römische Kirche hat die erstaunliche Fähigkeit, gleichzeitig in beide Richtungen zu blicken und dabei den Schein von Festigkeit und Klarheit zu wahren. Johannes Paul II. zeigt diese Fähigkeit ebenso wie alle seine Vorgänger. Obwohl weithin als konservativ und orthodox angesehen, liefert dieser Papst nach Ansicht Dr. Malachi Martins, der eng mit ihm zusammenarbeitete, „dennoch frommen Katholiken Anlaß, die Rechtmäßigkeit eines Papstes zu hinterfragen, der die katholische Kirche bewußt in Bestechlichkeit, Freimaurerei, satanische Praktiken und zügellosen Ungehorsam sowohl von Priester als auch von Laien hineinfallen läßt" (*The Keys of This Blood*; Malachi Martin, rezensiert von *NRI Trumpet*; Aurora, Colorado).

Dr. Martin, der trotz dieser Beobachtung im allgemeinen dem Papst wohlwollend gegenüberzustehen scheint und offensichtlich an seine geistgewirkte Sendung glaubt, sagt, daß Zucht und päpstliches Ansehen in der Kirche schweren Schaden genommen haben und daß der Papst dies zugelassen hat, bis das Zeichen am Himmel erscheinen wird, das ‚Unsere Liebe Frau von Fatima' verheißen hat und das Johannes Pauls Übernahme der moralischen und geistlichen Weltherrschaft verkünden wird. Das Zeichen am Himmel, das nach der festen Überzeugung des Papstes bald sichtbar werden wird, ist begleitet vom ‚zweiten Kommen Mariens', das bei der ersten Erscheinung von Fatima angekündigt wurde.

Es gibt eindeutig Disziplin-Probleme in der katholischen Kirche, die sich sowohl im konservativen wie im liberalen Lager in beträchtlichem Widerstand gegen die Grundsatzentscheidungen des Papstes äußert, besonders unter den führenden Denkern der Kirche. Wie bei den Finanzen mag man zuweilen den Eindruck erhalten, alles ginge drunter und drüber. Doch die große Mehrheit der römischen Katholiken steht mit unerschütterlicher Treue zum Papsttum. Die Zucht dieser

Institution läßt sich daran ablesen, daß die Offentlichkeit – durchweg zumindest – so fest bleibt wie eh und je. Die eindeutigen Positionen, die der jetzige Papst anscheinend bezogen hat, seine Entschlossenheit gegenüber liberalen Theologen, seine starke moralische Haltung: das alles kommt bei entschiedenen Katholiken gut an und, bezeichnenderweise, bei vielen Evangelikalen ebenfalls. Der anglo-katholische Rundbrief *Ecclesia* schrieb im Dezember 1990, daß „der jetzige Papst viel dazu beiträgt, die Kirche auf bessere Wege zurückzuführen, nachdem der Geist des 2. Vatikanischen Konzils ein entsetzliches Durcheinander angerichtet hatte" (*Universe*; 16. Dezember 1990).

Wie Johannes Paul II. es fertigbringt, sich die Treue ernsthafter Katholiken zu erhalten, während er im Einklang mit den Verlautbarungen der Madonna von Medjugorje andere Religionen in die Arme schließt, dies ist vernunftsmäßig nicht zu erfassen.

Kapitel 16

Warnende Stimmen

„Kein vernünftiger Protestant kann sein Vertrauen in die Versprechungen des Vatikans setzen. Eine Kirche für alle Fälle; ‚Semper Eadem' (‚immer dieselbe'), doch anpassungsfähig, willfährig, sich mit der Umgebung vermischend, wird sie stets diejenige Sache zu ihrer eigenen machen, die ihr Einfluß verschafft. Das ist ihre Politik und ihre Diplomatie, und das ist ihr ökumenisches Konzept" (*Catholic Research Information Bureau*, 1987).

Die römische Kirche ist in der protestantischen Literatur beschrieben worden als „ein Lamm in der Bedrängnis, ein Fuchs in der Gleichheit und ein Tiger in der Überlegenheit".

Premierminister W. E. Gladstone hinterließ der Nachwelt eine ernste Warnung vor den Absichten dieser großen Institution. Im Jahre 1874, gerade vier Jahre, nachdem Rom seinen Landbesitz verloren hatte, schrieb er: „Die Abhängigkeit einzelner, und sei sie noch so kriecherisch, wird die lateinische Kirche nicht befriedigen. Auch der Staat muß ihr Sklave sein." Gladstone, das Staatsoberhaupt des britischen Empire auf dem Höhepunkt seiner weltweiten Macht und seines Einflusses, war durch seine Stellung besonders befähigt, päpstliche Machenschaften zu erkennen.

Dasselbe gilt für die Premierminister Sir Robert Peel und Benjamin Disraeli. Peel hatte nach dem ‚Befreiungsgesetz' (*Emancipation Act*) von 1829 vorausgesagt, daß der römischen Kirche Gleichheit nicht genügen werde und daß sie sich mit nichts zufriedengeben werde, bis sie die Überlegenheit erlangt hätte. Disraeli sah die Lage im späteren 19. Jahrhundert in aller Deutlichkeit: „Euer Empire und eure Freiheiten sind in diesem Augenblick mehr gefährdet als damals, als Napoleons Beobachtungstruppen in Boulogne lagerten."

Bismarcks Erfahrungen waren nicht anders: „Das Papsttum", sagte er, „ist immer eine politische Macht gewesen, die sich mit der größten Dreistigkeit und mit den schwerwiegendsten Folgen in die Geschichte dieser Welt eingemischt hat."

Im frühen 19. Jahrhundert schrieb der Historiker Lord Macauly: „Die Erfahrungen aus 1200 ereignisreichen Jahren, die Findigkeit und geduldige Sorgfalt von Staatsmännern aus vierzig Generationen hat die Politik der Kirche Roms zu einer solchen Perfektion getrieben, daß sie unter den Systemen, die zur Verführung und Knechtung der Menschheit entwickelt wurden, den höchsten Rang einnimmt."

Im 17. Jahrhundert hatte der Philosoph Thomas Hobbes diese Politik in seiner berühmten Beschreibung der römischen Kirche gebrandmarkt: „Das Papsttum ist nichts anderes als der Geist des verstorbenen römischen Reiches, der gekrönt auf seinem Grab sitzt."

Adam Smith hat seinem Buch *Wealth of the Nations* eine Warnung an die Nachwelt angefügt: „Die Verfassung der Kirche Roms kann als das schrecklichste Bündnis betrachtet werden, das je gegen die Autorität und Sicherheit ziviler Regierungen wie auch gegen die Freiheit, die Vernunft und das Glück der Menschen geformt wurde."

Jene, die heute Alarm schlagen, möchten zeigen, daß die Ökumene die zeitgemäße „Erfindung zur Verführung und Knechtung der Menschheit" ist. Die pragmatische Einstellung der katholischen Kirche zur Ökumene und zu den ‚getrennten Brüdern' bei uns und anderswo wird sehr gut in einem Artikel des *Daily Telegraph* veranschaulicht, wo es um den Besuch Papst Johannes' Pauls II. in La Paz, Bolivien, im April 1987 geht. Vor einer Versammlung von 39 katholischen Bischöfen, von denen nur 12 Bolivianer waren, warnte der Papst vor den „proselytenmachenden Umtrieben von Sekten, die in jüngster Zeit in Bolivien vermehrt auftreten; diesen sogenannten fundamentalistischen Sekten, die Verwirrung säen". Es gibt keinen Zweifel, daß er damit bibelgläubige Christen meinte.

In Irland hat sich die römisch-katholische Kirche nicht in die neue ökumenische Struktur eingegliedert, sondern bewahrt ihren Beobachterstatus. Wenn die römische Kirche in der Minderzahl ist, wie in Großbritannien, dann war es stets ihr Grundsatz, sich einzugliedern und zu versuchen, jene, mit denen sie sich zusammengeschlossen hat, zu beherrschen und sich einzuverleiben. Wenn sie in der Mehrzahl ist, wie in Irland, dann zeigt sie sich ganz anders: Sie hält sich abseits und versucht, jene mundtot zu machen, die anderer Meinung sind.

Doch Rom hat wiederholt seine guten Absichten beteuert. Kardinal Suenens sagte: „Das Zweite Vatikanische Konzil beendete das Zeitalter der Gegenreformation. Natürlich hat die Klimaveränderung nicht die wirklichen lehrmäßigen Unterschiede beiseite geräumt, und manche sagen: ‚Die Gletscher mögen schmelzen, doch die Alpen werden bleiben.‘ Diese pessimistische Sicht können wir nicht teilen. Schon heute gibt es Menschen, die in die Seiten der Berge hineingraben, ihre Widerstandskraft herausfordern und Tunnel vorantreiben“ (*A New Pentecost*).

Der Kardinal war sorgsam bemüht, den Anklagen und Verdächtigungen bezüglich geistlicher und zeitlicher Herrschaft vorzubeugen: „Nichts wird das Papsttum gründlicher von jedwedem Verdacht des Absolutismus freisprechen als der tägliche geübte ‚Vorrang des Dienens‘, der mehr Wirkung haben wird als alle Lehrstreitigkeiten ... Ohne zeitliche Macht zu besitzen, hat die Kirche des Vaticanums II nur das eine Ziel: der Welt zu helfen, indem sie die Menschen von Unwissenheit, Mißtrauen und brudermörderischem Haß befreit, und ihr behilflich zu sein, gemeinsam mit allen Mächten und Kräften des Friedens den Humanismus von morgen zu bauen.“

Billy Graham

Viele evangelikale Führer teilen heute Kardinal Suenens’ ökumenischen Optimismus. Nach Billy Grahams Empfinden hatte J. F. Kennedys Wahl zum Präsidenten „die Beziehungen zwischen den Kirchen gefördert und ein besseres Verständnis zwischen protestantischen und katholischen Kirchen in Amerika geschaffen“. Als Graham sich im Oktober 1964 in einer Fernsehdiskussion mit Kardinal Cushing unterhielt, sagte dieser zu ihm: „Sie haben einen großen Beitrag zum ökumenischen Geist geleistet, weil Sie ein Banner für die Tatsache entrollt haben, daß die Christen mehr Gemeinsamkeiten haben als Uneinigkeiten."

In jüngerer Zeit hat Billy Graham den ökumenischen Prozeß noch ausdrücklicher bekräftigt und gefördert. 1979 äußerte er gegenüber dem Presseverband seine Hoffnung, daß der Besuch Papst Johannes' Pauls II. in den Vereinigten Staaten „eine neue Welle geistlicher Erweckung auslösen" werde. Wer wie so viele in den vergangenen Jahrzehnten während der Billy-Graham-Evangelisationen ‚Christus angenommen hat', wird aufgefordert, in seine Kirche zurückzugehen. Römische Katholiken, die nach der Predigt nach vorne kommen, werden der örtlichen Geistlichkeit der römischen Kirche zur Nacharbeit übergeben. Das ist seit vielen Jahren die übliche Praxis der Billy-Graham-Gesellschaft.

Im Januar 1981 bezeichnete Dr. Graham den Papst als „den größten moralischen Führer der Welt und den weltweit größten Evangelisten". Seine Begeisterung für die enge Zusammenarbeit mit dem römischen Katholizismus ist ein sehr einflußreicher Faktor für den Fortschritt der ökumenischen Einheit in den 80er Jahren gewesen.

In seiner Eigenschaft als Freund und Vertrauter jedes US-Präsidenten seit Harry Truman und geistlicher Ratgeber für etliche von ihnen, einschließlich George Bush, wird Billy Graham regelmäßig im *Time Magazine* unter den ‚Top Ten der angesehensten Männer' aufgeführt. Er ist sehr darauf bedacht, nicht Anstoß zu erregen oder umstrittene Positionen zu beziehen, durch die er sich seine engen Beziehungen zu Königen und politischen Führern oder seine nahezu weltweite Beliebtheit verscherzen könnte. Als er beispielsweise in der BBC-Rundfunksendung *Sunday* gefragt wurde, was er davon hielte, daß Nancy Reagan zum Terminkalender ihres Mannes den Rat eines Astrologen einholte, antwortete Dr. Graham: „Astrologie ist in Ordnung, solange sie nicht zu ernst genommen wird." Er sollte es besser wissen; denn „die Bibel sagt" ... etwas anderes. Die Heilige Schrift macht unmißverständlich klar, welcher Geist hinter der Astrologie steckt, daß sie von Gott verboten ist und daß alle, die sie praktizieren, in die ewige Verdammnis gehen (Jesaja 47,13-14).

Der Apostel Paulus brandmarkt solche Art der Kompromißbereitschaft mit Worten, wie sie deutlicher nicht sein können:

> *„Suche ich Menschen gefällig zu sein? Wenn ich immer noch Menschen gefällig wäre, so wäre ich Christi Knecht nicht."* Galater 1,10

Als Billy Graham seinen Dienst als Reiseprediger begann, verkündete er, daß die drei größten Gefahren für die Welt der Islam, der römische Katholizismus und der Kommunismus seien. In den mehr als vierzig Jahren ist er meilenweit von seiner damaligen Sicht abgerückt. Nachdem er durch den römisch-katholischen Medienfürsten William Randolph Hearst und seine mächtige Zeitungsgruppe ungeheure Publicity erhalten und später die Ehrendoktorwürde von einem jesuitischen Seminar angenommen hatte, wich er merklich von der spezifisch evangelischen Tonart ab, mit der er begonnen hatte. 1972 nahm er den Katholischen Internationalen Franziskanischen Ehrenpreis für seinen „Beitrag zur wahren Ökumene" entgegen.

Das walisische Blatt *Rallying Cry* faßte die Entwicklung zusammen: „Der tragische Abstieg dieses christlichen Helden liegt offen zutage; er begann bereits im Jahre 1954. Damals oder sogar noch früher opferte er seine Liebe zur christlichen Lehre und das Verlangen, sie zu verteidigen, zugunsten einer größeren Popularität seines evangelistischen Aufrufs. Ohne Zweifel sprach das amerikanische Big Business hinter der *Billy Graham Evangelistic Organisation* gegen die engen Ansichten, die nun einmal mit der Wertschätzung christlicher Lehre verbunden sind. Im Big Business bedeutet es Erfolg, wenn man auf den Flutwellen der Beliebtheit hoch einherreitet. So war Billy Graham genötigt, über die Grenzen der Schafhürde Gottes hinauszulangen auf entferntere Weiden, wo Ziegen grasen und Wölfe lauern!"

Dr. Richard Pierard, der Präsident der *Evangelical Theological Society*, bezeichnete Billy Graham als die „treibende Kraft zur Förderung der Ökumene unter den Evangelikalen". Der amerikanische Bibellehrer Dr. Charles Woodbridge bringt in einer ernsten Warnung an den Evangelisten denselben Gedanken zum Ausdruck: „Wenn Sie weiterhin gemeinsame Sache mit jenen machen, die das Wort Gottes leugnen, und somit die scharfe Trennlinie zwischen denen, die der Schrift treu sind, und denen, die ihr untreu sind, verwischen, dann – das ist meine feste Überzeugung – werden Sie als der große Kirchenspalter des 20. Jahrhunderts in die Geschichte eingehen" (zitiert in: *Billy Graham – Custodian of the Faith or Figure of Compromise?* by Ian Brown S. 58).

„Nehmt euch in acht vor denen, die Zwietracht und Verwirrung anrichten im Widerspruch zu der Lehre, die ihr gelernt habt, und meidet sie!" Römer 16,17

In einem Interview mit *US News and World Report* sagte Dr. Graham im Dezember 1988: „Meine Reisen in aller Welt und meine Beziehungen zu Geistlichen aller Denominationen haben ein ökumenisches Wesen aus mir gemacht. Wir sind durch Theologie, manchmal auch durch Kultur und Rasse voneinander getrennt, doch all das bedeutet mir nichts mehr" (*US News and World Report*; 19. Dezember 1988).

Er ebnete den Weg für diplomatische Beziehungen zwischen den Vereinigten Staaten und dem Vatikan, die es noch nie zuvor gegeben hatte (*Charisma magazine*; Mai 1984, S. 101-102). Aus einem Brief von Billy Graham an William P. Clark, Ronald Reagans Berater für nationale Sicherheit, wurde in der *Chicago Sun Times* folgender Satz zitiert: „Wenn jemand das schaffen und auch noch ungestraft davonkommen kann, dann nur Mr. Reagan."

Die Besuche des berühmten Evangelisten in Rußland und den osteuropäischen Ländern fanden die Zustimmung, Unterstützung und diplomatische Förderung des Vatikans, und so ist es nicht überraschend zu erfahren, daß sich jene hinter dem Eisernen Vorhang, die der Papst und der ehemalige Erzbischof Runcie als ‚Fundamentalisten' bezeichnet haben, von Grahams unkritischer Haltung gegenüber dem Kommunismus und von seiner Leugnung ihrer Not während seines Besuches verraten fühlten. Vor seiner Missionsreise nach Ungarn im Juli 1989 ermahnten ihn drei protestantische Pastoren, für seine Zusammenarbeit mit Menschen unterdrückenden Diktaturen in Osteuropa Buße zu tun. In einem offenen Brief, datiert vom 20. April 1989, brachten Gyozo Dobner, Gabor Ivanyi und Geza Nemeth ihre Traurigkeit darüber zum Ausdruck, daß Billy Graham bei früheren Besuchen in Osteuropa, besonders in Rumänien 1985, „von finsteren Mächten manipuliert" worden sei. Er wurde mit den Worten zitiert, das Ceausescu-Regime habe „alle Nationalitätenfragen gelöst und jeder Religionsgemeinschaft volle religiöse Freiheit gewährleistet". Die drei Pastoren setzten hinzu, daß – damals wohlbekannt – die Führung des Landes „unermeßliches Leid verursachte ... und die Menschenrechte brutal verletzte. Aufgabe der Getreuen", so erklärten die Pastoren, „ist nicht, die Unterdrücker zu schützen, sondern unzweideutig ihre Solidarität mit den Unterdrückten zum Ausdruck zu bringen. Die Verkündigung des Evangeliums Christi ist unvereinbar mit politischer Unwahrhaftigkeit" (*Keston College News Service*).

Eine andere Sicht von der Verkündigung

Dr. Martyn Lloyd-Jones war nicht einer von denjenigen, die einer solchen Sicht von Evangeliumsverkündigung zustimmen können. Er ging so weit, daß er sich auf der ‚Zweiten Nationalen Versammlung Evangelikaler Christen' 1966 von anderen evangelikalen Christen, einschließlich Jim Packer und John Stott, wegen der Frage der Ökumene trennte. Die erste *NEAC*-Konferenz in Keele im folgenden Jahr ließ die Kluft erkennen, die sich durch diese Frage unter den Evangelikalen aufgetan hatte. Dr. Lloyd-Jones sprach klare Worte über das seines Erachtens sehr bedeutsame Problem. Er sagte vor seiner Gemeinde in der Westminster Chapel:

> „Ich rufe ins Gedächtnis, daß die Reformatoren keine übereifrigen Fanatiker oder Narren waren. Ihre Augen hatte der Heilige Geist geöffnet. Luther, Calvin, Knox – sie alle sahen diese furchtbare Ungeheuerlichkeit in der Bibel dargestellt und verstanden ihre Warnungen. Selbst auf die Gefahr hin, ihr Leben zu verlieren, erhoben sie Einspruch und leisteten Widerspruch dagegen. Sie stellten sich gegen Rom ... Die römisch-katholische Kirche ist eine Fälschung – ist Lug und Trug; sie bedeutet Prostitution von der schlimmsten und teuflischsten Art. Sie ist in der Tat eine Form des Antichristen. Sie muß abgelehnt und gebrandmarkt, vor allem aber: sie muß bekämpft werden. Es gibt nur ein Mittel, sie zu bekämpfen: ein auf biblischer Lehre gegründetes Christentum. Ein Christentum, das lediglich predigt: ‚Komm zu Christus' oder ‚komm zu Jesus', kann vor Rom nicht bestehen. Ein solches Christentum wird wahrscheinlich am Ende die Zahl derer, die zu Rom gehören, noch vergrößern. Leute, die evangelistische Feldzüge durchführen und sagen: ‚Ihr seid römisch-katholisch? Dann geht zurück in eure Kirche!', verleugnen die Lehre des Neuen Testaments. Wir müssen die Menschen warnen" (*Bible League Quarterly*; Oktober/Dezember 1981).

Diese Predigt von Dr. Lloyd-Jones war nur ein Echo, das durch die Jahrhunderte klingt, ein Echo der mutigen, unerschrockenen Auslegung des Wortes Gottes von der Kanzel; der Klang der Posaune ist in unserem Jahrhundert zunehmend verstummt.

In einer Predigt vom Jahre 1880 schlägt Dr. H. Grattan Guinness eine kraftvolle, für seine Zeit typische Tonart an:

> „Ich sehe den großen Abfall, ich sehe die Verwüstung des Christentums, ich sehe die rauchenden Ruinen, ich sehe die Herrschaft von Ungeheuern; ich sehe jene Vize-Götter, jenen Gregor VII., jenen Innocenz III., jenen Bonifazius VIII., jenen Alexander VI., Gregor XIII., Pius IX.; ich sehe ihre lange Folge, ich höre ihre unerträglichen Lästerungen, ich sehe ihren abscheulichen Lebenswandel; ich sehe, wie sie angebetet werden von verblendeten Generationen, wie sie hohle Segnungen austeilen, wie sie ihren verlogenen Ablaßhandel treiben und ein heidnisches Christentum schaffen. Ich sehe ihre livrierten Sklaven, ihre geschorenen Priester, ihre zölibatären Beichtväter; ich sehe den berüchtigten Beichtstuhl, die verführten Frauen, die ermordeten Unschuldigen; ich höre die verlogenen Absolutionen, die Todesseufzer; ich höre die Schreie der Opfer; ich höre die Bannsprüche, die Flüche, den Donner der Interdikte; ich sehe die Folterbänke, die Verließe, die Scheiterhaufen; ich sehe die unmenschliche Inquisition, jene Feuer von Smithfield, jene Gemetzel der Bartholomäusnacht, jene Spanische Armada, jene unsäglichen Dragonaden, jene endlose Kette von Kriegen, jene entsetzliche Menge von Massakern. Ich sehe das ganze System, und im Namen des Ruins, den es in der Kirche und in der Welt verursacht hat, im Namen der Wahrheit, die es verleugnet hat, des Tempels, den es geschändet hat, des Gottes, den es gelästert hat, der Seelen, die es zerstört hat; im Namen der Millionen, die es getäuscht hat, der Millionen, die es dahingeschlachtet, der Millionen, die es verdammt hat; gemeinsam mit heiligen Bekennern, mit edlen Reformatoren, mit unzähligen Märtyrern, mit den Glaubenden aller Zeiten, brandmarke ich es als Satans Meisterstück, als den Leib, die Seele und das Wesen des Antichristen" (*Romanism and Reformation* von H. Grattan Guinness, D. D.; Focus Christian Ministries, Lewes, Sussex).

Charles Haddon Spurgeon, ein weiterer begabter Prediger des 19. Jahrhunderts, äußerte sich nicht minder energisch über die wahre Natur Roms, und seine diesbezügliche Überzeugung hatte sehr viel mit seinem Austritt aus der Baptisten-Union zu tun:

„Jeder Christ hat die heilige Pflicht, im Gebet den Antichristen zu bekämpfen, und was der Antichrist ist, darüber dürfte es bei keinem normalgesinnten Christen Fragen geben. Wenn es nicht das Papsttum der Kirche Roms ist, dann gibt es nichts auf der Welt, das mit diesem Namen bezeichnet werden könnte ... denn es verletzt Christus, weil es ihn seiner Herrlichkeit beraubt, weil es die Wirkungskraft der Sakramente an die Stelle seines Sühnopfers setzt und ein Stück Brot an die Stelle des Erlösers erhebt und einen Tropfen Wasser an die Stelle des Heiligen Geistes, und weil es einen fehlbaren Menschen wie uns als Stellvertreter Christi auf Erden hinstellt. Wenn wir das Papsttum im Gebet bekämpfen, weil es gegen Christus steht, dann sollen wir die Personen lieben, auch wenn wir ihre Irrlehren hassen; wir lieben ihre Seelen, auch wenn wir ihre Dogmen verabscheuen. So werden unsere Gebete vor Gott angenehm, weil wir unseren Blick auf Christus richten, wenn wir beten."

Angesichts dessen, daß Billy Graham 1989 erneut in England war, verdient der Leserbrief, den der Synodalabgeordnete der ‚Freien Presbyterianischen Kirche Schottlands', Pastor Donald MacLean, am 11. November 1988 an die *Times* schrieb, noch immer sorgsame Beachtung:

„Die ökumenische Bewegung, die Sie rühmen, ist die größte Katastrophe, die in diesem Jahrhundert über die christliche Kirche hereingebrochen ist. Sie hat die Kirchen dieses Landes zu einer Ansammlung blutleerer, rückgratloser, haltloser Organisationen schrumpfen lassen, die kaum noch ein müdes Wimmern für Christus und die Wahrheit zustandebringen. Kein Wunder, daß die Bosheit so sehr zunimmt und die geistliche Finsternis über die Jahre immer dichter wird. Ernsthafte Christen mit nüchternem Lebenswandel und tiefer geistlicher Gesinnung sind in Ihren Augen Fanatiker und Frommtuer. Wenn das stimmt, dann waren erhabene Gottesmänner wie John Knox in Schottland, Johannes Calvin und Martin Luther auf dem Kontinent und Erzbischof Cranmer in England ebenfalls Frommtuer in ihrem Kampf gegen die Irrlehren des Papsttums. Wir rühmen uns ihrer Gemeinschaft" (*The Times*; 9. Nov. 1988).

Das Baptistische Glaubensbekenntnis, abgeleitet von dem Westminster Bekenntnis, hatte im Jahre 1989 sein 300jähriges Jubiläum. Mit wunderbarer Klarheit erläutert es die großen Lehren von der Gnade und von der Erwählung, unterstreicht dabei die Herrschaft und Autorität Christi und setzt hinzu:

> „ ... daß der Papst von Rom der Mensch der Sünde sei, der Sohn des Verderbens, der sich selbst in der Kirche gegen Christus und alles, was Gott heißt, erhebt; den der Herr durch die Erscheinung Seiner Wiederkunft vernichten wird."

Bischof J. C. Ryle, der entschieden in der protestantischen Tradition stand, hatte hierüber keinen Zweifel:

> „Einheit ohne Wahrheit ist zwecklos. Wenn Rom die Beschlüsse von Trient und seine Zusätze zum Glaubensbekenntnis widerrufen hat, wenn es Bilderverehrung, Marienverehrung und Transsubstantiation ausdrücklich abgeschworen hat, dann, und nur dann, wird die Zeit sein, von Wiedervereinigung zu reden. Bis dahin rufe ich alle Christen auf, dem Gedanken der Wiedervereinigung mit Rom bis zum Tode zu widerstehen" (‚Light from Old Times').

Kapitel 17

Das Tempo der ökumenischen Entwicklung

Wenn die Stimmen der Alarmgeber recht haben, gilt es keine Zeit zu verlieren. Die Church of England war so sehr mit dem emotionsbeladenen Thema der Frauenordination beschäftigt, daß sie auf der Lambeth-Konferenz 1988 die Swanswick-Erklärung des Vorjahres bestätigte und damit die Reformation und ihre festen Glaubensgrundlagen aufgab. Das Jahr 1988 mit all seinen Gedenktagen, die uns an unser großes biblisches Erbe erinnern und an Gottes Gnade, mit der er die Nation vor der Tyrannei falscher Religionen bewahrt hat, könnte sich ironischerweise sehr wohl für den Protestantismus und die Reformation als das Jahr der Entscheidung erweisen.

Schritte zur Vereinigung der anglikanischen und römischen Kirchen könnten jetzt sehr schnell aufeinanderfolgen, obwohl sich angesichts einer so einmütigen Übereinstimmung unter anglikanischen Führern der Vatikan bedeckt gibt und auf Schlußvereinbarungen wartet, die seinem unwandelbaren Standpunkt noch näher kommen. Einigkeit an der Spitze darf nicht schneller vorrücken als Übereinstimmung an der Basis. Erzbischof Runcies Einwilligung in das Konzept vom päpstlichen Supremat (Vorrangstellung) und seine begeisterte Ankündigung in Rom im September 1989, die beiden Kirchen hätten sich „zwecks späterer Heirat verlobt", riefen bei vielen Menschen innerhalb der Kirche und des Landes geschockte Reaktionen hervor. Auf der überlokalen Ebene bedarf es vorerst einer Ruhepause.

Auf der lokalen Ebene gibt es keine solche Pause. Dort hat der interkirchliche Prozeß und das ‚Jahrzehnt der Evangelisation' freien Lauf, und das Tempo der ökumenischen Entwicklung ist atemberaubend. Örtliche Bündnisse mit der römisch-katholischen Kirche werden landauf, landab zugesichert und sogar unterzeichnet. Solche Bündnisse stehen der strengen Warnung in der Bibel entgegen:

> *„Vor allen Dingen aber, meine Brüder, schwört nicht, weder bei dem Himmel noch bei der Erde noch mit einem anderen Eid. Euer Ja sei ein Ja und euer Nein ein Nein, damit ihr nicht dem Gericht verfallt!"* Jakobus 5,12

Ein bedeutendes Beispiel für die genannte Entwicklung ist die Unterzeichnung des ‚Koalitions-Bündnisses für Erweckung' in Washington D.C. im Juli 1986. Die Verpflichtung zur Einheit, unterzeichnet von Männern wie Bob Mumford, John Wimber und den *Reconstruction*-Führern Gary North und R. J. Rushdoony, sieht eine Nicht-Angriffs-Politik in Lehrfragen vor und definiert Grundlagen für Gemeindeleiter und Tausende von Gemeinden in Amerika. Ähnliche ‚Nicht-Angriffs'-Richtlinien gelten für die großen Konferenzen des ‚Internationalen Charismatischen Rates für Weltevangelisation' wie beispielsweise die Konferenz in *Brighton '91*.

In Städten wie Coventry, Winchester und Guildford hat *Churches Together* die große Mehrheit der Kirchen – durch ökumenische Bündnisse, Sonderveranstaltungen, Predigertausch, gemeinsame Gottesdienste, ökumenische Missionen und verschiedene Jugendveranstaltungen – zueinandergebracht. Die gemeinsame Nutzung von Kirchen durch Anglikaner und römische Katholiken, schon seit Jahren praktiziert, bekam durch den *Inter-Church*-Prozeß neue Impulse. Angesehene christliche Organisationen wie *Scripture Union* und die *United Bible Society* haben ihre Namen mit diesem Werkzeug der Ökumene verbunden und leisten ihren Beitrag zur ökumenischen Mission im Rahmen des ‚Jahrzehnts der Evangelisation'. Interkirchliche Hochzeiten – bis vor zwanzig Jahren eine Seltenheit –, bei denen häufig prominente Katholiken im Rampenlicht standen, führten zur Bildung von ökumenischen Gruppen und beschleunigten die ökumenische Entwicklung. Interkirchliche Kommunitäten teilen mönchisches Leben, Abgeschiedenheit und geistliche Übungen miteinander. Pilgerfahrten zu vielgepriesenen ökumenischen Kommunitäten wie Taize in Frankreich gewinnen in allen Teilen der anglikanischen Kirche an Beachtung.

Die Stadt Milton Keynes, die sich selbst als „Großbritanniens erste ökumenische Stadt“ hinstellt, ernannte am 1. Januar 1991 den ersten ökumenischen Synodalpräsidenten des Landes. Der Baptistenprediger Hugh Cross wurde „ökumenischer Bischof in allem bis auf den Titel“. Die erste ökumenische Stadt baute die erste ökumenische Kirche und nannte sie „Christus der Eckstein“, ein 3 Millionen £ teurer, kuppelüberdachter Bau mit den Ausmaßen einer Kathedrale, das von Ihrer Majestät der Königin am 13. März 1992 eingeweiht wurde.

„Möge diese Kirche in Milton Keynes ein Unterpfand unserer gemeinsamen Verpflichtung, ein Wegweiser in unsere in zunehmendem Maße gemeinsame Zukunft und ein Leuchtfeuer der Hoffnung für die ganze Volksgemeinschaft sein“, sagte der römisch-katholische Primas, Kardinal Hume während des Einweihungs-Gottesdienstes. „Ein solches Vorhaben wäre früheren Generationen schlichtweg nie in den Sinn gekommen, und es veranschaulicht somit, wie weit wir uns dem Werk der christlichen Einheit verschrieben haben.“

Die Predigt, gehalten vor der Königin von einem Kardinal, war ein weiterer religiöser Meilenstein (und wiederum ein Bruch des Throneides auf seiten der Königin) – sie war vermutlich die erste Predigt eines römischen Katholiken vor einem regierenden Monarchen seit der protestantischen Reformation.

Der Glaube, daß „Christen nichts getrennt tun sollten, was sie gemeinsam tun können“, hat römische Katholiken und Anglikaner veranlaßt, ein gemeinsames Programm für musikalische Gestaltung durchzuführen. Dr. Runcie und Kardinal Hume traten in dieser neuen interkirchlichen Initiative gemeinsam als Schirmherren einer ‚Gilde der Kirchenmusiker‘ auf. Der neue Erzbischof George Carey ist noch einen Schritt weiter gegangen. Die neuartige Musik zu seiner Einsetzungsfeier im April 1991, beschrieben als „gefällige Rhythmen und charismatischer Gesang mit Saxophon, Baßgitarre und Synthesizer“, die einen landesweiten Streit über liturgische Maßstäbe auslöste, ist eine Komposition des katholischen Priesters Fr. Ernest Sands, eines Mitglieds der St. Thomas-Morus-Gruppe (*Catholic Herald*; 19. April 1991).

‚Semper eadem' oder eine neue ökumenische Anpassungsfähigkeit?

Angesichts solcher ‚Zusammenarbeit und gegenseitiger Verpflichtung' ist es ganz lehrreich, einmal die Grundlage dieser neuen Gemeinsamkeit und ihrer hochtrabenden Pläne zur Evangelisierung der Welt zu untersuchen. Begeisterte Ökumeniker mögen sich der definitiven Aussage Kardinal Beas nicht bewußt sein, die er 1962 in Zürich machte: „Die Kirche kann um der christlichen Einheit willen keine Zugeständnisse in Lehrfragen machen. Doch durch Erklärungen auf vielen anderen Gebieten sollte das bevorstehende Konzil (Vaticanum II) die Bemühungen um die Einheit erleichtern."

Vermutlich waren mit diesen Erklärungen Dinge gemeint wie die Ersetzung des Ausdrucks ‚Ketzer' durch ‚getrennte Brüder', der neue Status der nicht-lateinischen Messe und die Zielsetzung einer ‚Welt, die mehr christlich ist als nicht-christlich'.

Wenn die römisch-katholische Kirche durch ‚Erklärungen auf vielen anderen Gebieten' die neue großangelegte Strategie der ökumenischen Einheit vorantreibt, rückt sie damit erheblich von der bisherigen Starrheit ihres Glaubens ab. Diese beispiellose Flexibilität in Fragen des Glaubens und der Praxis zeigt die Entschlossenheit des Vatikans, seine Strategie konsequent zu verfolgen.

Zum Beispiel: Die Nachwuchssuche für den ‚Priesterstand' ist seit etlichen Jahren zum Problem geworden. Eine Ursache ist gewiß, daß in einer Welt mit so vielen Ablenkungen und Versuchungen Menschen, die sich ernsthaft für das Zölibat entscheiden, weitaus schwerer zu finden sind. Immer mehr Priester verlassen ihr Amt, um zu heiraten. Angesichts dieser Entwicklung hat der Vatikan – wie jemand es nannte – eine „stille Revolution" in Gang gesetzt. In Großbritannien und den USA sind es hauptsächlich ehemalige Anglikaner, die mit päpstlicher Zustimmung zu Priestern geweiht wurden. „Pastoral-Bestimmungen" wurden eingeführt, durch die sie in die Kirche eintreten konnten, und die Gültigkeit anglikanischer Ordnungen hat sich nicht als Hindernis erwiesen. Es gibt jetzt verheiratete Priester und Kuraten mit eigenem Seelsorgebezirk.

Hier sehen wir die praktischen Auswirkungen dieser Taktik, die gleichzeitig in beide Richtungen schaut. Die amtliche Linie ist, daß der Papst nach wie vor streng an der Ehelosigkeit des geistlichen

Standes festhält und daß verheiratete Priester nur in ‚Ausnahmesituationen' und ‚mit individuellem Zugeständnis' eingesetzt werden, welches ‚keinerlei Bedeutung für die weitere Diskussion innerhalb der katholischen Kirche' hat.

Eine weitere Antwort auf das anerkannte Problem schwindender Zahlen könnte für diese letzten Jahre vor der Jahrtausendwende in dem ‚Jahrzehnt der Evangelisation' und in einer neuen ‚Postsynodalen Apostolischen Ermahnung' des Papstes gefunden werden. ‚Mangel an Priestern bedeutet Geburt des Laienstandes' und ‚Grünes Licht für den Laienstand' waren zwei der Hauptthemen im *Catholic Herald* vom 3. Februar 1989. Im Herausgeberbeitrag wird die Apostolische Ermahnung des Papstes *Christifideles Laici* (‚die Laien unter den Getreuen Christi') gelobt, weil sie „wie nie zuvor den geistlichen und den Laienstand in ihren Bemühungen eint, die Welt zu heiligen". ‚Evangelisation 2000' bündelt die Begeisterung und Energie einer großen Anzahl entschiedener katholischer Laien und wird zweifellos dazu beitragen, das Problem zu lösen.

Frauenordination

Ohne Frage scheint die Entscheidung der Church-of-England-Synode vom November 1992 zugunsten weiblicher Priester ein unüberwindliches Hindernis für die Einheit der Anglikaner mit Rom zu sein. Doch bei den rasch wechselnden Ansichten in der heutigen Welt könnte sich dieses Thema, das bereits jetzt das katholische Lager teilt, sehr wohl der neuen ökumenischen Flexibilität zum Opfer fallen, die sich aus dem Vaticanum II entwickelt hat. Als wie sicher wird sich seine Verankerung im kirchlichen Dogma erweisen? Die Toleranz, die in jüngster Zeit gegenüber dem Zölibat und der Priesterehe gezeigt wurde, weist den Weg für eine größere Veränderung in nicht allzu ferner Zukunft.* Tatsächlich hat es in der katholischen Tradition Präzedenzfälle für weibliche Priester gegeben. In vorreformatorischer Zeit waren die heilige Bridget von Kildaire und Theodora von Smyrna Priesterinnen; beide hatten sogar die Stellung einer Bischöfin.

* In den Vereinigten Staaten bekam eine wichtige Grundsatzverlautbarung zur Bestätigung der römisch-katholischen Politik in Frauenfragen nur die Zustimmung von

Kardinal O'Fiaich, der verstorbene Primas von Gesamt-Irland, stellte im Februar 1989 fest, daß er „nicht überrascht sein werde, wenn in eine zukünftigen Entwicklungsstufe die römische Kirche weibliche Priester hätte. Ich muß gestehen, daß, wenn Rom morgen entscheiden würde, Frauen zur Priesterschaft zuzulassen, mir das nicht die geringsten Schwierigkeiten bereiten würde" (*Catholic Herald*, 3. Februar 1989). Jedenfalls braucht die römisch-katholische Kirche mehr Priester.

Viele anglikanische Traditionalisten organisieren sich jetzt, da sie das Gefecht gegen weibliche Priester in der Church of England verloren haben, unter dem Banner „Preis des Gewissens", um den Kampf in anderer Weise fortzuführen. Eine große Zahl von ihnen, angeführt von dem ehemaligen Bischof von London, Graham Leonard, wollen, in seinen Worten, „an Rom herantreten als Bittsteller, ohne Vermessenheit, und fragen, ob nicht irgendein Weg gefunden werden könne, unsere anglikanische Identität zu erhalten und gleichzeitig mit dem Stuhl des heiligen Petrus in Verbindung zu stehen". Bischof Leonards Vorschlag wäre eine „persönliche Prälatur", ein besonderes Vorrecht, das bisher nur Opus Dei gewährt wurde.

Während die Traditionalisten romwärts entschwinden, werden die siegreichen Liberalen in der Church of England wahrscheinlich mit weiteren „fortschrittlichen" Gesetzesänderungen voranpreschen, indem sie Abtreibung, Homosexualität und wahrscheinlich Ehebruch befürworten oder zumindest tolerieren. Unterdessen sieht man die Kirche Roms, im Schulterschluß mit den kompromißunwilligen Anglikanern, ihre moralische Haltung mit dem neuen Katechismus von 1992 straffen. Die Church of England zerfällt, während Rom vor der Welt immer mehr als die eigentliche Kirche in diesem Land erscheint.

Päpstliche Vorrangstellung

Die andere theologische Frage, die ein Hemmnis für die ‚Wiedervereinigung' der britischen Kirche zu sein scheint, ist die päpstliche Vor-

55,5% der katholischen Bischöfe und verfehlte damit weit die zur Annahme benötigte Zweidrittel-Mehrheit. Die Folge ist, daß die Frauenordination zum Thema einer fortgesetzten Debatte unter den US-amerikanischen Bischöfen wurde.

rangstellung. Bevor der Erzbischof von Canterbury Robert Runcie im September 1989 den Papst in Rom besuchte, soll er gesagt haben: „Anglikaner sind dabei, sich mit dem Denkmodell einer päpstlichen Überordnung anzufreunden, das als Entwurf für die Einheit mit den römischen Katholiken geeignet ist.“ Dr. Runcies Aussage und sein Besuch ernteten eine zurückhaltende, teilweise feindselige Pressereaktion. Doch es wurde dadurch eine landesweite Debatte über Kirche, Krone und Verfassung entfacht, wie sie in dieser Form noch nie dagewesen ist. Einstige Tabus waren nun der öffentlichen Diskussion preisgegeben; das Unverletzliche war nicht länger heilig. Wir stehen jetzt am Beginn eines Umerziehungsprozesses, in dem es nur noch darum geht, Unterschiede und Schwierigkeiten bei der Aussöhnung zwischen Lambeth und Rom, zwischen Protestanten und Katholiken, zwischen päpstlicher Vorrangstellung und Monarchie aus dem Weg zu räumen. Aus Unmöglichem wird Schwieriges, und das Unvereinbare wird vereint. Der einschneidende Wandel im Denken der Menschen über Themen wie Homosexualität, Ehebruch und Abtreibung – sämtlich in der Bibel verboten – veranschaulicht das schwache Rückgrat der öffentlichen Meinung.

Ein Monarch mit besonderem Hang zum römischen Katholizismus und eine zweckdienliche Regierung, die sich dem europäischen Föderalismus verschrieben hat, würden ohne Zweifel die verbliebenen Schwierigkeiten überwinden. Aus dem Leitartikel der *Sunday Times* vom 21. Januar 1990 geht hervor, daß laut Umfrage, durchgeführt drei Monate nach der Aufregung über die päpstliche Vorrangstellung, nahezu die Hälfte der Briten der Meinung sind, man solle die Gesetze dahingehend ändern, daß künftig der König oder die Königin römisch-katholisch sein dürften. Ein anderer Schlagzeilenartikel im *Sunday Telegraph* vom 14. April 1991 enthüllte, daß Ignatius, der Ururur-Onkel der Prinzessin von Wales, ein ‚Heiliger‘ werden könnte. Wenn durch solch kraftvolle Publicity die künftige Königin mit dem Papsttum verknüpft wird, dann schwächt dies gewiß den Widerstand gegen einen katholischen Souverän.

Vatikanische Flexibilität und der ‚Romanisierungs-Prozeß‘

Die neue, vom Vaticanum II beeinflußte, bewegliche Handlungsweise der katholischen Kirche, die wir in diesem Kapitel betrachtet haben, ist auch in der Duldung anglikanischer Riten wie der Heiligen Kommunion bei abtrünnigen amerikanischen Episkopalgemeinden zum Ausdruck gekommen. Ermutigt durch Roms entgegenkommende Haltung, schockiert und verletzt durch die Entscheidung der Church-of-England-Synode, mit der Einführung weiblicher Priester und Bischöfe eine zweitausendjährige Tradition umzustoßen, wechseln überall auf der Welt enttäuschte Anglikaner zum römischen Katholizismus über.

Solche Übertritte werden von der Haltung so mancher liberaler Kirchenmänner gewiß nicht gehindert. Richard Harris, der Bischof von Oxford, beschrieb den Wechsel eines örtlichen Priesters zur römisch-katholischen Kirche „nicht als Abtrünnigkeit, sondern als Chance, in einem anderen Zweig der Familie Gottes seinen Dienst zu tun“ (*Church of England Newspaper*, April 1989).

Dies alles bringt die römische Kirche in eine sehr starke Position, und angesichts der so prächtig gedeihenden Ökumene auf lokaler Ebene kann sie es sich gut leisten, ‚mit Weile zu eilen‘.

Das beschleunigende Moment der ökumenischen Bewegung oder, wie evangelische Christen des 19. Jahrhunderts es nannten, des Romanisierungs-Prozesses, schlägt sich in dem veränderten Vorgehen örtlicher Gemeinden nieder. Die große Mehrheit der Church-of-England-Gemeinden konzentriert ihren Gottesdienst auf die Eucharistie, manchmal noch Heilige Kommunion genannt, anstatt auf die Auslegung des Wortes Gottes. Das Aufbewahren des Sakraments ist weitverbreitet, und auch seine Anbetung gehört in evangelischen Kirchen zunehmend zum Gewohnten. Zum Beispiel: Die Dorfkirche von Chalfont St. Peter, Buckinghamshire, die in der Nachbarschaft nicht unbedingt als ‚Hochkirche‘ gilt, brachte am Eingang ein Hinweisschild mit der Aufforderung an: „Kommst du in diese Kirche, dann denke daran, daß der Herr Jesus Christus hier ist: Er ist gegenwärtig und verdient unsere Anbetung in der Gestalt des Heiligen Sakraments, aufbewahrt für die Heilige Kommunion. Knie nieder und bete Ihn an!“

Kanzeln verschwinden, Altäre tauchen erneut auf, Kruzifixe werden wiedereingeführt, Beichtstühle und ‚heilige Orte' entstehen, und immer mehr Geistliche lassen sich ‚Priester' und ‚Vater' nennen.

*„Und ihr sollt niemand euren Vater nennen auf Erden, denn nur **einer** ist euer Vater, und der ist im Himmel."* Matthäus 23,9

Marienverehrung ist nicht länger auf die ‚Hochkirche' beschränkt. Wachsende Verehrung Unserer Lieben Frau in ‚protestantischen' Kirchen ist ein wichtiges Merkmal der ökumenischen Bewegung. Nicht weniger als 180 anglikanische Kirchen haben Schreine für ‚Unsere Liebe Frau von Walsingham'. Kathedralen wie die zu Carlisle, Chester und Chichester feiern unter dem Schutz der neuen anglikanischen Liturgien etwas, das man mit Recht als Meßopfer deuten kann.

Interkirchliche und interreligiöse Pilgerschaften werden in steigender Zahl organisiert, während ihre Anhänger nach ihren vor-reformatorischen Wurzeln suchen. Die New-Age-Bewegung bleibt da auch nicht außen vor, und Glastonbury, ein Zentrum für okkulte und heidnische Veranstaltungen, zieht die wahrscheinlich größte Anzahl von Pilgern an. Im Jahre 1988 brachte die ökumenische Messe zur Feier des 1000. Todestages des anglikanischen Heiligen Dunstan unter der Leitung des Erzbischof von Canterbury 14.000 Pilger nach Glastonbury.

Wie wir sahen, haben die Medien heute eine wichtige Rolle in dem ‚Romanisierungs-Prozeß' der ökumenischen Bewegung. Hochrangige ökumenische Führer erscheinen regelmäßig in der Presse und im Fernsehen. So war beispielsweise im September 1988 Kardinal Worlock die Hauptperson in der BBC-Sendung „Songs of Praise", die sich mit der ökumenischen Dimension der Walsingham-Pilgerschaften befaßte. Er war es auch, der das Meßopfer in der Kathedrale von Liverpool feierte, das vom Fernsehsender ITV in einer Sondersendung nach der Fußballkatastrophe von Hillsborough im Jahre 1989 landesweit ausgestrahlt wurde. Worlock und der anglikanische Bischof David Sheppard, in der Presse oft liebevoll ‚Tweedledum und Tweedledee' genannt, haben gemeinsam vermutlich mehr für die ökumenische Sache geleistet als irgendein anderer im Lande. Bischof Sheppard, ehemals englischer Cricket-Kapitän, und Erzbischof Worlock brechen die Bahn für ökumenische Bündnisse und haben gemeinsam ein Buch geschrieben mit dem Titel *Better Together* (,Besser gemeinsam').

Bischof Sheppards berühmter Vorgänger auf dem Stuhl von Liverpool, J. C. Ryle, der den Erfolg des Romanisierungs-Prozesses in diesem Land voraussah, war nicht der Ansicht, daß es besser gemeinsam ginge. Für ihn war seine Bischofstreue gegenüber den Glaubensartikeln unveräußerlich.

Kapitel 18

Frieden und ,Evangelisation 2000'

Das Thema Frieden ist ein Dauerbrenner auf der Tagesordnung. Eine wachsende weltweite Mehrheit sieht Papst Johannes Paul II. als den großen Friedensstifter unserer Zeit, und die Menschen erwarten aus Rom mit neuer Hoffnung Frieden durch Einheit. Dies ist der Mann, der die einst zerstrittenen Religionen und Ideologien der Welt zusammenführen kann, und immer mehr Christen lassen sich davon überzeugen, daß er dies unter dem Banner Christi tun werde.

Es sieht so aus, als müßten sie enttäuscht werden. Es war Maria, die ,Mutter Gottes', die zum Papst über den Frieden sprach. Durch ihre Erscheinungen in Fatima, Medjugorje und anderswo verheißt sie, die ,Friedenskönigin', Frieden durch Gebet, Fasten, Treue im Umgang mit dem Rosenkranz und Beharrlichkeit in den Sakramenten.

Die Bibel warnt immer wieder vor dem falschen Frieden, den der Antichrist bringen wird:

> *„Weil sie mein Volk verführen und sagen: ,Friede!', wo doch kein Friede ist."* Hesekiel 13,10

> *„Meint ihr, daß ich gekommen bin, Frieden auf die Erde zu bringen? Ich sage: Nein, sondern lauter Zwietracht."* Lukas 12,51

Wir sind angewiesen, um Frieden für Jerusalem zu bitten. Der Friede, den der Herr verheißen hat, wird erst kommen, wenn Er selbst kommt.

Es bestanden Pläne – und sie wurden öffentlich bekanntgegeben – Papst Johannes Paul II. im Jahre 1990 in Washington, gewissermaßen zum Auftakt des ‚Jahrzehnts der Evangelisation' vor politischen Führern aus aller Welt den ‚Friedefürst-Preis' zu überreichen. Daraus wurde schließlich doch nichts. Möglicherweise wollte man nur erkunden, welche Wirkungen ein solch umstrittenes Vorhaben zeigen würde; wenn dies zutrifft, dann ist es nur eine Frage der Zeit, bis es verwirklicht wird. Die Reaktionen auf diese Ankündigung waren leider sehr mager. Die einzige frühere Verleihung dieses Preises erfolgte im Jahre 1980 an Answar Sadat von Ägypten, der kurz darauf ermordet wurde.

Mit ‚Friedefürst' sollte dem ‚Heiligen Vater' ein weiterer Titel verliehen werden. In der Bibel gehört dieser Titel *einzig und allein* unserem Herrn Jesus Christus. Seine widerrechtliche Aneignung ist schockierend für Christen, die den Gebrauch jedes der beiden Titel durch Menschen für Menschen als Blasphemie ansehen. Bezeichnenderweise lebte der äthiopische Kaiser Haile Selasie nicht lange, nachdem er sich selbst als ‚Löwe von Juda' hatte ausrufen lassen.

Die *Protestant Truth Society* sagt zur Blasphemie: „Sie bedeutet in der Bibel nicht so sehr der Widerspruch gegen Gott als vielmehr die Anmaßung göttlicher Eigenschaften dort, wo kein rechtmäßiger Anspruch vorliegt."

Der Vatikan benutzt hochgeachtete Katholiken wie Mutter Theresa von Kalkutta und den polnischen Staatspräsidenten Lech Walesa, um für das Friedensthema zu werben und den Plan zur Evangelisierung der Welt voranzutreiben. Beide sind, wie auch der Dalai Lama, mit dem Friedensnobelpreis ausgezeichnet worden.

Das ‚Jahrzehnt' gewinnt weltweit an Bedeutung

Die Bedeutung des ‚Jahrzehnts' als Teil der interkirchlichen Entwicklung wächst mit der Verschmelzung der römisch-katholischen und anglikanischen Initiativen. Diese Verschmelzung, die unvermeidlich – wie der Sekretär des Vereinigten Protestantischen Rates, der Anglikaner John Shearer, es ausdrückt – „ein Evangelium anbietet, das kein Evangelium mehr ist", hat den Segen aller großen Denominationen. Ein Brief an die Zeitung *Eastern Daily Press* in Suffolk veranschaulicht, wie die Verschmelzung protestantischer und katholischer Initiativen vonstatten geht. Der Brief, unterzeichnet von dem anglikanischen Bischof von Norwich und dem römisch-katholischen Bischof von East Anglia, rief zum Gebet auf für „das Zehnjahresprogramm zur Vertiefung, Erweiterung und Weitergabe unseres Glaubens, bekannt als das ‚Jahrzehnt der Mission' oder (!) das ‚Jahrzehnt der Evangelisation'".

Das ‚Jahrzehnt der Evangelisation', bekannt als ‚Evangelisation 2000', wurde in England gleichzeitig mit dem ‚Jahrzehnt der Mission' am 6. Januar 1991 eingeführt. ‚Evangelisation 2000' empfing den feierlichen päpstlichen Segen anläßlich einer Privatmesse Johannes' Pauls II. am 23. Juni 1987. Das Unternehmen wird seinen Höhepunkt am Weihnachtstag des Jahres 2000 haben; dann, so hofft der Papst, wird er in einer weltweiten Satellitenübertragung zu fünf Milliarden Menschen sprechen.

Fr. Tom Forrest hat erklärt, daß es das Ziel des ‚Jahrzehnts der Evangelisation' sei, Jesus Christus zum 2000. Geburtstag eine Welt zu schenken, die mehr christlich ist als nicht-christlich. Die Church of England und die freikirchlichen Gruppierungen haben sich nicht so unbiblisch über voraussichtliche Bekehrungszahlen ausgelassen. Sie haben vielmehr das Ziel bekräftigt, den Auftrag Jesu zu erfüllen: *„Predigt das Evangelium aller Kreatur!"* (Markus 16,15).

Das Unternehmen ist, unter Einbeziehung vatikanischer Schlüsselabteilungen, sorgfältig strukturiert. Die meisten Länder haben ein nationales Durchführungs-Komitee, das dem Vatikan Bericht erstattet. Tom Forrest leitet das Büro in Rom gemeinsam mit einem anderen Amerikaner, dem Leiter der Abteilung für die internationale katholisch-charismatische Erneuerung, Ken Metz; doch Forrest sagte 1989 unter Hinweis auf die gewaltige Rückendeckung, die das Vorhaben erfährt: „Das Ganze empfängt seine Anweisungen jetzt von Staatssekretär Kardinal Agustino Casaroli und von dem vatikanischen Sekretariat für christliche Einheit."

Auf großen Zusammenkünften wie *Acts '86*, dem Kongreß von New Orleans 1987, von Chicago und Berlin 1988, ‚Washington for Jesus', Indianapolis und Bern 1990 haben charismatische Führer wie John Wimber, Bob Mumford, Larry Christenson, Vinson Synan und Michael Harper dem Vatikan die Botschaft vermittelt, daß sie mit Rom in dem Plan vereint stehen, die Welt zu evangelisieren. Diese große Zusammenkünfte waren es auch, die ‚Evangelisation 2000' zum entscheidenden Durchbruch unter Pfingstlern und Charismatikern verhalfen.

Die Konferenz in Brighton im Juli 1991 mit dem Motto „Daß die Welt glauben möge“ wurde von ihren Organisatoren, zu denen der Vorsitzende Michael Harper, Dr. Vinson Synan, Larry Christenson, Fr. Tom Forrest und die römische Katholikin Kim Kollins zählten, gepriesen als „geeignet, das größtmögliche Potential zu schaffen zur Erfüllung des Zieles, die Welt im kommenden Jahrzehnt mit dem Evangelium zu erreichen“.

Pastor Ron Smith von der in Kent ansässigen *Fishers Fellowship* formulierte die tiefe Sorge vieler evangelischer Christen, daß vor lauter Euphorie die Menschen jegliche Schranken oder Bedenken fahren lassen werden: „Ich glaube“, schrieb er im Januar 1991, „daß es in Brighton Einheit des Herzens und der Gefühle geben wird. Dafür wird die Anbetungsgruppe schon sorgen. Es wird ernsthafte Ergriffenheit geben, wenn die Abgesandten der Kirchen ‚Jesus ist Herr‘ singen. Manche werden sich an den Hände halten, sich im Rhythmus wiegen, umfallen oder tanzen. Es wird echte Freudentränen geben, wenn Gemeinschaft zwischen Menschen zustandekommt, die nie zuvor Gemeinschaft hatten. All das wird jedoch nicht die Einheit im Evangelium ausmachen. Es wird die Art von gefühlsmäßiger Einheit sein, die am letzten Abend der großen Tanzfeste zum Ausdruck kommt, wenn Tausende *‚Land of Hope and Glory‘* singen“ (*Newsweek* – Fishers Fellowship; 96 Plaiston Lane, Bromley, Kent Jan. 91).

Eine große Anzahl evangelischer Führer aus aller Welt besuchte den Zweiten Internationalen Kongreß für Weltmission, *Lausanne 1989*. Diese Konferenz, die im Juli 1989 in Manila stattfand, war laut Programm bemüht, „eine Fülle von Entwürfen zu koordinieren, die zur Evangelisation der Welt bis zum Jahre 2000 formuliert worden waren“. Der erste Kongreß im Jahre 1974 hatte fünf WCC-Führer und drei römisch-katholische Priester als Beobachter nach Lausanne eingeladen (*FEA News and Views*; Juli/August 1974).

Obwohl die römische Kirche keine der 317 Mitglieds-Kirchen des Weltkirchenrates ist, spielen Katholiken eine bedeutende Rolle in der Arbeit des Rates. Das WCC-Personal setzt sich aus Vertretern von 89 verschiedenen Mitgliedskirchen zusammen, doch ungefähr 25 % gehören allein der römisch-katholischen Kirche an. Darüberhinaus bestimmt der Vatikan 12 der 120 Mitglieder der WCC – Kommission für Glauben und Ordnung und sandte im Februar 1991 23 Beobachter zur ‚siebten Versammlung‘ in Canberra, Australien. Diese Versammlung unter dem Thema „Komm, Heiliger Geist – erneuere die gesamte Schöpfung“ ebnete den Boden für die Förderung anderer Religionen und für das Ziel einer Welt-Einheitsreligion.

Dem Führer folgen

Führende Protestanten, unter ihnen Jim Packer und Chuck Colson, schreiben in christlichen Blättern wie *New Covenant*, der bedeutendsten Zeitschrift der katholischen Erneuerung. Solche Zeitschriften fördern Lebensäußerungen des katholischen Glaubens wie den Rosenkranz, die Heimsuchungen von Medjugorje und Gebete zu Maria und den Heiligen, während sie gleichzeitig für ‚Evangelisation 2000‘ und das ‚Jahrzehnt der Evangelisation‘ werben und dadurch dieses weltweite evangelistische Unternehmen in Schwung bringen.

John Wimber, ein sehr angesehener und einflußreicher Führer unter den charismatischen Christen, hat sich auf diese Weise einspannen lassen. Ein Artikel von ihm in der Juni 1988-Ausgabe von *New Covenant* zu dem Thema „Warum ich Maria liebe“ betont, daß ihr Glaube „ein Vorbild für unseren Glauben ist“. Er erschien Seite an Seite neben einem anderen Artikel mit dem gleichen Titel „Warum ich Maria liebe“, in dem Maria als die Mutter dargestellt wird, welche die Gebete der Getreuen erhört.

Als ein begeisterter Befürworter der Ökumene hat sich John Wimber, der in seinem Dienst große Betonung auf Zeichen und Wunder legt, sehr positiv zur römisch-katholischen Mission geäußert: „Seit Papst Johannes XXIII. das Vaticanum II einberief und betete ‚Komm, Heiliger Geist, wir brauchen ein neues Pfingsten‘, hat es eine Explosion in der Kirche gegeben“ (John Wimber; *MC510 Manual*, Fuller Seminary, Kalifornien).

John Wimber hat sich auch bestätigend für eine Gruppe von Männern eingesetzt, die in Kansas City, dem Zusammenkunftsort der ersten großen ökumenischen Konferenz für Erneuerung, im Stil alttestamentlicher Propheten auftreten. Diese ‚Kansas City Propheten‘, die erfolgreich Erdbeben und Dürrezeiten vorausgesagt haben sollen, die auch eine Erweckung prophezeit haben und deren Prophezeiungen keineswegs auf Aussagen der Heiligen Schrift beschränkt sind, haben innerhalb der charismatischen Kirche Spaltungen verursacht.

In Großbritannien wurde ihr Dienst von Bischof David Pytches begünstigt. Nachdem sich zwei von ihnen, die Propheten Paul Cain und Bob Jones in der Holy Trinity Kirche, Brompton, vorgestellt hatten, erhielten sie die Bestätigung durch Terry Virgo, Roger Forster, Gerald Coates, Lynn Green und Sandy Millar und andere charismatische Führer Großbritanniens.

Die Bestätigung der Heiligen Schrift haben diese Propheten allerdings nicht:

> *„Nachdem Gott in früheren Zeiten vielfach und auf verschiedene Weise zu den Vätern geredet hat durch die Propheten, hat er jetzt am Ende dieser Tage zu uns geredet durch den Sohn. Ihn hat Gott zum Erben des Weltalls eingesetzt."* Hebräer 1,1-2

Vision: A.D. 2000

Viele örtliche Kirchen und Gemeinden haben eine Vision für Wachstum in das 21. Jahrhundert hinein und machen sich bereit, in den kommenden Jahren in ökumenischen Missionsvorhaben mitzuwirken. Moderne Marketingmethoden sind jetzt ‚in', und die Gemeinden hören viel von ‚Strategie', ‚Wachstumsplanung' und ‚Vision' mit angestrebten Zahlen für die 90er Jahre. In evangelikalen Organisationen wuchern neue ‚Markenzeichen' wie ‚Ziel 2000' (*Target 2000*), ‚Glaube 2000' (*Faith 2000*), ‚Vision 21. Jahrhundert', ‚Countdown 2000', ‚Licht 2000' (*Lumen 2000*), ‚Mission 2000', ‚*Reaching the World 2000*' und ‚A.D. 2000 Welt-Evangelisations-Bewegung'.

Das Jahr 2000 ist auch für Anhänger der New-Age-Bewegung von großer Bedeutung. Nach dem New-Age-Denken wird das Zeitalter der Kirche, da die Frühlings-Tagundnachtgleiche jetzt im Zeichen der Fische steht, im Jahre 2000 in das Zeitalter des Wassermanns oder des Endes aller Kämpfe auf Erden übergehen. Das Zeitalter des Wassermanns ist ein anderer Name für New Age, das ‚neue Zeitalter', das manche Beobachter als ein weiteres ausgeklügeltes Täuschungsmanöver der Gegenreformation ansehen. Das Volk Gottes soll veranlaßt werden, seine Deckung zu verlassen, dem ‚futuristischen' Denken zu erliegen und den Antichristen erst in der Zukunft zu erwarten.

Kapitel 19

Biblische Prophetie und der Antichrist

Mir ist bewußt, daß der Leser trotz aller Deutlichkeit, aller Lektionen, die uns die Geschichte lehrt und aller Zeugnisse großer Männer dennoch nicht in vollem Ausmaß die Rolle Roms und die Wege, die dorthin zusammenlaufen, erfassen wird; es sei denn, Gott öffnet ihm die Augen durch sein Wort. Ein Verständnis der Auslegung biblischer Prophetie, wie sie die Reformatoren vertraten und jene, die Rom ebenfalls die Stirn boten, gehört deshalb als wesentlicher Bestandteil zur Botschaft dieses Buches.

Protestantische Schriftausleger weisen darauf hin, daß die Deutung biblischer Prophetie heute fast immer von dem ‚futuristischen' System ausgeht, das die überragenden jesuitischen Theologen Ribera und Bellarmine nach dem Konzil von Trient entwickelt haben. Seitdem, so sagen sie, schaffen die Futuristen so viele eschatologische Denkmodelle und Systeme, daß die theologischen Hochschulen sie gar nicht so schnell verarbeiten. Die Sicht, daß der Antichrist erst noch kommen wird und daß deshalb die Schriftstellen, die von ihm handeln, nicht für die Gegenwart gelten, hat den Glauben bibeltreuer Christen untergraben und ist eine Ursache dafür, daß so wenige Menschen heute das Amt des Papsttums in der Heiligen Schrift als die falsche Kirche erkennen, die den wahren Glauben seit fast 1500 Jahren bekämpft hat.

Andere Protestanten können dem Einwand nicht

zustimmen, daß die Betonung eines *zukünftigen* Antichristen von dem Zeugnis gegen die Irrlehren Roms ablenke. „Tausende, ja Zehntausende von bibelgläubigen Christen, die an eine zukünftige Person, *den* Antichristen glauben, sind entschieden gegen Rom eingestellt", sagt Michael Penfold, ein Geschäftsmann aus Bicester. „Die Jesuiten haben ihren Glauben nicht untergraben, zumal die Bibel sagt, daß es *viele* Antichristen zu Zeiten der Apostel gegeben hat."

Futurismus und Präterismus haben in diesem und auch schon im vorigen Jahrhundert eine tiefgreifende Wirkung auf Bibelschulen und Kanzeln gleichermaßen hinterlassen, das steht außer Frage. Diese Theorien waren von den Jesuiten gleich nach dem Konzil von Trient als kraftvolle Werkzeuge der Gegenreformation verbreitet worden, hatten jedoch bis zum 19. Jahrhundert wenig Einfluß. Die römisch-katholische ‚Wahrheits-Gesellschaft' (*Truth Society*) hat die beiden Ansichten folgendermaßen definiert:

> „Die Präteristen-Schule, gegründet 1614 von dem Jesuiten Alkazar erklärt das Buch der Offenbarung durch den Fall Jerusalems im Jahre 70 oder durch den Fall des heidnischen Roms im Jahre 410 ... Die Futuristenschule, gegründet von dem Jesuiten Ribera, erwartet den Antichristen, Babylon und einen wiederaufgebauten Tempel in Jerusalem am Ende der christlichen Zeitordnung."

Im Widerspruch zur damals vorherrschenden Sichtweise der Christen (heute die ‚historistische' oder geschichtliche Sichtweise genannt) hatten der jesuitische Futurismus und Präterismus ursprünglich das Ziel, den Antichristen, den ‚Menschen der Sünde', das ‚kleine Horn' und die ‚Mutter der Hurerei' vom Hier und Jetzt zu trennen und aus der mittelalterlichen und modernen Geschichte herauszulösen. Mit Hilfe dieser Auslegungen gelang es, die fünfzehn Jahrhunderte des Papsttums gänzlich aus dem Verständnis biblischer Prophetie auszuschließen, indem man kurz vor der Entstehung der römischen Kirche im 5. Jahrhundert Halt machte und andererseits über unsere Zeit hinaus in eine unbestimmte Zukunft verwies.

Die ‚historistische' (geschichtliche) Sicht versteht die Weissagungen von Daniel, Paulus und Johannes dahingehend, daß sie vollkommen und zuverlässig den gesamten Verlauf der christlichen Geschichte darstellen. Sie erkennt in Rom, das sich als *die* Kirche hinstellt, die

Hure, die als Braut Christi auftritt, und setzt das ‚kleine Horn‘ aus Daniel 7, den ‚Menschen der Sünde‘ aus 2. Thessalonicher 2 und die ‚Mutter der Hurerei‘ aus Offenbarung 17 und 18 mit dem Papsttum und der falschen Kirche gleich.

„In den Predigten der Männer, von denen die protestantische Reformation ausging, treten zwei große Wahrheiten besonders hervor“, schreibt der amerikanische Bibelausleger Ralph Woodrow. „Der Gerechte wird durch Glauben leben und nicht durch die Werke der römischen Kirche, und das Papsttum ist der Antichrist, den die Heilige Schrift ankündigt. Ihre Predigt war eine Botschaft für Christus und gegen Antichristus. Die gesamte Reformation ruht auf diesem zweifachen Zeugnis.“ Iain Murray beschreibt in seinem vielbeachteten Buch *The Puritan Hope* die Reformatoren als „einmütig in ihrem Glauben, daß das päpstliche System sowohl der ‚Mensch der Sünde‘ als auch die ‚Hure Babylon‘ ist, vor der die Schrift warnt. Rom war der große Antichrist, und dieser Glaube hatte solch eine Gültigkeit, daß er erst im 19. Jahrhundert von evangelischen Christen ernsthaft hinterfragt wurde“ (Iain Murray; *The Puritan Hope*, Banner of Truth).

„Tausende von Martyrien haben das Zeugnis gegen den päpstlichen Antichristen besiegelt“, schrieb Grattan Guinness am Ende des vorigen Jahrhunderts, „und auf diesem Zeugnis ruht die Reformation. Es zu verwerfen hieße, die Grundlage des edelsten und göttlichsten aller Werke verwerfen, die je seit dem Pfingsttag gewirkt wurden“ (Dr. H. Grattan Guinness D D. FRAS; *Romanism and the Reformation*; Focus Christian Ministries; Orchard Road, Lewes, East Sussex).

Das kleine Horn aus Daniel

Die Reformatoren setzten das Papsttum mit dem gegen die Heiligen streitenden kleinen Horn aus dem Buch Daniel gleich. John Wycliffe fragte: „Warum ist es nötig, im Unglauben nach einem anderen Antichristen Ausschau zu halten? Im siebten Kapitel des Propheten Daniel ist der Antichrist anschaulich mit dem Bild eines Horns beschrieben, das in der Zeit des vierten Königreichs hervorbrechen und die Heiligen des Höchsten verstören wird“ (Leroy Froom; *The Prophetic Faith of our Fathers*).

Die Reformatoren glaubten – und mit ihnen viele Christen heute –

daß das kleine Horn von Daniel 7 aus dem vierten Tier, dem Römischen Reich, herausgewachsen und unter den zehn Königreichen hervorgebrochen war, in die das kaiserliche Rom eingeteilt war. Das kleine Horn zeigte sich *gar anders* als die anderen Reiche; das Papsttum beanspruchte sowohl geistliche als auch zeitliche Macht. Das kleine Horn hat *ein Maul, das große Dinge redete, und es wird den Höchsten lästern.* Durch die Jahrhunderte hat das Papstum wiederholt den Anspruch kundgetan, als Stellvertreter Christi die Welt zu regieren, und es hat darauf bestanden, daß es keine Errettung außerhalb der Kirche Roms gäbe (Bonifatius VIII. *Unam Sanctam*). Es hat ebenfalls behauptet, mit Unfehlbarkeit zu Fragen des Glaubens und der Lehre zu sprechen. Es reißt damit unrechtmäßig Gottes Autorität an sich und widerspricht Seinem Wort.

In Daniels Vision hatte das kleine Horn *Augen* und *sah viel größer aus als seine Gefährten.* Der Papst, der die Schlüssel des Himmelreichs beansprucht, wacht über mehr Menschen als jeder andere Führer auf Erden. Er ist heute verantwortlich für etwa 900 Millionen Seelen.

Das kleine Horn *stritt wider die Heiligen und behielt den Sieg über sie und wird die Heiligen des Höchsten vernichten.* Viele glauben, daß dieser Teil der Prophetie in den vielen Jahrhunderten grausamer Verfolgung bibelgläubiger Christen durch das päpstliche Rom umfassend in Erfüllung ging, im finsteren Mittelalter, während der Inquisition und bis hin zur französischen Revolution. Evangelikale Minderheiten, vom heutigen Papsttum nicht mehr ‚Ketzer', sondern ‚fundamentalistische Sekten' genannt, werden in einigen römisch-katholischen Ländern immer noch verfolgt.

Das kleine Horn *wird sich unterstehen, Zeit und Gesetz zu ändern.* Das Papsttum hat nicht nur menschliche, sondern auch göttliche Gesetze geändert. Es hat die Gesetze von Königen und Kaisern für ungültig erklärt. Es hat sich selbst erst 1870, der Heiligen Schrift zum Trotz, in ‚Glaubens- und Sittenlehren' für unfehlbar erklärt. Es hat sich angemaßt, Ehen aufzulösen und eine zölibatäre Priesterschaft anstelle des biblischen Vorbildes verheirateter Pastoren einzuführen. Auch Zeiten sind geändert worden. Der Kalender des Papstes Gregor hat denjenigen des Kaisers Justinian ersetzt. All die verschiedenen ‚Heiligen'-Tage wurden eingeführt, dazu die ‚Christ-messe' oder Weihnachten, um die Geburt unseres Herrn zu feiern, und Ostern, das Fest der heidnischen Göttin Astarte, zur Feier seines Todes und seiner Auferstehung.

Der Mensch der Sünde und das Geheimnis der Ungerechtigkeit

Das ‚Pontifikal', die besondere Gottesdienstordnung für Papstgottesdienste in der St. Peters-Kirche zu Rom, läßt den regierenden Papst mit den furchtbaren Worten anreden: „Herr, Gott, der Papst". In seinem Brief an die Christen in Thessalonich beschreibt Paulus den „Menschen der Sünde", den „Sohn des Verderbens":

> *„... denn es muß unbedingt zuerst der Mensch der Sünde, der Sohn des Verderbens, geoffenbart werden, der Widersacher, der sich über alles erhebt, was Gott oder Gegenstand der Verehrung heißt, so daß er sich in den Tempel Gottes setzt und sich selbst als Gott erklärt."* 2. Thessalonicher 2,3-4 (Schlachter-Übers.)

Es scheint eine erstaunliche Einmütigkeit im Verständnis der frühen Kirchenväter und der Reformatoren darüber geherrscht zu haben, daß ‚das kleine Horn' mit dem ‚Menschen der Sünde' gleichzusetzen sei, den Paulus im 2. Korintherbrief offenbart. Sie glaubten, daß *der Mensch der Sünde* und *das Geheimnis der Ungerechtigkeit*– zu Paulus' Zeiten bereits *am Werk* – im Anschluß an den Fall des Römischen Reiches kommen werde.

> *„Denn das Geheimnis der Gesetzlosigkeit ist bereits am Werk; nur muß der, der es jetzt noch zurückhält, vorher beseitigt werden, und dann wird der Gesetzlose offenbart werden ..."* Verse 7-8

Die *Encyclopedia Britannica* berichtet, daß während jener ersten Jahrhunderte „die Christen allgemein glaubten, daß die Kraft, die das Offenbarwerden des Antichristen aufhielt, das Römische Reich war". Es wurde und wird noch heute weithin so verstanden, daß der Apostel über das Aufhalten des Antichristen deshalb in so geheimnisvoller Sprache schrieb (*„er, der es jetzt aufhält, muß hinweggetan werden"*), weil er damit das kaiserliche Rom meinte. Wäre er deutlicher geworden, d. h. hätte er seinen Glauben, daß das kaiserliche Rom, das den Antichristen aufhielt, einmal untergehen werde, ausdrücklich mitgeteilt, dann hätte er die Christen, besonders die Thessalonicher, in Konflikt mit der herrschenden Macht gebracht.

Zeugen der Wahrheit

Wycliff, Tyndale, Luther, Calvin, Cranmer, im 17. Jahrhundert Bunyan, die Übersetzer der King James-Bibel und die Männer, die das Westminster-Bekennntnis und das Baptisten-Bekenntnis verfaßten; Sir Isaak Newton, Wesley, Whitefield, Jonathan Edwards und – in jüngerer Zeit – Spurgeon, Bischof J. C. Ryle und Dr. Martyn Lloyd-Jones: diese Männer und viele andere sahen das Amt des Papsttums als den Antichristen, der an die Stelle Christi tritt, das neue Gesicht des alten Heidenkultes, das *Geheimnis Babylon*, von dem die Bibel spricht. Sie sahen dies alles in der Schrift; das Wort Gottes wurde für sie eine lebendige Offenbarung. Sie sahen, wie viele auch heutzutage, die falsche Braut, die Hure, die am Ende der Zeit gerichtet werden soll, in der Beschreibung von Offenbarung 17,1-6:

> „ ... *Komm, ich will dir zeigen das Gesicht über die große Hure, die an vielen Wassern sitzt, mit der die Könige auf Erden Hurerei getrieben haben; und die auf Erden wohnen, sind betrunken geworden von dem Wein ihrer Hurerei. Und er brachte mich im Geist in die Wüste. Und ich sah eine Frau auf einem scharlachroten Tier sitzen, das war voll lästerlicher Namen und hatte sieben Häupter und zehn Hörner. Und die Frau war bekleidet mit Purpur und Scharlach und geschmückt mit Gold und Edelsteinen und Perlen und hatte einen goldenen Becher in der Hand, voll von Greuel und Unreinheit ihrer Hurerei, und auf ihrer Stirn war geschrieben ein Name, EIN GEHEIMNIS: DAS GROSSE BABYLON, DIE MUTTER DER HUREREI UND ALLER GREUEL AUF ERDEN. Und ich sah die Frau, betrunken von dem Blut der Heiligen und von dem Blut der Zeugen Jesu. Und ich wunderte mich sehr, als ich sie sah.*“

Die Reformatoren erkannten den wahren Charakter des römischen Systems und wußten, daß sie sich deutlich dagegenstellen mußten. Wenn sie damals recht hatten, haben sie auch heute noch recht. Gottes Wort ist unwandelbar.

Dies waren die Männer, denen einer aus ihrer Schar, John Knox, das Zeugnis gab, daß sie „das Erscheinen des Herrn liebhatten“. Sie alle trugen eine ungeheure Last für die Seelen derer, die in den Fesseln eines solchen bösen Systems lagen, „festgehalten“, wie Martin Luther sagte, „*in der Babylonischen Gefangenschaft der Kirche*“.

Die Reformatoren und ihre Erben waren große Gelehrte, die das Wort Gottes kannten. Und sie kannten den Heiligen Geist als lebendigen Lehrer. Sie durchschauten die falschen Auslegungen biblischer Prophetie und die klugen Verführungen der Jesuiten und der Gegenreformation, und sie kämpften *„für den Glauben, der ein für allemal den Heiligen übergeben ist"* (Judas 3). Sie wußten, daß jeder Christ die Verantwortung hat, ein Wächter zu sein, und nicht nur einige wenige, die den besonderen ‚prophetischen Ruf' haben, die Dinge beim Namen zu nennen. Von der Zeit kurz nach der Reformation an bis ins späte 19. Jahrhundert war ihre geschichtliche Deutung des Antichristen in den meisten Bibelkommentaren zu finden. Das ist heute nicht mehr der Fall. Jedenfalls wissen wir von keiner einzigen Auslegung der letzten fünfzig Jahre, die diese Auffassung vertritt.

Kapitel 20

Die ökumenische Konsequenz

Wir leben in einer Zeit, in der das Christsein unerhört schwierig ist, einer Zeit massiver Gleichgültigkeit aller Gesellschaftsschichten gegenüber dem Evangelium. Ein liberales Christentum, das die großen Wahrheiten des Glaubens leugnet; die Bibelkritik und eine vom Zeitgeist bestimmte Schriftauslegung der Theologen; der rapide Aufstieg des Islam und anderer Weltreligionen; das Wachstum der Mormonen, der Zeugen Jehovas und anderer Sekten; dazu der Vormarsch multireligiöser Gemeinschaften und der gefährlichen New-Age-Bewegung: das alles zehrt an der geistlichen Kraft des Volkes Gottes.

Es gibt so viele Kämpfe zu bestehen, so viele Feinde abzuwehren, daß verständlicherweise die Nachfolger Christi bestrebt sind, sich mit jenen zu verbinden, die entschieden an die Jungfrauengeburt und die Auferstehung glauben und die auch an klaren biblischen Positionen zu den großen sozialen Fragen festhalten.

Die charismatische Bewegung mit ihren Heilungen und den anderen Zeichen und Wundern, mit ihrer imponierenden Einheit der Denominationen und der sichtbaren Wärme und Freude unter vielen ihrer Anhänger, scheint die Kraft zu haben, *den guten Kampf zu kämpfen.* Doch die Gleichnisse in Matthäus 13, wo es um den Sämann, den Weizen und das Unkraut geht, erinnern uns daran, daß die Kirche anders ist. Es ist nicht alles so, wie es scheint. Die Mehrzahl derer, die sich mit Freuden ‚dem Herrn hingaben', haben keine Wurzeln, erliegen den Bequemlichkeiten und Verlockungen der Welt und fallen gewöhnlich erst dann ab, wenn der Weg beschwerlich wird. Sie mögen zwar weiterhin in ihren Gemeinden stark im Vordergrund stehen, sie mögen loben, beten und weissagen; doch sie versuchen beiden, der Welt und Gott, gleichzeitig zu dienen.

> *„Der Weg ist schmal, der zum Leben führt, und wenige sind es, die ihn finden."* Matthäus 7,14

Die praktischen Folgen alles dessen für den Einzelnen und für die Gemeinden ist gewiß empfindlich und unangenehm. Protestanten sind im letzten Abschnitt dieses Jahrhunderts und Jahrtausends gefordert, biblischen Wahrheiten erneut Geltung zu verschaffen und die Notwendigkeit einer neuen Reformation zu verkünden. Erweckung durch den Heiligen Geist ist das, worum jede gottesfürchtige Gemeinde betet. Die Notwendigkeit, vor Gott Buße zu tun und falscher Lehre gerade heraus die Wahrheit der Heiligen Schrift entgegenzusetzen, ist allgemein anerkannt.

Martyn Lloyd-Jones, der eine große Last für jene trug, die in sakramentalen, priesterlichen Systemen gefangen sind, sah das geistliche Gleichgewicht nur gewährleistet, wenn gesunde biblische Lehre sich mit der Erfahrung geistgewirkter Kraft verbände. Er war zutiefst in Sorge angesichts eines trockenen, intellektuellen, kritischen und verängstigten Christentums, das jede Erfahrung und die Fülle dessen, was Gott uns durch Seinen Geist geschenkt hat, ablehnt. Seines Erachtens braucht eine Erweckung beides: Reformation und Erneuerung.

Die Kraft Gottes und das Wirken des Heiligen Geistes sollten nicht deswegen geleugnet werden, weil die Fälschungen überhand genommen haben. Jene, die wie Dr. Lloyd-Jones an Gottes Souveränität in der Zuwendung der geistlichen Gaben glauben, befürchten, daß zu viele Gemeinden aus Angst vor Verführung dazu neigen, das Kind mit dem Bade auszuschütten.

Die Charismatische Erneuerung hat vielen zu einer Vertrautheit mit dem Wort Gottes verholfen, doch leider allzuoft ohne die Ehrfurcht, die einem heiligen Gott gebührt. Geistliche Unterscheidung ist selten; Toleranz gegenüber den Lehren jener, *„die euch verwirren* *und das Evangelium Christi verdrehen wollen"* (Gal. 1,7), ist ein Merkmal unserer Zeit. Könnte solch eine Toleranz ein Leugnen seelsorgerlicher Verantwortung sein?

Gläubige müssen mit dem wachsenden Einfluß eines *„anderen Geistes, den ihr nicht empfangen habt, oder eines anderen Evangeliums, das ihr nicht angenommen habt"*, rechnen (2. Korinther 11,4). Was wir brauchen, ist mehr Klarheit, mehr Unterscheidung, mehr Wachsamkeit. Wir müssen uns entscheiden, ob wir den Menschen oder Gott gefallen wollen, müssen wählen, dem römischen Katholizismus entweder öffentlich beizupflichten oder ihn öffentlich abzulehnen. Bei der Bekämpfung seiner Irrlehren müssen wir deutlich machen, daß wir zwischen dem römischen Katholizismus und den römischen Katholiken unterscheiden, zwischen dem religiösen System und den Menschen, die ihm verhaftet sind.

Es gibt keinen neutralen Boden. Katholiken selbst haben das stets mit aller Deutlichkeit zum Ausdruck gebracht: „Die römische Kirche ist entweder das Meisterwerk Satans oder das Königreich des Sohnes Gottes", betonte Kardinal Manning. Sein Zeitgenosse und Kollege Kardinal Newman sagte mit gleichem Nachdruck: „Ein Priesterstand gehört geschichtlich zum Wesen der Kirche Roms. Ist dieser nicht von Gott eingesetzt, dann ist er dogmatisch das Wesen des Antichristen" (*Romanism and the Reformation*; Dr. H. Grattan Guinness; Focus, 1987).

Wer sich in dem heutigen Klima, bei einer solch starken ökumenischen Strömung schwankend zeigt, erweckt den Eindruck, als pflichte er den Irrlehren Roms bei. Wer nichts sagt, enthält all jenen die Wahrheit vor, die innerhalb der anglikanischen und katholischen Kirchen noch in den von Menschen gemachten Fesseln des Ritualismus verstrickt sind und sich zur Erlangung der göttlichen Gnade auf die Sakramente und die Priesterschaft verlassen. Wenn evangelische Führer neben prominenten Katholiken auf Konferenzen und ökumenischen Veranstaltungen stehen – und sei es nur als Namen auf dem Programmzettel –, dann kommt das einem Einverständnis mit unbiblischen Glaubensgrundsätzen gleich. Das Neue Testament spricht ebenso deutlich von Trennung wie das Alte:

> *„Und habt nicht Gemeinschaft mit den unfruchtbaren Werken der Finsternis, deckt sie vielmehr auf!"* Epheser 5,11

> *„Darum ‚gehet aus von ihnen und sondert euch ab', spricht der Herr; und rühret nichts Unreines an, so will ich euch annehmen!"*
> 2. Korinther 6,17 (unter Bezug auf Jesaja 52,11)

Dr. Francis Schaeffer sagte, daß man angesichts dieser Lage „die Wahl habe zwischen drei Möglichkeiten: liebloser Auseinandersetzung, keiner Auseinandersetzung und liebender Auseinandersetzung. Nur die dritte Möglichkeit ist biblisch" (The Great Evangelical Desaster; Francis A. Schaeffer, 1984). Jene Führer in den Gemeinden, die das Problem und seine Gefahren sehen und die zu ihrer eigenen Entschuldigung sagen: „Das ist nicht mein besonderer Ruf", oder „Es ist nicht der rechte Zeitpunkt", befinden sich nicht im Einklang mit der Heiligen Schrift. Wie der angesehene Bibelausleger Matthew Henry sagte: „Das Böse nimmt überhand, wenn gute Männer schweigen."

Die Haltung gegenüber einzelnen Katholiken

Den Irrtum bloßstellen heißt nicht den Menschen verurteilen. Albert Close, ein führender Protestant und ‚Wächter' des Protestantismus vertrat die Sichtweise der evangelischen Christenheit, als er 1940 schrieb:

> „Der Autor glaubt und anerkennt ohne Zögern, daß viele römische Katholiken wahre Kinder Gottes sind. Sie sind an Christus gläubig geworden trotz all der mystischen, heidnischen Rituale, Zeremonien und Lehren, unter denen die Priesterschaft die Wahrheit begraben hat. Sie sind besser als ihr Bekenntnis. Millionen von ihnen sind jetzt im Himmel. Manche, wie Bernhard von Clairvaux, gehörten zu den kostbarsten Seelen in Gottes Gemeinde. Doch das päpstliche religiöse System, das *„die Wahrheit in Ungerechtigkeit gefangen hält"*, ist das teuflische Zerrbild göttlicher Wahrheit. Es ist Gott nicht gleichgültig, ob der Mensch auf rechte Weise anbetet oder auf falsche und verbotene Weise. Gottes heftigster Zorn über das alte Israel wurde erregt, weil sein Volk darin beharrte, auf falsche und verbotene Weise anzubeten, indem es Bilder aufstellte und sich vor ihnen verneigte" (*The Devine Programme of the World's History* von A. Close).

Die Errettung einzelner Katholiken, insbesondere jener, die in der Charismatischen Erneuerung ‚geistgetauft' sind, in Frage zu stellen, wird zwangsläufig als engstirnig und sektiererisch angesehen werden. Doch der Kalifornier Bill Jackson von ‚Christen evangelisieren Katholiken' sagt: „Die Wahrheit zu sagen ist keine Engstirnigkeit und auch kein Haß. Wenn du jemanden haßt, der verloren ist, dann läßt du ihn in Ruhe und läßt ihn zur Hölle fahren" (*Batteling for Eternity,* S. 57).

Charismatiker haben recht, wenn sie meinen, Wahrheit ohne Liebe sei Borniertheit; aber „Liebe ohne Wahrheit ist Hurerei", sagt der protestantische Verleger Jack Chick.

„Liebt ihr mich, so werdet ihr meine Gebote halten", sagte Jesus (Joh. 14,15). Wenn man jene, die im Irrtum sind, liebt, wird man ihnen die Wahrheit sagen. *„Predige das Wort, stehe dazu, es sei zur Zeit oder zur Unzeit!"* (2. Tim. 4,2)

Menschen, deren Hoffnung auf Sündenvergebung an die Sakramente gebunden ist, über die wahre Natur eines Glaubens aufzuklären, dem sie für einen Großteil ihres Lebens angehangen haben, erfordert viel Feingefühl, Einsicht und Kenntnis, sowie viel Gebet. Und doch: Alle, die wahrhaft bekehrt sind und weiterhin an Praktiken wie dem Beichtstuhl, der Messe und Gebeten zur Jungfrau Maria und den Heiligen teilnehmen, werden sich dabei im Lichte ihres Bibelverständnisses zunehmend unwohl fühlen.

Die Gute Nachricht – Bekehrung zu Christus

Im Matthäusevangelium unterscheidet Jesus zwischen Religion und errettendem Glauben.

> *„Geht hinein in die enge Pforte. Denn die Pforte ist weit und der Weg ist breit, der zur Verdammnis führt, und viele sind's, die auf ihm hineingehen. Wie eng ist die Pforte und wie schmal der Weg, der zum Leben führt, und wenige sind's, die ihn finden."*
>
> Matthäus 7,13-14

Gute Werke, das Abendmahl und die Taufe sind ein Ausdruck des Lebens Christi in uns und unserer Liebe zu Christus, doch sie spielen keine Rolle bei unserer Errettung. Es ist unmöglich, durch irgendeines dieser Dinge Gott zu gefallen und Sein Erbarmen zu verdienen. Gott ist heilig und muß die Sünde richten. *„Wie geschrieben steht: Da ist keiner, der gerecht ist, auch nicht einer ... Sie sind allesamt Sünder und ermangeln des Ruhmes, den sie bei Gott haben sollten"* (Römer 3,10+23). Wir alle haben Sein Gericht verdient.

Weder ein christliches Elternhaus macht uns zu Christen, noch regelmäßige Teilnahme an Gottesdiensten, noch die Taufe, die Konfirmation oder die Teilnahme am Abendmahl. Aber was ist die Antwort? Was macht einen Christen aus? Luther, ein Mann von hervorragendem Verstand und geistlicher Selbstdisziplin, hatte lange vergeblich gerungen und gesucht, um den „schmalen Weg, der zum Leben führt" zu finden. Der Geist Jesu, des lebendigen Herrn, zeigte ihm die Antwort in der Heiligen Schrift: *„Der Gerechte wird aus Glauben leben"*, schrieb Paulus an die Christen in Rom, und *„der Mensch wird gerecht ohne des Gesetzes Werke, allein durch den Glauben."* Unsere Errettung ist einfach ein Geschenk; aus Gottes wunderbarer Gnade ist uns alles vergeben. Wir können es nicht verdienen, alles „Rühmen ist ausgeschlossen" (Habakuk 2,4 und Römer 1,17; 3,27-28).

Die selige Gewißheit des persönlichen Heils ruht einzig auf einer geschichtlichen Tatsache – Christus starb am Kreuz als das Passahlamm, ein einmaliges, für alle Zeiten gültiges Opfer für unsere Sünden. Er starb für uns, und wir sterben mit Ihm der Sünde und dem Selbst: *„Ihr seid gestorben, und euer Leben ist verborgen mit Christus in Gott"* (Kolosser 3,3). Wir auferstehen mit Ihm zu neuem Leben durch die erweckende Kraft des Heiligen Geistes. *„Darum: Ist jemand in Christus, so ist er eine neue Kreatur; das Alte ist vergangen, siehe, alles ist neu geworden"* (2. Korinther 5,17).

Jesus sagte zu Nikodemus, einem Führer der Juden im Sanhedrin und wie der unbekehrte Luther wohlbewandert in Theologie und Religion, daß er *„von neuem geboren"* sein müsse ... *„aus Wasser und Geist"* (Johannes 3,3+5). Wir können uns Gott nicht nach unseren Bedingungen nähern, auch nicht durch unseren Verstand. Denn *„hat nicht Gott die Weisheit der Welt zur Torheit gemacht?"* (1. Korinther 1,20). Wollen wir zu Gott kommen, dann müssen wir wie kleine Kinder vor unserem himmlischen Vater sein, denn *„wer nicht das Reich Gottes annimmt wie ein Kind, der wird nicht hineinkommen"* (Lukas 18,17).

Kapitel 21

Wer sind diese ‚Protestanten'?

Alle, die Christus als Jünger nachfolgen, Sünder, aus Gnaden errettet, glauben an die Macht des Gebets. Die Schrift bekräftigt ihren Glauben: *„Des Gerechten Gebet vermag viel, wenn es ernstlich ist"* (Jak. 5,16). Sie wissen, daß sie erlöst sind durch das vergossene Blut Christi und wiedergeboren durch Seinen Geist. Sie glauben, daß Christus kam, um für sie zu sterben, damit sie ganz für Ihn leben können. Die wunderbare Gewißheit des Heils ist die Grundlage ihres Lebens.

Sie stellen fest, daß sie Sünde hassen und Christus lieben. Sie sind nicht ‚religiös' und haben eine Abneigung gegen Rituale. Sie erkennen nur zwei gottgegebene Symbole an, die Taufe und das ‚Herrenmahl', für alle, die wiedergeboren sind in ein neues Leben in Christus. Sie suchen die Führung *eines* Geistes und gründen ihre Überzeugungen auf *ein* Buch, die Bibel.

Sie glauben an den Gott, der heilt und Wunder tut, wenn Er es in Seiner souveränen Freiheit beabsichtigt. Sie mögen glauben oder nicht glauben, daß sämtliche Gaben des Geistes heute noch gültig sind. Verglichen mit den großen Wahrheiten, für die sie einstehen, sind solche Unterschiede in der Schriftauslegung von geringer Bedeutung. Sie sind offen für andere Sichtweisen, und sie sind allezeit aufgeschlossen und empfänglich für Gottes Handeln. Zugleich sind sie kritisch und auf der Hut vor Verführung und Unterwanderung. *„Denn das weiß ich, daß nach meinem Abschied reißende Wölfe zu euch kommen"* (Apg. 20,29).

Wenn sie auch nicht für ihren Glauben direkt verfolgt werden, so werden sie doch als Sektierer angesehen, als ‚von gestern', als engläubig und zuweilen als lieblos.

John Kennedy, der Evangelist des schottischen Hochlandes, schrieb: „Kein Christ kann wahrhaftig und treu sein, ohne daß die Welt auf seine Stirn den Namen ‚Frömmler' einbrennt. Möge er es erdulden! Es ist ein Ehrenzeichen, wenn auch als Brandmal der Schande gemeint. In jedem Zeitalter vom Anbeginn an, als sich die Sache der Wahrheit siegreich aus dem Lärm und Staub des Kampfes erhob, wurde der Sieg von einer Gruppe von ‚Frömmlern' errungen, die sich zur Verteidigung der Wahrheit verbündet hatten. C. H. Spurgeon mag als ihr Sprecher gelten:

> „Ich rühme mich dessen, was heute so verurteilt wird – des Sektierertums. Wenn ein Mensch es ernst meint mit der Wahrheit, ist er sofort ein Sektierer. Wenn wir aufhören, für die Wahrheit zu kämpfen, sie zu suchen, zu verteidigen und zu erhalten, wird sie aus unserem Lande fliehen, und der Irrtum allein wird regieren."

Die Bibel bezeichnet diese Knechte Gottes als *Heilige* und als *ein königliches Priestertum* (1. Petr. 2,9), doch in ihren eigenen Augen gelten sie nicht viel. Ihnen geht es nur um Christus. Einer der größten unter ihnen brachte dies in seinem Brief an die Philipper zum Ausdruck: *„Denn Christus ist mein Leben, und Sterben mein Gewinn"*, schrieb der Apostel Paulus (Kap. 1,21) und: *„Ich bin mit Christus gekreuzigt, ich lebe; doch nun nicht ich, sondern Christus lebt in mir"* (Gal. 2,20).

Schließlich hat der Herr selbst deutlich gesagt: *„Wer mir will nachfolgen, der verleugne sich selbst und nehme sein Kreuz auf sich und folge mir nach"* (Markus 8,34). Es waren immer wieder eine Handvoll Christen, die ohne politische Macht und ohne Armeen (und ganz gewiß ohne sektiererischen Vergeltungseifer) die Welt veränderten. Gott handelte und Gott wurde verherrlicht. Ihre Nachfahren sind heute unter uns, ein Überrest, verstreut und oft isoliert in den religiösen Gruppierungen.

„Das ist die rechte Kirche, die das Werk Christi auf Erden tut", schrieb Bischof J. C. Ryle. „Ihre Mitglieder sind eine kleine Herde und gering an Zahl, ein oder zwei hier, zwei oder drei dort – einige in diesem Bezirk, einige in jenem. Doch sie sind es, die die Welt erschüttern; die die Zukunft von Königreichen durch ihre Gebete verändern; sie sind es, die aktiv an der Ausbreitung der Erkenntnis des wahren, unverfälschten Glaubens mitwirken; sie sind die eigentliche Lebensader des Landes, Schild, Schutz, Stütze und Halt einer jeglichen Nation, der sie angehören" (*The True Church*; von J. C. Ryle).

Glaubensstreitigkeiten – das wußte Bischof Ryle wohl – sind eine häßliche Sache:

> „Es ist schwer genug, den Teufel, die Welt und das Fleisch ohne privaten Streit im eigenen Lager zu bekämpfen. Doch noch schlimmer, als sich zu streiten, ist es, wenn falsche Lehren ohne Einspruch und unbehelligt geduldet werden. Nur durch Streit konnte die protestantische Reformation den Sieg davontragen. Wenn die Ansichten mancher Menschen richtig sind, dann hätten wir nie eine Reformation haben sollen. Um des Friedens willen hätten wir bis zum heutigen Tag die Jungfrau Maria verehren und uns vor Bildern und Reliquien verneigen sollen. Der Apostel Paulus war der aufrührerischste, streitbarste Charakter in dem ganzen Buch der Apostelgeschichte, und deswegen wurde er mit Ruten geschlagen, gesteinigt und als tot liegengelassen, angekettet in den Kerker geworfen, vor die Obrigkeiten gezerrt, und er entkam nur knapp einem Mordanschlag. So entschieden waren seine Überzeugungen, daß die ungläubigen Juden in Thessalonich sich beschwerten: *‚Diese, die den ganzen Weltkreis erregen, sind auch hierher gekommen.'* Gott erbarme sich jener Pastoren, deren Hauptziel das Wachstum ihrer Organisation ist, und deren Hauptsorge darin besteht, daß ‚ihr Boot nicht schwankt'. Sie mögen der Auseinandersetzung entkommen, aber dem Richterstuhl Christi werden sie nicht entkommen."

Für den Glauben kämpfen

Ein Engländer, der vor nicht allzu langer Zeit angesichts heftiger Auseinandersetzungen für den Glauben kämpfte, war John Kensit. Sein Protest im Jahre 1898 in der St. Cuthbert's Kirche war der berühmteste unter vielen anderen Protesten, die er gegen – wie der damalige Erzbischof von Canterbury und andere Zeitgenossen es in einer Untersuchung zu Kensits Tod nannten – „schwere Abweichungen von der reformierten Position innerhalb der englischen Kirche" vorbrachte. Kensit fiel in Liverpool einem Attentat zum Opfer; ein scharfer Gegenstand wurde ihm ins Auge gestoßen, als er mit der neugegründeten Gruppe der ‚Wycliff-Prediger' in jener Stadt eine Evangelisation durchführte. Pastor J. C. Wilcox ließ etwas von dem Geist dieses Gottesmannes ahnen, als er 1902, kurz nachdem Kensit als Märtyrer der Wahrheit gestorben war, seinen berühmten Protest in St. Cuthbert's schilderte:

> „Die Leuchtfeuer von 1588 sind erloschen. Ihre Asche ist in alle Winde verstreut ... Doch andere Feuer desselben Jahrhunderts werden und können niemals ausgehen! Die Märtyrerfeuer der glorreichen Reformation brennen noch immer. Der Geist der Märtyrer ist noch nicht verzehrt. Die Fackel, an vielen Scheiterhaufen entzündet, wurde nie gelöscht. Wie wenig ahnte ich, daß zu eben jener Stunde (als Wilcox einen Entwurf der ersten Auflage des Buches *Beaconfire* [Leuchtfeuer] las) am Karfreitag 1898 in einer Kirche des Londoner Westend ein Mann, in dessen Geist die Flammen des Altarfeuers der Wahrheit loderten, in dessen Knochen das verzehrende Feuer gerechter Entrüstung über Unwahrheit und Götzendienst brannte, ein Mann, dessen Lippen mit der glühenden Kohle aus den Märtyrerfeuern der Reformation angerührt waren – wie wenig ahnte ich, daß an jener jetzt verrufenen Kirche von St. Cuthbert, Philbeach Gardens, Kensington, eine unerschrockene Seele der Nation das Zeichen gab, die Fackel der Reformation neu zu entzünden.
>
> Dieser mutige Mann war John Kensit. Und was hatte er getan? Er hatte mit seiner Frau und seinem Sohn einen römischen Gottesdienst, bekannt als ‚Die Anbetung des Kreuzes', in der St. Cuthbert's Kirche besucht. In diesem Gottesdienst sprach der Vikar, nachdem er das verhüllte Kruzifix aufgedeckt hatte, die Worte: ‚Seht, das Holz des Kreuzes!' Darauf antwortete die Gemeinde: ‚Kommt, wir wollen es anbeten!' Dann krochen die Geistlichen und nach ihnen, je zwei und zwei, die Gemeinde zum Kruzifix, das auf die Kanzeltreppen gelegt war und küßten es in liegender Stellung. Da geschah es, daß ein Mann, dessen Geist in ihm angesichts dieses schamlosen Götzendienstes in einer Pfarrkirche erregt war, die Gewalt des göttlichen Rufes verspürte. Er ergriff

das Kruzifix und sprach, während er es vor den Götzendienern hochhielt, in klaren, ernsten Worten, die einem hebräischen Propheten anstanden: *‚Im Namen Gottes brandmarke ich diesen Götzendienst in der Kirche Englands. – Gott helfe mir.'* Der Trompetenschall einer zweiten Reformation in England war erklungen. Von St. Cuthbert's aus sollte er in jeder Pfarrkirche des Landes widerhallen. Tausende von nüchternen, gewissenhaften und ergebenen Söhnen der nationalen Kirche – die von der Kirche ihrer Väter entfremdet waren – sammelten sich auf diesen Ruf hin. Die Truppen des Protestantismus – matt und nahezu von Kummer verzehrt angesichts der Übergriffe des Priestertums in ihrer geliebten Kirche – eilten um die Fahne der Reformation" (*Contending for the Faith*; Revd. J. C. Wilcox; Protestant Truth Society, 184 Fleet Street, London, 1902 und 1989).

Wären Ryle, Kensit und andere große Männer des Glaubens heute noch am Leben, sie würden die beliebte und bequeme Art des heutigen evangelischen Christentums kaum wiedererkennen, das bei jeder Gelegenheit ‚feiert' und nur die Zustimmung der Welt sucht, anstatt ihr ihre Sünden und die Notwendigkeit eines Retters vor Augen zu halten. Sie wären entsetzt angesichts der Übereinkünfte mit falschen Religionen, weil sie wußten, daß dadurch zwangsläufig die Lebensgrundlage so vieler Menschen untergraben und schließlich zerstört wird. *„Ja, sie reißen die Grundfesten um; was kann der Gerechte ausrichten?"* (Ps. 11,3). Sie würden die unentschiedene Führerschaft beklagen, die sich mit so vielen falschen Lehren abfindet und so viel Verwirrung unter den Gläubigen verursacht, während Millionen von Anglikanern, Orthodoxen und Katholiken einer Ewigkeit ohne Christus entgegengehen.

Durch Gottes Wort entstand die Welt, und Christen verkünden ihren Glauben durch das gesprochene Wort. *„Denn wenn du mit deinem Munde bekennst, daß Jesus der Herr ist, und in deinem Herzen glaubst, daß ihn Gott von den Toten auferweckt hat, dann wirst du gerettet werden"* (Römer 10,9). Es gibt keine heimlichen Christen, keine, die nicht ihren Glauben vor den Menschen kundtun. *„Wer sich aber unter diesem abtrünnigen und sündigen Geschlecht meiner und meiner Worte schämt"*, sagte Jesus, *„dessen wird sich auch der Menschensohn schämen ..."* (Markus 8,38).

Alle, die ihre Stimme erheben, die den Verfälschungen der biblischen Wahrheit die Stirn bieten, *kämpfen für den Glauben, der ein für allemal den Heiligen übergeben ist* (Judas 3). Sie mögen ein verstreutes Volk sein wie die Christen in Asien, an die Petrus seinen ersten Brief schrieb, oder wie jene, auf die sich Bischof Ryle bezog. Umgeben von so viel Lüge, Verwirrung und Kompromißbereitschaft sind sie wie ihre mutigen Vorfahren bereit, die Stellung zu halten und den verführten Millionen auf ihrem Weg in die Zerstörung das Licht des Evangeliums zu reichen.

In einer Ansprache vor dem ‚Britischen Evangelischen Rat' im Jahre 1969 brachte einer von ihnen, der als wahrhaft prophetische Stimme für seine Zeit und darüber hinaus gilt, ihren Widerstand kraftvoll zum Ausdruck. In jener heute wie damals wichtigen Botschaft zitierte Dr. Martyn Lloyd-Jones 1. Korinther 14,8, *„Wenn die Posaune einen undeutlichen Ton gibt, wer wird sich zum Kampf rüsten?"* und machte seine Überzeugung deutlich, daß der Feind nicht nur heimlich ins Lager gekommen, sondern daß er übermächtig und zügellos gegenwärtig ist. „Blast zum Alarm!" rief er mit Donnerstimme. „Blast zum Alarm!" (Dr. Martyn Lloyd-Jones; *The Trumpet Yields an Uncertain Sound*; BEC Tonband-Kassette 1969).

Eine abtrünnige Christenheit vereint die Weltreligionen, die unter der Oberfläche so blutrünstig sind wie eh und je. Wenn die Religionen der Welt sich mit dem New Age verbinden und ein großes, ökumenisches, multireligiöses Monopol bilden, wird Gottes ‚kleine Herde' noch einmal wieder wie Lämmer sein, die zur Schlachtbank geführt werden.

„Wacht auf" ist der Ruf des Wächters. Koste es, was es wolle: Unsere Verantwortung besteht darin, allen, die wir erreichen können, die Wahrheit zu verkünden und mit doppeltem Einsatz zu beten, daß Christi Worte aus Matthäus 7,22 auf sie nicht zutreffen mögen.

> *„Es werden viele an jenem Tage zu mir sagen: Herr, Herr, haben wir nicht in deinem Namen geweissagt? Haben wir nicht in deinem Namen böse Geister ausgetrieben? Haben wir nicht in deinem Namen viele Wunder getan? Dann werde ich ihnen bekennen: Ich habe euch noch nie gekannt; weicht von mir, ihr Übeltäter!"*

Iain Murray

C.H. Spurgeon

Wie ihn keiner kennt

Pb., 258 Seiten, DM 18,00
Ref. Verlag H. C. Beese

Unter den evangelikalen Christen der unterschiedlichen Richtungen gibt es kaum jemanden, der nicht zumindest ein Andachtsbuch oder einen Predigt-Auswahlband von C.H. Spurgeon auf seinem Bücherregal stehen hat. Daß der geniale Prediger und Seelsorger gleichzeitig ein hervorragender Theologe war, der Zeit seines Lebens für glasklare Grundsätze eintrat, für die er kämpfte und Anfechtungen erlitt, ist heute weitgehend in Vergessenheit geraten. Dieses Buch spürt diese Grundsätze anhand vieler (erstmals übersetzter) Zitate aus seinen Predigten, aus seiner Autobiographie, aus zeitgenössischen Presseberichten und anderen Quellen auf und zeigt ihre Bedeutung für unsere Zeit.
Wie der Herausgeber in seinem Vorwort schreibt:
„Zugegeben, das Buch zieht uns in eine historische Debatte hinein, die dem Credo-feindlichen Christentum unserer Zeit nicht mehr geläufig ist; und doch kommen wir nicht umhin, uns mit diesen grundlegenden Fragen biblischer Lehre eingehend zu befassen, wenn unser Glaube schlüssig und unsere Predigt überzeugend sein sollen, und wenn wir uns nicht ‚von jedem Wind der Lehre' hin und hertreiben lassen wollen."

Wolfgang Bühne

Spiel mit dem Feuer

Die „drei Wellen
des Heiligen Geistes"
– Pfingstbewegung
– Charismatische Bewegung –
– „power evangelism"

CLV, Pb., 288 S., DM 14,80

Im ersten Teil dieses Buches wird die Geschichte der sog. „drei Wellen des Heiligen Geistes" dargestellt, wobei besonders die Entwicklung in Deutschland berücksichtigt wurde.

Der zweite Teil bietet eine Darstellung und biblische Beurteilung der wichtigsten Lehren und Praktiken innerhalb dieser Bewegungen: Geistestaufe, Zungenreden, Handauflegung, „power evangelism", „Ruhen im Geist", „Positives Denken", Visualisierung, Evangelium und Wohlstand, Befreiungsdienst und „Geistliche Kampfführung".

Abschließend wird im letzten Teil des Buches eine biblische Alternative aufgezeigt. Ein Personen- und Sachregister machen dieses Buch zu einem aktuellen Nachschlagewerk über eine Bewegung, die den Anspruch erhebt, die größte Erweckungsbewegung der Kirchengeschichte zu sein.